权威·前沿·原创

皮书系列为
“十二五”“十三五”国家重点图书出版规划项目

河南省社会科学院哲学社会科学创新工程试点经费资助

河南蓝皮书

BLUE BOOK OF HENAN

河南农业农村发展报告（2018）

ANNUAL REPORT ON AGRICULTURE AND RURAL AREAS DEVELOPMENT OF HENAN (2018)

积极实施乡村振兴战略

主　编／周　立
副主编／陈明星

社会科学文献出版社
SOCIAL SCIENCES ACADEMIC PRESS (CHINA)

图书在版编目（CIP）数据

河南农业农村发展报告. 2018 / 周立主编. --北京：社会科学文献出版社，2018.7
（河南蓝皮书）
ISBN 978-7-5201-2964-0

Ⅰ. ①河… Ⅱ. ①周… Ⅲ. ①农业经济-研究报告-河南-2018 Ⅳ. ①F327.61

中国版本图书馆 CIP 数据核字（2018）第 141797 号

河南蓝皮书
河南农业农村发展报告（2018）
——积极实施乡村振兴战略

主　　编 / 周　立
副 主 编 / 陈明星

出 版 人 / 谢寿光
项目统筹 / 任文武
责任编辑 / 连凌云

出　　版 / 社会科学文献出版社·区域发展出版中心（010）59367143
地址：北京市北三环中路甲 29 号院华龙大厦　邮编：100029
网址：www.ssap.com.cn
发　　行 / 市场营销中心（010）59367081　59367018
印　　装 / 三河市龙林印务有限公司

规　　格 / 开　本：787mm × 1092mm　1/16
印　张：18.75　字　数：281 千字
版　　次 / 2018 年 7 月第 1 版　2018 年 7 月第 1 次印刷
书　　号 / ISBN 978-7-5201-2964-0
定　　价 / 89.00 元

皮书序列号 / PSN B-2015-445-8/9

河南蓝皮书系列编委会

主要编撰者简介

周　立　河南省社会科学院党委副书记、研究员，河南省科技文化研究会常务理事、中国生态经济学会理事、华北水利水电大学硕士研究生导师。长期从事决策咨询研究和社科研究工作，主要研究领域为农村经济、区域经济和科技创新等。先后获得河南省科技进步奖、河南省发展研究奖（河南省实用社会科学研究成果奖）、中国发展研究奖等省部级以上科研奖励20多项，其中省级一等奖5项；先后发表论著100多篇（部），完成包括河南省社会科学规划项目、河南省软科学计划项目、河南省政府决策研究招标课题和河南省政府责任目标课题等重大研究项目150多项；承担完成省委、省政府领导交办的重大调研课题30多项，有多项研究成果提交省委、省政府后得到省领导的批示并被省委、省政府决策时采纳，产生了良好的经济与社会效益。

陈明星　河南省社会科学院农村发展研究所副所长、研究员，河南省政府特殊津贴专家、河南省学术技术带头人、河南省宣传文化系统“四个一批”人才。主要研究方向为农业经济与农村发展，近年来先后发表论文80多篇，独著和合著学术著作5部，获省部级奖10多项，主持国家社科基金项目2项、省级课题6项，研究成果进入决策或被省领导肯定批示10多项。

摘　要

本书由河南省社会科学院主持编撰，以“积极实施乡村振兴战略”为主题，深入系统地分析了2017年河南农业农村发展的形势、特点，对2018年进行了展望，实证测度了河南各省辖市实施乡村振兴战略的现实基础，全方位、多角度地研究和探讨了河南扎实推进乡村振兴战略的主要思路和对策。

本书的总报告之一对2017～2018年河南农业农村发展形势进行了分析与展望。报告认为，2017年全省农业农村发展呈现总体平稳、稳中有进、稳中提质的良好态势，主要农产品产量稳定增长，农业结构优化升级加快，农民收入持续增长，农村改革全面深化，农业农村发展步入新阶段，但同时也面临着效率效益不高、生产结构不优、市场竞争力不强、城乡发展不平衡等突出问题。2018年，尽管各种传统和非传统挑战叠加凸显，但有利条件也在逐步累积，全省农业农村发展整体将呈现“稳增产、扩增收、提质效、促融合”走势，农产品生产将总体保持稳定，农业结构将持续优化，农民收入将延续增长态势，城乡融合将进一步加速。报告建议，要抢抓机遇、乘势而上，加强规划引领，突出提质导向，推动农业农村优先发展、创新发展、绿色发展，高起点、高质量实施乡村振兴战略，扎实推进现代农业强省建设。

本书的总报告之二对河南各省辖市乡村振兴的现实基础进行了测度与评价。报告认为，研究测评河南省乡村振兴基础情况，对有针对性地高质量实施乡村振兴战略具有重要价值。报告通过构建河南区域乡村振兴基础评价指标体系，综合利用统计年鉴、统计公报等方面的数据，对河南省18个省辖市的乡村振兴现实基础进行了综合测度、评价和分析。报告建议，应有针对性地重点施策，增强政策设计的针对性和精准性，突出重点领域、聚焦薄弱环节，坚定不移推进实施。

本书的分报告主要从乡村振兴的总要求即“产业兴旺、生态宜居、乡风文明、治理有效、生活富裕”五个方面进行专题研究，力求全面反映河南农业农村发展在这五个方面的现实基础、面临问题、发展优势和战略机遇等，对2018年乃至未来更长一段时间推进乡村振兴战略进行展望，并提出具有针对性的思路和对策建议。

产业兴旺篇试图对河南乡村振兴中的农业转型升级、农业供给侧结构性改革、现代农业强省建设、农业开放发展、农村一二三产业融合发展等方面进行分析和展望，从不同角度和领域探讨推动乡村产业振兴的思路和对策。

生态宜居篇试图对河南城乡融合发展、特色小镇建设、传统村落旅游开发等问题进行分析和展望，探讨推动乡村生态振兴的重点、着力点、思路和对策。

乡风文明篇试图对河南乡风文明建设、乡村传统文化传承发展等问题进行分析和展望，探讨推动乡村文化振兴的重点、路径与对策。

治理有效篇试图对河南乡村治理中的农村基层党建、基层治理、信息化等方面进行分析和展望，探讨推动乡村组织振兴和提升乡村治理体系及治理能力现代化的思路和对策。

生活富裕篇试图对河南脱贫攻坚、农民增收、返乡创业、农业增效等方面进行分析和展望，从乡村人才振兴、基本公共服务均等化等方面探讨提升农民获得感、幸福感的思路和对策。

关键词： 河南　农业农村　乡村振兴战略

目 录

Ⅰ 总报告

Ⅱ 产业兴旺篇

Ⅲ 生态宜居篇

Ⅳ 乡风文明篇

Ⅴ 治理有效篇

Ⅵ 生活富裕篇

皮书数据库阅读使用指南

总 报 告

General Report

B.1

推进乡村全面振兴 建设现代农业强省

——2017~2018年河南农业农村发展形势分析与展望

河南省社会科学院课题组*

摘 要： 2017年，河南农业农村发展呈现总体平稳、稳中有进、稳中提质的良好态势，主要农产品产量稳定增长，农业结构优化升级加快，农民收入持续增长，农村改革全面深化，农业农村发展步入新阶段。但同时也面临着效率效益不高、生产结构不优、市场竞争力不强、城乡发展不平衡等突出问题。2018年，尽管各种传统和非传统挑战叠加凸显，但有利条件也在逐步累积，全省农业农村发展整体将呈现“稳增产、扩增收、提质效、促融合”走势，农产品生产将总体保持稳定，

* 课题组组长：周立；课题组成员：吴海峰、陈明星、生秀东、许韶立、侯红昌、李国英、苗洁、安晓明、崔小年、乔宇锋、刘依杭；执笔：陈明星、乔宇锋。

农业结构将持续优化，农民收入将延续增长态势，城乡融合将进一步加速。

关键词： 河南　乡村振兴　现代农业强省

2017年，河南农业农村发展总体平稳、稳中有进、稳中提质，呈现向好发展态势。粮食综合生产能力稳定提高，主要农产品产量稳定增长，“四优四化”建设成效初显，第一产业增加值比重首次下降至10%以下，常住人口城镇化率首次突破50%，农业发展步入新阶段。农村改革全面深化，城乡一体化步伐加快，基层基础更加稳固，为积极实施乡村振兴战略奠定了坚实基础。

一　2017年河南农业农村发展形势分析

（一）主要特点

1. 主要农产品生产保持稳定增长，粮食综合生产能力稳定提高

2017年，全省粮食总产量1194.64亿斤，占全国粮食总产量的9.67%，比上年增产5.32亿斤，增长0.5%，为历史第二高产年份，连续7年稳定在1100亿斤以上。粮食增产主要得益于单产提高，2017年全省粮食播种面积为1.52亿亩，比上年减少196万亩，下降1.3%；全省粮食平均亩产为392.9公斤，比上年增加7.5公斤，增长1.9%。其中，夏粮总产量710.80亿斤，比上年增产15.44亿斤；秋粮总产量483.84亿斤，比上年减产10.12亿斤（见图1）。截至2017年11月底，全省新建高标准粮田510万亩，累计建成高标准粮田5867万亩，粮食综合生产能力新增150亿斤，达到1250亿斤。

主要畜产品产量整体稳定增长，但增速同比略有下降。2017年，全省猪牛羊禽肉总产量655.90万吨，同比增长3.4%，其中，猪肉产量466.9万吨，同比增长3.6%；牛肉产量35万吨，同比增长0.5%；羊肉产量26.1

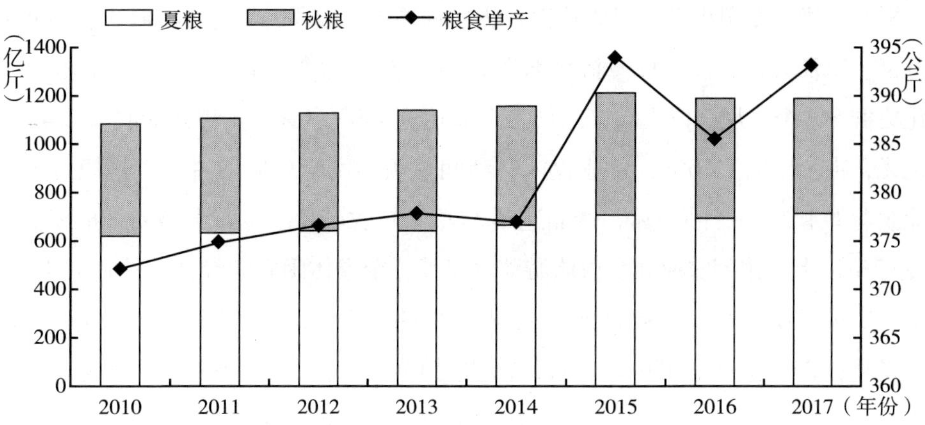

图 1　2010 年以来河南粮食产量变动情况

万吨，同比下降 1.3%。禽蛋产量 422.80 万吨，增长 0.1%。牛奶产量 310.5 万吨，同比下降 5%（见图 2）。生猪出栏 6220 万头，增长 3.6%；生猪存栏 4390 万头，增长 2.5%。

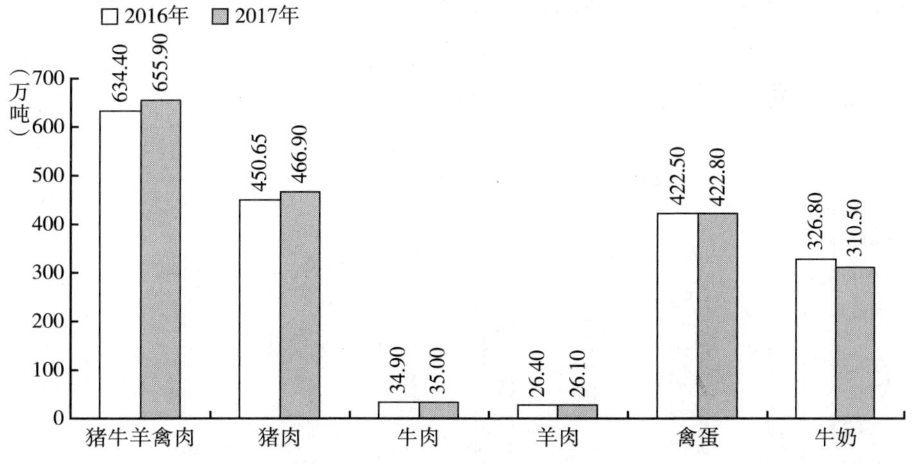

图 2　2017 年全省肉类产量同比变动情况

2. 农业结构优化升级加快，农业发展步入新阶段

农业供给侧结构性改革扎实推进，“四优四化”建设成效初显，供给质量显

著提升。优质专用小麦、优质花生、优质林果种植面积分别达到840万亩、1909万亩、1259万亩，优质草畜新增肉牛26.9万头、奶牛5.4万头。培育农业产业化集群542个，规模以上农产品加工企业达到7900多家，实现营业收入2.45万亿元，占全国的11.6%，营业收入、利润总额和税金总额均占全省规模以上工业企业的1/3，“三品一标”产品达到3597个，农产品质量安全检测合格率保持在97%以上。休闲农业和乡村旅游蓬勃发展，全省休闲农业经营主体达到16181个，实现营业收入153.98亿元，从业人数34.32万人。全省新型农业经营主体总量超过24.2万个，其中农民合作社达到15.7万家、家庭农场3.7万家、专业大户4.3万家。全省农村土地流转面积3853万亩，占家庭承包耕地面积的38.5%；托管土地面积2007万亩，占家庭承包耕地面积的20.1%。

2017年全省第一产业增加值4339.49亿元，增长4.3%，增速高于全国平均水平0.4个百分点；第一产业增加值占生产总值比重首次降至10%以下，达到9.6%，比上年下降1.0个百分点，进入10%拐点以下的时代（见图3）。尽管第一产业增加值不断提高，但其占生产总值的比重越来越低，这种“一高一低”意味着河南农业发展进入新的转折点。根据全球发展经验，第一产业占比低于10%，往往意味着大量农村劳动力从农村中转移出来，而农业发展尤其是种养大户和家庭农场将获得更大的支持力度和强度。

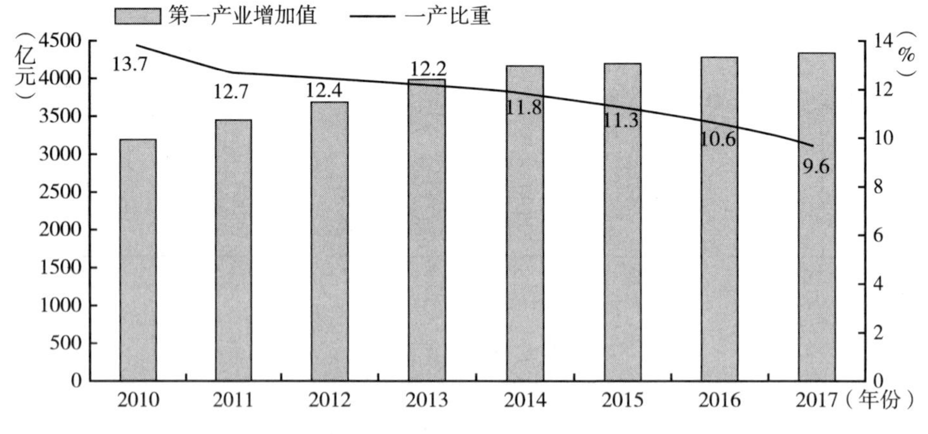

图3　河南第一产业增加值及占比情况

3. 农产品价格呈分化走势，农资价格总体平稳

2017 年，全省居民消费价格比上年上涨 1.4%，涨幅同比回落 0.5 个百分点。其中，受食品需求增加、加工带动，粮食上涨 2.0%，且优质优价态势更趋明显，2017 年优质专用小麦平均出售价格为 2.52 元/公斤，比普通麦子高出 0.18 元/公斤，高 7.7%，并且普遍反映供不应求、销路好；畜禽价格整体先下降后上升，畜肉价格下降 7.8%，伴随蛋鸡产能调整，鸡蛋价格先降后涨，但同比仍下降 7.6%；受种植面积增加、全年气象条件好等多重因素影响，鲜菜价格走弱，比上年下降 10.0%；鲜果价格稳中有升，上涨 2%。受原料成本和环保成本上升影响，农资、农用柴油价格下半年起全面上涨，2017 年下半年农用柴油累计上涨 13%，12 月国产尿素同比涨 34%、农业生产资料价格总指数上涨 2.2%，但全年来看农资价格总体平稳，农业生产资料价格总指数微降 0.3%（见图 4）。

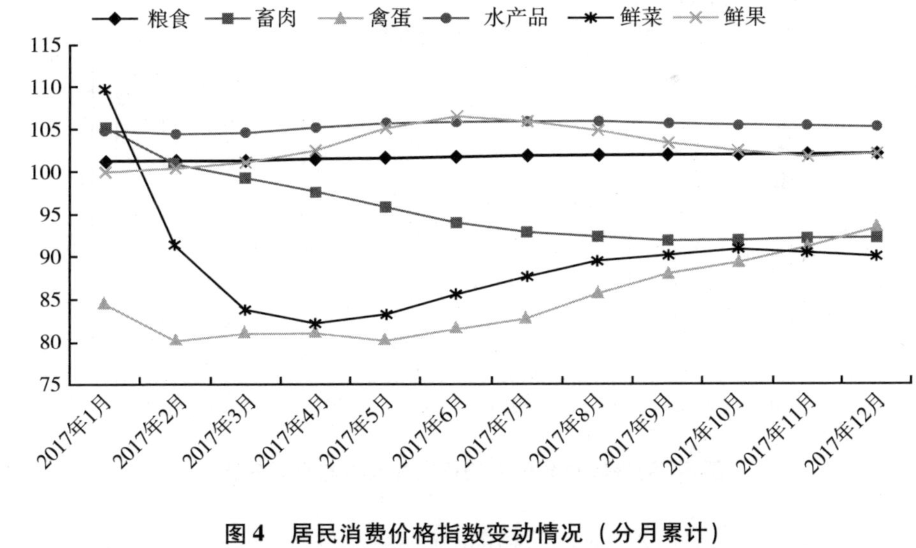

图 4　居民消费价格指数变动情况（分月累计）

4. 农民收入持续增长，脱贫攻坚稳步推进

2017 年，全省农村居民人均可支配收入 12719.18 元，比上年名义增长 8.7%，分别高于 GDP 增速和城镇居民收入增速 0.9 个和 0.2 个百分点，继

续保持“两个高于”态势，城乡收入倍差缩小至 2. 32 : 1，低于全国的 2. 71∶1，农民生活水平不断提升，幸福感和获得感持续增强。全省农民收入名义增速比上年提高 0. 9 个百分点，略高于全国 0. 1 个百分点，增速在全国的位次，由上年的第 24 位上升至第 17 位。但值得注意的是，全省农村居民收入水平仍低于全国平均水平，仅相当于全国平均水平的 94. 7%，居全国第 17 位、中部地区第 5 位（见图 5）。在精准扶贫、精准脱贫方面，扎实开展驻村帮扶，聚焦重点片区、重点县村、重点人群，抓好产业扶贫、易地搬迁等关键环节，推广金融扶贫卢氏模式，强化教育、交通、医疗、水利、电力等专项扶贫，全省贫困发生率下降至 2. 57%，兰考、滑县已脱贫摘帽，沈丘等 4 县有望脱贫摘帽，累计 5514 个贫困村退出贫困序列、37. 3 万贫困群众搬出深石山区。

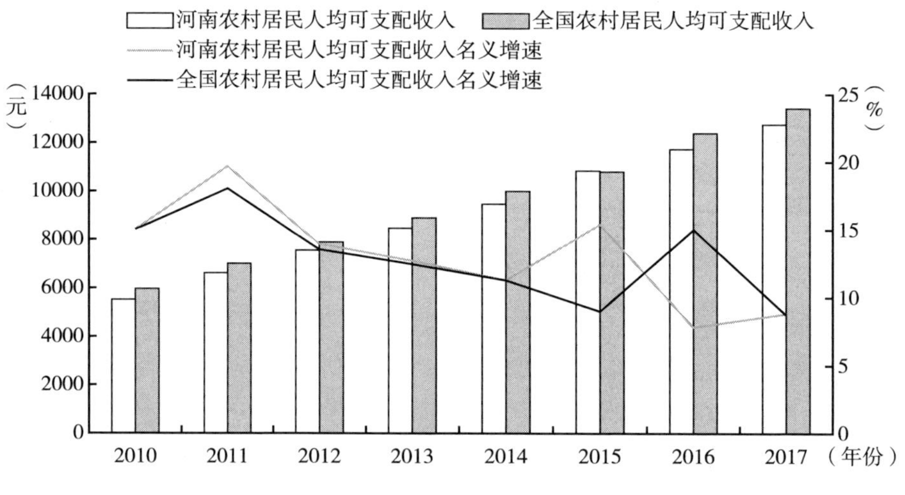

图 5　河南农村居民人均可支配收入与全国对比

5. 农村改革全面深化，城乡一体化步伐加快

农村土地承包经营权确权登记颁证工作基本完成，农村集体产权制度改革稳步推进，新型农业经营主体达到 24. 7 万个，129 家县级农信社完成改制或达到组建标准，兰考普惠金融改革试验区建设、卢氏金融扶贫成效明显。农村土地承包经营权确权登记颁证基本完成，集体经营性建设用地入

市、农村承包土地经营权和农民住房财产权抵押贷款国家试点顺利推进。社会保障体系不断完善，农村社会事业全面发展，基本公共服务得到加强，实现城乡居民大病保险全覆盖和省级统筹，在全国率先建立困难群众大病补充医疗保险制度，开通跨省异地就医即时结算，居民基本医疗保险实现城乡统一、参保率稳定在95%以上。全省累计580万农村贫困人口脱贫，国家级贫困县兰考、滑县实现脱贫摘帽，全省农民收入增速连年高于城镇居民。"四好农村路"建设积极推进，全省农村公路里程达23万公里。完成新一轮农网改造升级，存量"低电压"问题全面解决，实现城乡各类用电全面同价。农田水利、信息等基础设施建设全面提速，人居环境明显改善。常住人口城镇化率首次突破50%，达到50.16%，比上年末提高1.66个百分点（见图6）。从国际经验看，城市化率超过50%，意味着资本、技术、管理等要素就会转向农业部门流动。

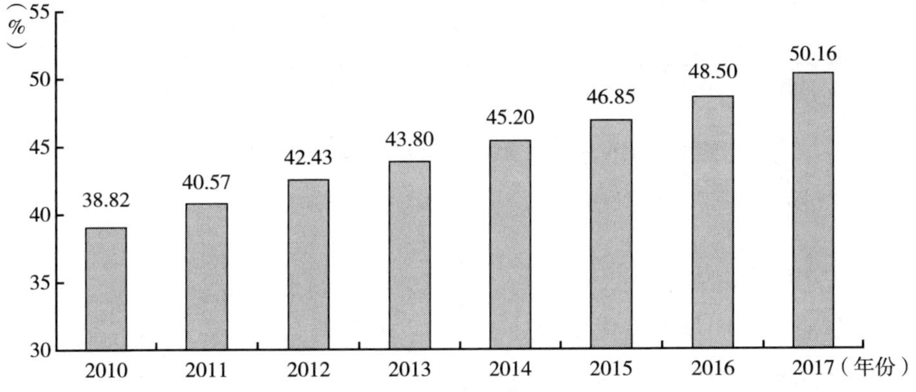

图6　河南城镇化率变动情况

（二）主要问题

1. 效率效益不高

目前，全省农业从业人员比重仍接近40%，高于全国10个百分点左右，农业劳动生产率只相当于全国平均水平的一半左右。全省常年农作物播种面积2.1亿亩左右，其中粮食作物1.5亿亩，占比70%以上。据调查，2017年全省玉米亩均生产收益仅174.3元，小麦也只有440.7元（见图7），而蔬菜、水果等效益较高的农产品较少。农产品精深加工少，产业链条短，产品价值低，品种不优、品质不高、品牌不响的问题明显。同时，过去千方百计扩大粮食种植面积，一些地方粮林争地、粮水争地、粮草争地，甚至毁湿种粮、毁林种粮、毁牧种粮的问题突出，对生态平衡造成了影响和破坏。

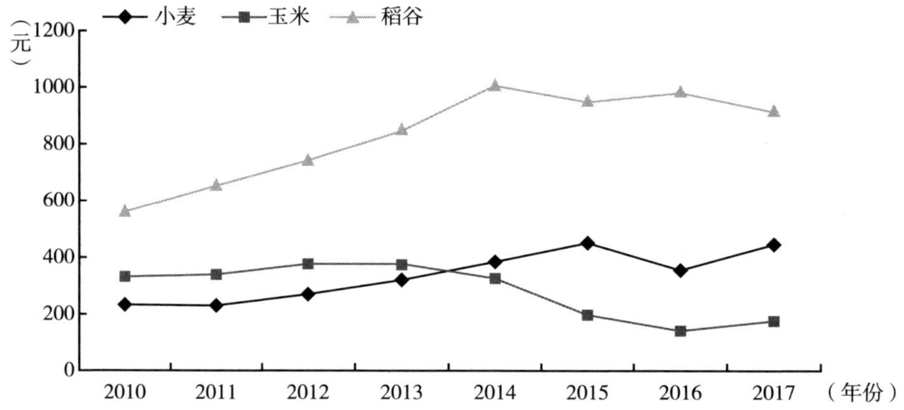

图7　2010年以来河南主要农作物亩均收益情况

资料来源：根据河南统计网整理。

2. 生产结构不优

全省农产品产量大但优质产品少，种养业结构与市场需求不匹配，以粮食主导产品小麦为例，虽然产量位居全国第一，占全国总产量的1/4强，但市场需求量大、价格高的强筋、弱筋小麦只占10%左右，面粉中80%是卖不上价的普通粉。农产品加工业体量大但精深加工少，农产品加工业产业链条短、附加值低、同质化等问题突出，大路货多、中低档产品多、原料产品多，高档精品少，农产品加工转化率只有67%，农产品精深加工占比仅为20%。

3. 市场竞争力不强

河南农户数量多、人均资源少、地域分布不平衡，全省乡村户数占全国总农户的9.1%，耕地面积只占全国总耕地的6%，人均耕地面积仅为全国平均水平的87%。农业规模化集约化组织化程度不高，分散生产、分散买卖的小农户与融入现代产业链条、分享产业链增值收益的矛盾尤其突出，在激烈的市场竞争中处于被动地位，抵御风险能力弱。全省农产品加工企业呈现“大群体、小规模”特征，产业集中度不高，规模以下企业数量占80%左右；除速冻食品、个别肉食品外，其他农产品和加工产品几乎没有进入全国农业品牌前列，注册的农产品地理标志商标仅有82个，而相邻的山东省则超过600个。

4. 城乡发展不平衡

随着工业化城镇化的快速推进，以工补农、以城带乡的能力不断增强，城镇化发展体制机制和农村改革不断深化，虽然推动城乡融合发展的条件逐步具备，但城乡发展不平衡的问题依然突出，阻碍城乡之间资源要素优化配置、合理流动的体制机制障碍依然较多。尽管农民收入水平不断提高，但仍只相当于全省城镇居民收入的43%，扣除必要的生产性支出，可供农民实际消费的可支配收入更低；农民务工环境进一步趋紧，农村新产业新业态发展动力不足，农民持续增收压力较大。农村集体经济发展普遍薄弱，农村生产生活条件、基本公共服务与城市反差较大，农村空心化、农业兼业化、农民老龄化趋势凸显，关键农时缺人手、现代农业缺人才、农村建设缺人力问题比较普遍，农村文化生活单一，部分农民道德滑坡、法制意识淡薄，一些地方盲目攀比、铺张浪费等不良风气依然存在，乡村治理难度加大。

二　2018年河南农业农村发展形势展望

随着农业农村发展进入新的阶段，河南农业农村发展既面临着独特的优势条件和难得的战略机遇，同时面临着一系列亟待破解的发展难题。2018年是贯彻党的十九大精神的开局之年，是改革开放40周年，是实施“十三五”规划承上启下的关键一年，也是决胜全面建成小康社会、开启新时代河南全面建设社会主义现代化新征程的重要一年。尽管各种传统和非传统挑战叠加凸显，但有利条件也在逐步累积，全省农业农村发展仍将赢得较大的提升空间，整体将呈现“稳增产、扩增收、提质效、促融合”的态势，为河南积极实施乡村振兴战略、建设现代农业强省奠定坚实基础。

（一）有利因素

1. 乡村振兴战略提供了后发赶超的历史机遇

党的十九大提出实施乡村振兴战略，这是新时代“三农”工作的总抓手，2018 年中央“一号文件”专门就实施乡村振兴战略进行全面部署。乡村振兴战略着眼全面现代化，从农村经济建设、政治建设、文化建设、社会建设、生态文明建设和党的建设等，全方位系统勾画了乡村全面振兴的顶层设计和战略部署，明确到 2020 年全面建成小康社会，最突出的短板在“三农”，必须打赢脱贫攻坚战、加快农业农村发展；到 2035 年基本实现社会主义现代化，重头和难点在“三农”，必须向农村全面发展进步聚焦发力；到 2050 年建成社会主义现代化强省，基础和支撑在“三农”，必须确保农业强、农村美、农民富。作为传统农业大省，当前河南正处于工业化、城镇化加速推进的阶段，既面临跨越发展的重大机遇，也面临粮食增产难度加大、产业结构不合理、城镇化发展滞后等挑战和问题，乡村振兴战略将为河南加快建设现代农业强省、助推中原更加出彩提供后发赶超的历史机遇。一是通过坚持农业农村优先发展，并通过一系列战略规划、重大工程、重大计划、重大行动等，加快补齐农业农村短板；二是通过坚持城乡融合发展，推动“四化同步”，塑造新型工农城乡关系；三是通过坚持人与自然和谐共生，加快推进绿色发展；四是通过坚持乡村全面振兴，加快推动农业全面升级、农村全面进步、农民全面发展，加快实现更高质量更可持续的农业农村现代化。

2. 社会主要矛盾转化提供了高质量发展的战略契机

党的十九大报告指出，当前我国社会主要矛盾已经转化为人民日益增长的美好生活需要和不平衡不充分的发展之间的矛盾。其中，美好生活需要不仅包括物质层面和精神文化层面的，还包括生态层面的，不仅包括最基本的食品数量安全、质量安全，还包括对良好生产生活环境、更多优质生态产品的优美生态环境需要，以及对民主、法治、公平、正义等方面的诉求。社会主要矛盾的深刻转变，为推动农业农村高质量发展提供了战略契机。一是农业发展由增产导向转向提质导向的契机。随着人民生活水平日益提升，农产品消费需求结构发生了显著变化，不再是满足吃饱饭，而是要吃得好、吃得健康、吃得安全，这为深化农业供给侧结构性改革提供了契机，农业部也已将2018年确定为"农业质量年"，这将进一步加速全省部分农产品去库存，而部分农产品真正实现优质优价。二是农业农村绿色发展的契机。国家已明确推动科技研发、农业补贴、项目投资等主要投向绿色发展、质量提升、效益提高等方面，2018年农业支持保护补贴重点倾向于保护和提升耕地地力，并将考核方式从考核总量转向考核质量效益，把环境友好、绿色发展、质量安全、带动小农户增收等作为重要考核指标，这些都为农业农村绿色发展提供了重要导向。三是提升乡村治理现代化水平的契机。乡村作为社会治理体系中最基本的单元，乡村治理有效，社会治理才有坚实基础，高质量发展才有保障，中央"一号文件"提出加快推进乡村治理体系和治理能力现代化，并做出了一系列战略部署，将为推进乡村善治提供有利契机。

3. 现代科技应用提供了农业农村转型升级的现实可能

当前，新科技革命和工业革命蓬勃兴起，互联网思维全面渗透，大数据、云计算、物联网、人工智能等新技术应用方兴未艾，一、二、三产业界限日趋模糊。顺应产业演进的根本趋势，产业转移不断深化，价值升级和载体升级不断加快，制造业与服务业、工业化与信息化深度融合，新的生产模式和产业形态不断涌现。尤其是由互联网带来的商业模式的革命性发展，众筹等新的业态已渗透到农业等传统领域，正在深刻改变农业生产、经营、流通和产业组织形式。由于这些以信息革命和信息产业为支撑的新业态、新模式，不像传统产业那样需要较为完备的基础，也没有太多的地域限制，所以将为传统农区提供千载难逢的后发赶超的契机。河南拥有国家大数据综合试验区、郑洛新国家自主创新示范区等重大国家战略平台，并于2018年2月获农业部批复同意建设中国国际农产品加工产业园，将为河南提升产业发展基础和优势提供重要机遇。如果能进一步抓住科技革命、产业革命和产业转移的机遇，不仅能提高农业发展的质量和效益、促进产业融合发展，而且能改善农民生产生活条件、提高农民现代文明素质、提升乡村治理能力，从而抢占加快乡村振兴、建设现代农业强省的先机和制高点，为农业农村转型升级提供现实可能。

4. 农村改革全面深化提供了激发新动能的内生动力

改革是乡村振兴的法宝。2018 年迎来农村改革开放 40 年，站在新的历史起点上，全面深化农村改革将进一步向纵深推进。尤其是包括耕地和宅基地在内的农村土地制度改革，以及农村集体产权制度改革等，将实现实质性的突破。在工业化、城镇化深入发展的背景下，针对工农、城乡发展明显失衡的城乡二元体制，既解决一时之弊，更着眼长远发展，激发强劲的市场活力和改革发展的内生动力，从根本上破解过去体制不顺、机制不活等顽疾，着力建立健全城乡融合的体制机制和政策体系，强化城乡统筹联动，推动城乡要素平等交换和公共资源均衡配置，赋予农民更多财产权利，使农民平等参与现代化进程、更多更公平地享受改革发展成果，真正让农村资源要素活起来、让广大农民积极性和创造性迸发出来、让全社会支农助农兴农力量汇聚起来，从而全面激发激活乡村振兴新动能。

（二）不利因素

1. 自然、市场、经营三重风险叠加

农业本身是自然风险和经济风险交织的弱质产业。当前，农业生产经营方式总体上依然比较落后，虽然近年来土地流转不断加快，但小农户经营仍占六成以上，农民组织化程度不高、农业社会化服务水平较低等问题依然突出，“只顾生产、不懂管理、不会经营”的现象比较普遍。同时，在产业融合发展上，一些地方布局产业时没有充分考虑自身比较优势，缺乏产业链、集群化思维，二、三产业发展与一产缺乏有机衔接，价值链单一、特色不鲜明、竞争力不强、与农户利益联结不紧密等问题突出。从而导致农业生产经营的自然风险、市场风险、经营风险叠加交织，严重威胁农业供给侧结构性改革和农业发展。

2. 价格倒挂与成本上升的双重挤压

近年来我国粮食连年增产，库存压力加大，同时国际市场大宗农产品价格较低，形成国际国内农产品价格倒挂，玉米、小麦的国内外价差都达到每吨300元左右，其他诸如大米、大豆、棉花、肉类等农产品，也整体上呈现价格倒挂、高成本低效益的格局。与此同时，受天然气、磷矿石、合成氨等原材料上涨等影响，农资价格上涨压力大，农业生产经营成本总体呈上涨趋势（见图8），农业农村发展面临价格倒挂与成本上升的双重挤压。这不仅抑制了增粮增收积极性，而且对农产品竞争力乃至农业产业安全形成了威胁。而且，由于我国"黄箱"政策接近上限，在价格倒挂与成本上升的双重挤压下，农业增效、农民持续增收难度加大。

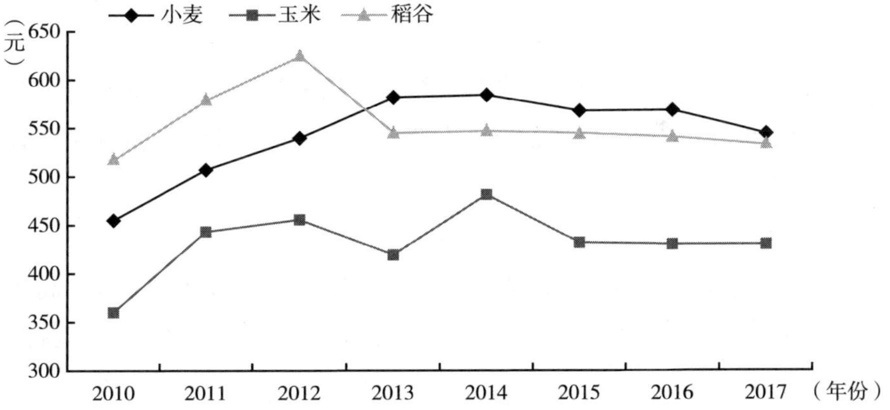

图8　2010年以来河南主要农作物亩均成本情况

3. 资源约束和环境压力日趋加大

近年来全省农业发展取得了显著成就，但也付出了很大代价，化肥农药过量使用，一些缺水地区还是大水漫灌，秸秆、粪便、农膜还没有得到有效治理和利用，加剧了资源环境约束，农业面源污染、耕地质量下降、地下水超采等问题凸显，而且很多水源受到侵蚀，饮水安全难以保证。城市工业污染向农村转移，"小散乱污"企业在个别地方不断出现，对局部环境及地表水环境质量、农村饮用水和地下水环境质量的影响不容忽视。在农村人居环境整治上，积极探索建立长效保洁机制，涌现出郝堂村、莫沟村等一批美丽宜居乡村，群众的居住环境有了较大改观。同时也要看到，发展仍很不平衡，“脏乱差”的问题在广大农村地区还较为普遍，垃圾围村现象仍比较严重，缺乏生活污水收集和处理设施，即便建立了污水处理设施，也因缺乏运行维护资金、人员和管护保障而不能稳定运行；使用卫生厕所的农户只占23.7%，多数农户仍然使用旱厕。

（三）态势展望

1. 农产品生产将总体保持稳定

随着“藏粮于地、藏粮于技”战略的落实，粮食生产功能区和重要农产品生产保护区的划定，以及河南粮食生产核心区建设等综合措施的持续推进，全省粮食综合生产能力将持续提升。高标准粮田建设将持续推进，高效节水灌溉面积将新增130万亩，全省夏粮单产仍有提升空间，秋粮在没有极端气候变化和重大自然灾害的情况下有望实现同比大幅增产，其他主要农产品产量将总体上保持稳定。

2. 农业结构将持续优化

随着农业供给侧结构性改革的深化，“四优四化”将持续推进，高效种养业和绿色食品业将得到大力发展，全年优质专用小麦、优质花生、优质林果将分别达到1200万亩、2200万亩、1300万亩以上，优质草畜将新增肉牛20万头、奶牛5万头，粮油深加工和主食产业化将进一步发展，农村一二三产业融合发展将进一步加速。

3. 农民收入将延续增长态势

随着“三区一群”等国家战略规划的深入实施，新型农业经营主体和新型职业农民的加快培育，以及多种形式适度规模经营、返乡下乡创业的推进，小农户和大生产、大市场的衔接将越来越紧密，农民增收的动力和渠道将更加稳定，预计全年农民人均纯收入增速将达8%左右，达到13700元左右。脱贫攻坚将更聚焦全省4个深度贫困县和1235个深度贫困村等深度贫困地区，农村改革红利将持续释放，转移净收入和财产净收入将成为潜力增长点，全年将稳定脱贫 110 万人、易地搬迁安置 6.29 万人。

4. 城乡融合将进一步加速

农村改革将继续深化，通过“资源变资产、资金变股金、农民变股东”，将进一步盘活农村资源。农村社会事业和公共服务水平将进一步发展，社会保障体系将进一步健全。农村人居环境将持续改善，农村“厕所革命”，生活垃圾、污水处理和村容村貌美化将进一步加速。“四好农村路”建设将稳步推进，全年将新建和改造农村公路 5000 公里以上。

三　积极实施乡村振兴战略加快建设现代农业强省的建议

面对农业农村发展的战略机遇和严峻挑战，需要抢抓机遇、乘势而上，加强规划引领，突出提质导向，推动农业农村优先发展、创新发展、绿色发展，高起点、高质量实施乡村振兴战略，扎实推进现代农业强省建设。

（一）强化规划引领，重塑新型城乡文明

实施乡村振兴战略是一项长期的历史性任务，要有足够的历史定力和发展耐心，科学规划、注重质量、从容建设。与之相对应，乡村振兴要强化规划引领、规划先行，坚持“有所为有所不为”，坚持城乡融合、一体设计、多规合一，尊重村庄发展规律和个体差异，有序开展建设，不盲目追求速度，坚决防止大拆大建，更不能刮风搞运动。要从农村实际出发，既要尊重历史、尊重文化、尊重民意，又要突出美化、突出特色、突出需求，坚决避免缺乏论证、不顾民意的“拍脑袋”工程、“半拉子”建设和决策后遗症。要规范地方政府举债融资行为，不得借乡村振兴之名违法违规变相举债。要将农业和农村作为整体考虑，推动乡村经济、社会、政治、文化、生态文明等多维度全方位的全面发展，深化城乡融合，通过资源要素融合、产业空间重构，实现城乡文明共存共荣、和谐共生，构建工农互促、城乡互补、全面融合、共同繁荣的新型工农城乡关系。

（二）强化提质导向，推进农业农村高质量发展

一是深化农业供给侧结构性改革，强化市场导向，让市场引领生产，减少无效供给。二是支持农村一二三产业融合发展，推动产加销一体化，大力培育农业产业化联合体，大力发展农产品冷链物流体系和农村电子商务，积极培育“互联网+”等新产业新业态新模式，促进农业与旅游、文化、康养、体育等深度融合，支持建设一批集绿色产业、农商文旅、田园社区为一体的田园综合体，不断延长产业链、提升价值链、完善利益链、优化生态链。三是支持农业高质量发展，支持粮食生产功能区和重要农产品生产保护区建设，推动特色农产品优势区创建，建设现代农业产业园、农业科技园，加强农业投入品和农产品质量安全追溯体系建设，推动农业品牌创建，推进标准完善和协同管理，着力打造区域品牌、企业品牌、产品品牌。四是支持新型农业经营主体培育，完善财政贴息、奖补等方式，大力支持新型农业经营主体发展，着力完善利益联结机制，提升带农能力，积极支持农民创新创业。

（三）强化绿色发展，转变农业农村发展方式

一是推进农业生产布局优化，在资源匮乏、生态脆弱、环境污染严重地区，支持开展退耕休耕轮作，减少低效产能、有害产能、过剩产能，形成水土资源、环境承载和农业生产协调配合的空间格局。二是完善农业绿色补贴机制，完善农业支持保护制度，实施以绿色生态为导向的农业补贴政策，积极引导生产者推广投入品减量化、生产过程清洁化、废弃物利用资源化模式。三是建立健全市场化多元化生态补偿机制，支持农业农村生态环境保护，坚持节约优先、保护优先、自然恢复为主，形成节约资源和保护环境的空间格局、产业结构、生产方式、生活方式。四是加强农村人居环境整治，聚焦农村生活垃圾处理、生活污水治理、村容村貌提升、“厕所革命”等，持续改善人居环境，建设宜居宜业的美丽乡村，实现环境美、田园美、村庄美、庭院美。五是构建乡村绿色发展体系，推进农业清洁生产和节水生产，

集中治理农业面源污染等环境突出问题，支持耕地质量综合治理，推进农业农村绿色发展，实现农业可持续生产、农村生态宜居美丽。

（四）强化创新驱动，培育农业农村发展新动能

一是强化科技创新驱动，加强农业农村信息化及科技进步与推广，建设农业农村科技服务云平台，推进农业农村科技协同创新联盟建设，大力发展数字农业、智慧农业。二是强化发展模式创新驱动，积极发展新产业、新业态、新模式，因地制宜探索农业农村现代化新路径。三是强化改革创新驱动，在城乡改革联动互促中全面深化农村改革，建立健全城乡统一的生产要素市场，深化农村土地制度改革、农村集体产权制度改革，发展壮大农村集体经济，积极稳妥推进农地流转、发展农业适度规模经营。四是强化治理创新驱动，优化现代乡村治理主体，打造新型“三农”工作队伍；创新现代乡村治理方式，推进自治组织与新型经济组织有效契合，健全自治、法治、德治相结合的乡村治理体系；创新现代乡村治理手段，运用大数据等先进科技手段，积极提升乡村治理体系和治理能力现代化水平。

（五）强化优先原则，凝聚乡村振兴强大合力

一是贯彻“四个优先”的具体要求，切实把农业农村优先发展的原则落到实处。尤其在资金投入、土地使用规划、金融创新等方面，要将优先发展理念贯穿于有关政策制定实施的全过程，在具体实施乡村振兴战略中坚持发展优先规划、项目优先布局、措施优先整合、政策优先落实。二是加强农业农村基础建设，加强农田水利建设和高标准粮田建设，稳步提升耕地质量，稳定提高粮食综合生产能力，加强农业绿色生态、提质增效技术研发应用。加强农村基础设施提档升级，加快农村公路、供水、供气、环保、电网、物流、信息、广播电视等基础设施建设，推进城乡基层设施建设共建共享、互联互通。三是加快推动公共服务下乡，健全农村基层医疗卫生服务体系，织密兜牢社会保障安全网，推进城乡社会事业和社会保障一体化，积极优化文化教育、医疗卫生、养老、体育等基本公共产品空间布局，推进优质

公共服务均衡配置。四是着力形成整体合力，以乡情乡愁为纽带，以激励机制为导向，积极撬动金融和社会资本更多投向乡村振兴，积极引导各类人才、各方面力量更多投身乡村振兴。

参考文献

[1] 陈锡文：《实施乡村振兴战略　推进农业农村现代化》，《中国农业大学学报》（社会科学版）2018 年第 1 期。

[2] 韩长赋：《积极推进小农户和现代农业发展有机衔接》，《求是》2018 年第 2 期。

[3] 韩俊：《农业供给侧结构性改革是乡村振兴战略的重要内容》，《中国经济报告》2017 年第 12 期。

[4] 李国祥：《加快推进农业由增产导向转向提质导向》，《经济日报》2018 年 1 月 4 日。

[5] 张红宇：《走中国特色社会主义乡村振兴道路》，《学习时报》2018 年 1 月 15 日。

[6] 综合处：《2017 年全省经济运行稳中向好》，河南统计网，2018 年 1 月 20 日。

B.2
河南省各省辖市乡村振兴基础测度与评价

河南省社会科学院课题组*

摘　要： 研究测评河南省乡村振兴基础情况，对于河南有针对性地实施乡村振兴战略具有重要价值。本报告主要依据统计年鉴的数据，对河南省18个省辖市的乡村振兴基础进行了综合测度和评价，并据此提出，要加强政策设计的精准性，聚焦薄弱环节、突出重点，坚定不移推进实施。

关键词： 河南　农村　乡村振兴　农业

实施乡村振兴战略，是党的十九大作出的重大战略部署，是新时代“三农”工作的总抓手。作为一项长期的历史任务，乡村振兴既要尽力而为，又要量力而行，注重质量、从容建设。建立以人民为中心、以质量效益为核心的科学合理的乡村振兴战略实施情况评价体系，是引导各地抓重点、强弱项、补短板的重要遵循，是扎实推进乡村振兴战略的重要保障。

一　河南各省辖市乡村振兴基础评价指标体系构建

（一）乡村振兴评价指标体系的构成原则

乡村振兴是一项十分复杂的社会经济系统工程，涉及农业农村发展的各

* 课题组组长：周立；课题组成员：吴海峰、陈明星、生秀东、许韶立、侯红昌、李国英、苗洁、安晓明、崔小年、乔宇锋、刘依杭；执笔：崔小年、生秀东。

个领域，从经济、政治到社会生活，从农业生产发展、产业融合到城乡融合一体发展等。如何建立起一套科学、合理、操作简便适用的评价体系，作为反映、评价全省乡村振兴进展，明晰阶段性重点任务的依据，对实施乡村振兴战略具有重要的理论意义和实践意义。根据实施乡村振兴战略的总要求和农业农村相关统计资料的特点，在建立乡村振兴评价指标体系时，需要遵循如下基本原则。

1. 科学性原则

乡村振兴战略评价的科学性原则，体现在指标体系的设计符合农业农村发展的动态性质和特点，指标体系的设计要系统、全面、相互协调，要求指标定义和解释规范化、标准化，与农业农村的实际情况相适应。例如反映乡村产业兴旺的指标，既要反映农业生产的投入产出效率（劳动生产率），反映河南作为国家粮食生产核心区的特殊省情（粮食总产和单产），更要反映正处于转型升级时期经济结构的迅速演变（农村服务业水平、产业化水平等）。评价过程和方法要始终保证严密性和准确性，否则可能会导致认识上的偏差。

2. 完整性原则

乡村振兴战略评价的完整性原则，是根据战略评价的目的，按照系统论和总体论思想，围绕评价核心指标构建完整和可操作的指标体系。核心指标要反映乡村振兴战略的本质要求，从河南农业农村特色出发，指标体系要选择能较全面地反映农业农村发展水平的影响因素，不仅需要经济发展指标，还要有农村环境、乡风文明和乡村治理方面的指标，使乡村振兴战略评价指标体系能全面、有效地描述和反映农业农村发展进程。

3. 可比性原则

乡村振兴战略评价体系的可比性原则，要求在选择指标时重视指标口径、含义和计算标准在纵向与横向上都具有可比性，以便在不同地区、不同时期之间分析比较乡村振兴战略的实施情况。由于不同地区农业农村经济结构不同，社会发展阶段也不相同，选取的指标不能过于具体，应具有一定程度的概括性，使不同地区的评价具有相对可比性。

4. 可操作性原则

乡村振兴战略评价体系要求在保证指标体系科学、系统、完整的同时，充分注意主客观条件的限制，突出其可操作性，各项指标要易于评价，易于数据化。指标个数应适量，指标过少，难以反映乡村社会经济政治的综合特征；指标过多，又不易突出影响农业农村发展进步关键因素的作用。评价体系应与当前农业农村相关统计资料的现实相适应，指标的数据要易于收集，计算方法简单明了，对那些难以获得的数据尽量不设置而找近似的指标代替。在坚持指标评价体系科学、合理的前提下，从操作简便适用入手，需要尽可能选取具有官方统计数据的相关指标。

（二）乡村振兴评价指标体系的构成

按照产业兴旺、生态宜居、乡风文明、治理有效、生活富裕的总要求，参考借鉴农业现代化评价指标体系和全面建设小康社会评价指标体系，结合河南实际，可构建由 5 个一级指标、23 个二级指标构成的乡村振兴评价指标框架体系。一级指标重点体现乡村振兴战略的目标内涵和本质要求，包括乡村振兴总要求的五个方面；二级指标保证指标体系的全面性、科学性、合理性和可操作性（见表 1）。

表 1　乡村振兴基础评价指标体系及权重

主体指标及权重	分指标及权重	分指标解释
产业兴旺(25.85)	粮食单产(3.12)	粮食产量/粮食作物播种面积
	劳动生产率(3.07)	农业总产值/农业从业人数
	有效灌溉率(2.96)	有效灌溉面积/耕地面积
	单位耕地面积农业机械总动力(2.93)	农业机械总动力/耕地面积
	畜牧业产值比重(4.76)	畜牧业产值/农业总产值
	农林牧渔服务业产值比重(4.43)	农林牧渔服务业产值/地区生产总值
	第一产业产值比重(4.59)	第一产业产值/地区生产总值

续表

主体指标及权重	分指标及权重	分指标解释
生态宜居(17.16)	单位耕地面积化肥使用量(5.52)	农用化肥使用折纯量/耕地面积
	单位耕地面积农药使用量(2.04)	农药使用量/耕地面积
	森林覆盖率(4.03)	
	卫生厕所普及率(2.49)	
	人均太阳能热水器保有量(3.09)	太阳能热水器保有量/农村常住人口
乡风文明(22.59)	教育及文化娱乐支出比重(4.01)	教育及文化娱乐支出/生活消费总支出
	万人拥有村级体育健身场所数(4.69)	村级农民体育健身场所/农村常住人口
	广播电视覆盖率(2.03)	(广播覆盖率+电视覆盖率)/2
	万人拥有乡村医生和卫生员数(4.93)	乡村医生和卫生员数/农村常住人口
	城镇化率(6.92)	
治理有效(12.27)	城乡社区事务支出占公共预算总支出比重(12.27)	城乡社区事务支出/公共预算总支出
生活富裕(22.13)	人均全年可支配收入(5.78)	
	城乡居民收入比(4.03)	城镇居民人均可支配收入/农村居民人均纯收入
	农村居民家庭恩格尔系数(3.24)	农村居民家庭食品支出/消费支出
	农村最低生活保障人数比例(4.82)	最低生活保障人数/农村常住人口
	农村居民家庭拥有住房面积(4.27)	

1. 乡村产业兴旺指标

乡村产业兴旺，是实施乡村振兴战略的首要目标，也是乡村振兴的根本动力。乡村产业兴旺指标要能够反映河南农业产业体系、经营体系的市场竞争力和创新力，能够促进小农户与现代农业发展有机衔接。选择包括单位面积粮食产量、劳动生产率、有效灌溉率、单位耕地面积农业机械总动力、畜牧业产值比重、农林牧渔服务业产值比重、第一产业产值比重7个二级指标。

2. 生态宜居指标

乡村振兴战略的内在要求是农村基础设施根本改善，农村生态环境、人居环境明显改观，人与自然更加和谐、更加相容。生态宜居指标评价农业农村可持续发展和生态文明的发展程度。现代农业不仅应该是高产、高效的，更应该是优质、安全的，但是农业生产本身因大量使用化学物质，大量焚烧作物秸秆，也造成不同程度的农业面源污染，这是农业生产过程本身的负外部性，需要在指标设计时加以考虑。具体选择的指标包括单位耕地面积化肥使用量、单位耕地面积农药使用量、森林覆盖率、卫生厕所普及率、人均太阳能热水器保有量 5 个二级指标。

3. 乡风文明指标

随着农村物质生活水平的不断提高，农村居民对精神文化生活的需求会越来越高，乡风文明的内涵比较广泛，包含农民的生活方式、健康的娱乐活动、农村卫生及文化等设施的完备性、农民卫生保健情况和精神文化生活状况等。采用教育及文化娱乐支出比重、万人拥有村级体育健身场所数、广播电视覆盖率、万人拥有乡村医生和卫生员数、城镇化率等 5 个二级指标，综合反映农村居民在乡风文明方面的提高和普及程度。

4. 治理有效指标

治理有效指标反映乡村治理体系的完善程度。坚持自治、法治、德治相结合的现代乡村社会治理体制，加强基层基础建设是固本之策。其核心是保证广大农民群众的选举权、知情权和监督权得到依法行使，形成在村党组织领导下的充满活力的村民自治机制。基于客观数据的可得性原则，暂时选择城乡社区事务支出占公共预算总支出比重这项指标反映治理有效程度。

5. 生活富裕指标

乡村振兴战略的目标就是要提高农民的收入水平，减少城乡居民收入差距，实现农民生活富裕，让农民成为有吸引力的职业，让农村成为安居乐业的美丽家园。考虑从富裕程度、农民居住情况、农民生活质量和农村社会保障等方面来进行指标设计，选择人均全年可支配收入、城乡居民收入比、农村居民家庭恩格尔系数、农村最低生活保障人数比例以及农村居民家庭拥有住房面积 5 个二级指标反映乡村生活富裕程度。

二　河南各省辖市乡村振兴基础测度及评价

目前，学界对农业农村发展情况进行评价的方法，主要有主观赋权法和客观赋权法两种。主观赋权法包括专家赋权法、层次分析法等方法，这些方法主观性较强，主要依赖专家的经验确定各个指标的权重。客观赋权法有熵权法等方法，依据农业现代化水平主要影响因素所传递的信息量大小确定指标权重，减少了评价过程中人为因素对评价结果的影响，能够客观地反映各评价指标对农业现代化水平的贡献程度。因此，本研究倾向于采用客观赋权法作为河南乡村振兴评价方法。

（一）数据来源和处理方法

本评价数据均来源于《河南统计年鉴（2017）》。在测度中，首先对原始数据进行标准化处理，然后确定客观权数，并计算评价对象在各二级指标上的得分，最后可得到农业产出效率水平指数、农业产业化经营水平指数、农业投入保障水平指数、农业可持续发展水平指数、农村社会发展水平指数以及区域农业现代化综合水平指数。

1. 数据标准化处理

对 n 个评价对象和 m 个指标的数据矩阵 $X = \{x_{ij}\}_{n \times m}$，正向指标和逆向指标的处理方式分别为：$x_{ij}' = x_{ij}/x_{j.\max}$，$x_{ij}' = 1/x_{ij}$。式中 x_{ij}'为处理后的数据，定义标准化矩阵：$Y = \{y_{ij}\}_{n \times m}$，其中 $y_{ij} = x'_{ij}/\sum x'_{ij}$，$0 \leq y_{ij} \leq 1$。

2. 计算第 j 项指标的熵值 I_j

$I_j = -k\sum y_{ij}\ln y_{ij}$，式中 $k = 1/\ln n$。

3. 客观权数的确定

第 j 项指标的差异系数 $r_j = 1 - I_j$，第 j 项指标的客观权数 $w_j = r_j/\sum r_j$。

4. 计算被评对象得分

第 i 个对象的总得分 $f_i = \sum w_j y_{ij}$。

（二）评价结果

利用上述计算方法对数据进行处理，得到各个一级指标和二级指标权重（见表1），在此基础上，得出全省18个省辖市在产业兴旺、生态宜居、乡风文明、治理有效、生活富裕5个一级指标的排序结果和评价得分（见表2），并最终得出18个省辖市乡村振兴基础综合评价的综合评价得分和排序结果（见表3）。

表2　各省辖市主体指标得分及排名

	产业兴旺		生态宜居		乡风文明		治理有效		生活富裕	
	得分	排名	得分	排名	得分	排名	得分	排名	得分	排名
郑州市	1.3903	10	1.0825	7	1.6340	4	4.1840	1	2.7227	1
开封市	1.6897	3	0.8493	11	1.3670	8	0.2062	15	1.3175	9
洛阳市	1.3117	11	1.4083	2	1.1654	12	1.3600	2	1.3217	8
平顶山市	1.3100	12	0.7557	12	1.1558	13	0.2638	13	0.9117	12
安阳市	1.2616	13	0.6843	14	1.4157	7	0.3124	10	1.3292	7
鹤壁市	2.4316	1	1.2325	5	1.7963	1	0.8474	5	1.6043	5
新乡市	1.6321	4	0.5125	17	1.5983	5	0.3233	9	1.4980	6
焦作市	2.1356	2	0.9207	9	1.7268	3	1.0192	4	1.7616	4
濮阳市	1.5061	8	0.6522	16	1.5948	6	0.2839	12	0.6206	15
许昌市	1.5983	6	1.0697	8	1.3098	10	0.4129	8	1.8963	3
漯河市	1.6008	5	0.8748	10	0.9981	14	1.1111	3	1.1165	11
三门峡市	0.5438	18	1.3981	3	1.3450	9	0.2989	11	1.2138	10
南阳市	1.0016	17	1.0834	6	0.4563	18	0.2203	14	0.7529	14
商丘市	1.1969	15	0.4179	18	0.7914	15	0.6172	6	0.7583	13
信阳市	1.1129	16	1.2728	4	1.2575	11	0.0000	18	0.4664	17
周口市	1.2019	14	0.6603	15	0.6498	16	0.1187	16	0.2949	18
驻马店市	1.4158	9	0.7516	13	0.5602	17	0.1080	17	0.5186	16
济源市	1.5095	7	1.5377	1	1.7634	2	0.5796	7	2.0281	2

表 3 各省辖市综合得分及排名

省辖市	得分	排名	省辖市	得分	排名
郑州市	11.01352	1	安阳市	5.003232	10
鹤壁市	7.912209	2	三门峡市	4.799505	11
焦作市	7.563953	3	濮阳市	4.657624	12
济源市	7.418229	4	平顶山市	4.396876	13
洛阳市	6.567115	5	信阳市	4.109583	14
许昌市	6.286977	6	商丘市	3.781797	15
漯河市	5.701291	7	南阳市	3.514496	16
新乡市	5.564231	8	驻马店市	3.354196	17
开封市	5.42971	9	周口市	2.925553	18

（三）评价结果分析

由表 1 可以看出，各一级指标中，产业兴旺指标权重最大，乡风文明和生活富裕指标权重次之，治理有效权重最小。在各个二级指标中，城乡社区事务支出占公共预算总支出比重指标权重最大，人均全年可支配收入权重次之，单位耕地面积农药使用量指标权重最小。

就一级指标而言，由表 2 可以看出，在产业兴旺方面，鹤壁、焦作得分较高，表明其在农产品单产、劳动生产率等方面的产出水平较高，排名靠后的则为三门峡、南阳等市；在生态宜居方面，济源、洛阳得分较高，表明其在单位耕地面积化肥使用量、单位耕地面积农药使用量、森林覆盖率等指标上发展水平较高，排名靠后的则为商丘、新乡等市；在乡风文明方面，鹤壁、济源得分较高，表明其在教育及文化娱乐支出比重、万人拥有村级体育健身场所数、广播电视覆盖率方面相对较好，排名靠后的则为南阳、驻马店等市；在治理有效方面，郑州、洛阳得分较高，表明其在城乡社区事务支出占公共预算总支出比重上水平较高，排名靠后的则为信阳、驻马店等市；在生活富裕方面，郑州、济源得分较高，表明其在农民收入、城乡收入比等方面发展水平较高，排名靠后的则为周口、信阳等市。

就乡村振兴基础的综合指数而言，由表 3 可以看出，全省各省辖市之间乡村振兴基础存在一定差异。郑州市乡村振兴基础水平最高，排名第一；周口市乡村振兴基础水平最低。从具体的综合得分数值来看，如果以 7、5 作为划分点，全省乡村振兴基础水平大致可以划分为三个类别：综合发展指数大于 7 的称为Ⅰ类地区，依次为郑州、鹤壁、焦作、济源 4 个市；综合发展指数在 5 ~ 7 的称为Ⅱ类地区，依次为洛阳、许昌、漯河、新乡、开封、安阳 6 个市；综合发展指数小于 5 的称为Ⅲ类地区，依次为三门峡、濮阳、平顶山、信阳、商丘、南阳、驻马店、周口 8 个市。

Ⅰ类地区乡村振兴基础水平最高，郑州作为省会城市，在治理有效和生活富裕方面全省最高；鹤壁农业现代化发展程度较为突出，在产业兴旺和乡风文明方面全省最高；焦作在产业兴旺和乡风文明方面分列全省第二、第三位；济源在生态宜居、乡风文明、生活富裕方面分列全省第一、第二、第二位。

Ⅱ类地区乡村振兴基础水平相对较高，洛阳在生态宜居和治理有效两方面居全省第二位；许昌虽然在其他四个方面都位于全省中上游水平，但在生活富裕水平上居全省第三位；漯河尽管在个别指标上位于全省中下游水平，但在治理有效水平上居全省第三位；新乡在产业兴旺、乡风文明、生活富裕方面全省排名比较靠前，分列全省第四、第五和第六位；开封在产业兴旺方面居全省第三位；安阳在乡风文明和生活富裕方面分列全省第七位。

Ⅲ类地区乡村振兴基础水平相对较低，三门峡在产业兴旺方面全省最低；濮阳在生态宜居和生活富裕方面排名靠后；平顶山在 5 个一级指标上都处于全省中下游水平；信阳在产业兴旺、治理有效、生活富裕 3 个方面排名靠后；商丘在生态宜居方面全省最低；南阳在产业兴旺、乡风文明方面排名靠后；驻马店在乡风文明、治理有效、生活富裕方面全省排名靠后；周口在生活富裕方面全省最低，其他 4 个方面全省排名靠后。

另外，需要说明的是，本报告是对河南各省辖市乡村振兴基础进行评价的一次尝试，乡村振兴基础指数是河南省 18 个省辖市之间的相对指数，并非代表乡村振兴基础的绝对指数。通过相对指数综合反映各地区在乡村振兴相关环节和领域的优势或差距，以期为各省辖市加快实现乡村振兴提供具有针对性的参考。

三 实施乡村振兴战略的对策建议

实施乡村振兴战略是一项长期而艰巨的系统工程，根据上述对全省乡村振兴测度和评价的结果，我们认为应有针对性地重点施策，要聚焦薄弱环节、突出重点，坚定不移推进实施河南乡村振兴战略。

（一）构建现代农业产业体系

现代农业产业体系是建设现代农业的重要内容，亦是实施乡村振兴战略的重点内容。要着力拉长农业产业链、提升农产品加工价值链，加快发展农业产业化集群，加快发展农产品精深加工产业，建设优势农业产业集群，积极推动农村一二三产业融合发展，做强第一产业、做优第二产业、做活第三产业，提高农业全产业链效益。要着力发展多种功能农业，积极挖掘农业的生态价值、休闲价值、文化价值，建设大都市生态农业圈、乡村休闲旅游业等现代特色农业，促进农业与休闲度假业、旅游观光业、健康养老和文化创意新型产业融合发展。

（二）构建现代农业生产体系

现代农业生产体系是农业供给侧结构性改革的基础内容，亦是乡村振兴战略的产业支撑。一要加强保障粮食等主要农产品生产的供应链建设，优化农产品布局体系。为稳定提高粮食和主要农产品产量，从国家粮食安全视角，必须改变农田水利设施长期薄弱的局面。各级政府要加大财政投入，以高标准粮田建设、中低产田改造为主要任务，以农田水利建设完善为重点，大力开展农村基础设施建设。建立健全多元化社会投入新机制，激发农民投资改造农田，加快沃土工程建设，大幅度提高土壤肥力。二要积极调整优化农业结构，发展优质农产品生产，做强优势特色产业，使农业生产更好适应市场需求变化。重点发展优质小麦、优质花生、优质草畜、优质林果，协调推进布局区域化、经营规模化、生产标准化、发展产业化，促进农业提质增效。三要推进标准化、品牌化、绿色化农业生产，强化食品安全源头治理，推进农业生产适应资源与环境条件变化，实现永续发展。

（三）构建现代农业经营体系

要大力培育现代新型农业经营主体，积极发展适度规模经营，引导和支持专业大户、家庭农场、农民合作社、龙头企业的发展壮大。重点建设农地流转的市场体系和机制，推动农地成规模地流转。实施新型农业经营主体扶持措施，加大支持力度，各地财政还要设立土地流转专项资金，从土地流转租金上补贴家庭农场和土地转出期限较长的出租农户，引导鼓励土地向家庭农场流转。加大新型职业农民培育力度，广泛开展新型农业经营主体从业人员的技能培训，扩大新型农民科技培训工程的规模，争取把更多的农村青年培养成新型农业经营主体。积极吸引返乡农民工、大专院校毕业学生、退役士兵、科技人员等从事农业生产经营，加快培育一支懂技术、善经营、会管理的现代职业农民队伍。培养出一大批科技示范大户、专业大户，为农业现代化打造智力基础。

（四）构建现代农业服务体系

现代农业服务体系是引领小农户和现代农业发展有机衔接、推进实施乡村振兴战略的重要基础。一要强化农业信息服务体系建设，积极应用现代电子信息科学技术，建立农业大数据中心，发展现代农业，以最快速度、最低成本把产品供求信息、农业技术信息和法律政策文件传递给农业生产经营主体，帮助其适应瞬息万变的市场。二要强化农业科技服务体系建设，加大政府扶持力度，引导企业、民间组织和其他社会力量积极参与农业科技服务体系建设。面对分散的农户，要创新农业技术推广体系和机制，引入市场竞争办法，建设以公益型农业技术推广机构为主导的多元化农业技术推广体系。在推广公益性农业技术时，要实施“科技人员直接到户、良种良法直接到田、技术要领直接到人”的新措施。三要强化农业生产服务体系建设，强化农业产前产中产后的全过程社会化服务，大力发展农民专业合作组织，引导社会力量投入农业生产服务。鼓励发展面向小农户的各种农业社会化服务，大力推广土地托管、代种代耕等规模化服务的经验，让农业社会化服务组织的先进技术和装备更好地服务于小农户的生产经营，实现小农户和现代农业发展有机衔接。

（五）构建现代乡村绿色发展体系

一是优化生产布局，在农业资源匮乏、生态脆弱、环境污染严重的农村地区，加快开展退耕休耕轮作，改变低效产能、杜绝有害产能、减少过剩产能，形成水土资源、环境承载力和农业生产力协调发展的空间格局。二是加大农业农村环境资源保护力度，坚持节约优先、保护优先、自然恢复为主，打造节约资源和保护环境的空间布局和产业结构、生产方式和生活方式。三是健全乡村绿色发展机制，推进农业清洁生产和节水生产，实现农业永续发展、农村生态环境宜居美丽。

（六）构建现代乡村治理体系

乡村治理是国家治理体系的重要基础，也是乡村振兴战略实施的基础和保障。一要优化现代乡村治理主体，加强农村基层党组织建设，充分发挥乡贤、农村精英的示范引导和组织作用，着力培育一支懂农业、爱农村、爱农民、能够攻坚克难的农村工作队伍。二要创新现代乡村治理机制，不断巩固农村集体经济，着力健全农村自治组织，推进自治组织与新型经济组织有效衔接，健全自治、法治、德治有机融合的乡村治理体系。三要创新现代乡村治理手段，适应现代社会信息化发展大趋势，以大数据等先进技术为基础，创建现代乡村治理信息系统，促进乡村治理体系现代化。

附：

河南省各省辖市乡村振兴战略基础水平测度原始数据表(1)

	粮食单产（千克/公顷）	农业劳动生产率（元/人）	有效管概率（%）	单位耕地面积农业机械总动力（千瓦/公顷）	畜牧业比重（%）	农林牧渔服务业产值比重（%）	第一产业产值比重	单位耕地面积化肥使用量（千克/公顷）	单位耕地面积农药使用量（千克/公顷）	森林覆盖率（%）	卫生厕所普及率（%）	人均太阳能热水器保有量（平方米/人）
郑州	4722.4	31079.3	64.3	13.7	32.3	1.6	0.0	696.1	12.1	33.4	92.9	0.0
开封	5747.6	41241.4	84.6	13.6	31.3	6.5	0.2	766.6	14.2	24.5	62.3	0.1
洛阳	4440.2	29533.1	35.7	12.0	26.5	7.1	0.1	572.9	10.8	47.5	82.1	0.1
平顶山	4866.6	21101.5	64.1	11.8	43.2	3.2	0.1	1197.0	13.2	32.4	76.8	0.2
安阳	6273.1	30085.5	73.9	13.3	22.3	3.6	0.1	1138.9	15.6	23.5	79.9	0.2
鹤壁	6994.9	38775.7	77.6	18.3	55.9	4.7	0.1	678.2	11.4	32.2	78.2	0.2
新乡	6410.2	32089.2	76.7	15.6	34.9	3.5	0.1	1173.6	20.7	22.3	79.0	0.1
焦作	7306.6	35529.3	95.2	11.9	26.7	10.2	0.1	1035.3	21.0	31.2	87.9	0.2
濮阳	6747.8	28358.6	83.5	14.5	32.3	3.2	0.1	947.6	13.7	25.0	70.4	0.1
许昌	6428.8	24663.4	73.7	10.9	37.5	4.9	0.1	865.4	10.6	32.5	84.7	0.1
漯河	6572.7	26805.1	75.6	13.0	43.0	2.9	0.1	923.4	13.3	26.4	79.1	0.1
三门峡	3968.3	34445.7	30.9	6.6	20.1	0.6	0.1	555.8	17.1	50.7	69.2	0.1
南阳	5317.1	27590.5	46.6	13.0	32.3	2.8	0.2	857.6	17.5	36.6	79.8	0.2
商丘	6597.0	31477.9	85.7	11.6	27.5	3.5	0.2	1172.5	28.4	30.6	79.7	0.1
信阳	6828.9	37021.9	61.2	7.2	25.7	5.4	0.2	616.1	12.1	36.1	86.9	0.1
周口	6470.5	28379.9	67.3	10.7	27.7	6.4	0.2	957.8	21.1	14.1	92.8	0.1
驻马店	5978.7	33473.7	64.3	13.8	37.1	5.3	0.2	792.4	7.0	15.3	78.3	0.1
济源	5221.1	26839.7	54.7	15.7	43.7	1.1	0.0	543.3	12.4	44.4	90.1	0.1

河南省各省辖市乡村振兴战略基础水平测度原始数据表（2）

	教育及文化娱乐支出占生活消费支出的比重（%）	万人拥有村级农民体育健身场所数（个）	广播电视覆盖率（%）	万人拥有乡村医生和卫生员数（个）	城镇化率（%）	城乡社区事务支出占公共预算总支出的比重	农村居民家庭平均每人全年可支配收入（元）	农村最低生活保障人数比例（%）	城乡收入比	恩格尔系数	农村居民家庭拥有住房面积（平方米/人）
郑　州	9.1	0.8	99.6	18.3	71.0	0.35	18426.0	2.7	1.8	22.5	55.3
开　封	13.2	1.0	100.0	23.4	45.9	0.06	11165.5	6.8	2.2	26.0	51.2
洛　阳	10.3	0.9	97.7	19.4	54.4	0.15	11456.7	3.7	2.7	23.0	48.0
平顶山	7.6	1.1	98.3	22.9	50.8	0.07	11244.0	4.4	2.4	32.5	37.5
安　阳	8.7	1.0	99.8	27.7	48.5	0.07	12623.8	6.3	2.2	27.8	46.4
鹤　壁	9.0	1.2	100.0	27.1	57.2	0.11	14021.9	4.8	1.9	30.0	42.7
新　乡	10.5	1.2	99.9	25.9	50.4	0.07	12679.0	3.6	2.1	30.4	45.5
焦　作	8.5	1.7	99.4	21.5	56.5	0.12	14851.3	5.8	1.8	28.7	46.1
濮　阳	12.9	1.1	97.0	31.8	42.0	0.07	10622.0	6.8	2.5	31.3	36.0
许　昌	9.1	0.8	100.0	27.1	49.4	0.08	14356.7	2.7	1.9	28.8	46.3
漯　河	8.4	0.7	100.0	22.8	49.2	0.13	12938.2	9.6	2.1	31.1	45.6
三门峡	12.4	1.1	97.6	19.0	53.1	0.07	11982.1	7.2	2.1	24.1	42.3
南　阳	5.7	0.7	96.6	21.9	43.0	0.06	11700.5	7.8	2.3	36.4	39.9
商　丘	9.2	1.1	100.0	20.9	40.0	0.09	9604.9	6.9	2.6	34.7	50.3
信　阳	8.9	1.5	94.8	25.3	44.4	0.05	10651.2	9.8	2.2	39.4	40.1
周　口	6.0	0.9	99.0	24.8	39.5	0.06	9279.0	10.1	2.4	36.4	40.3
驻马店	10.1	0.6	98.7	21.3	39.8	0.05	9934.9	8.6	2.4	33.6	40.4
济　源	7.1	1.7	98.7	21.8	59.6	0.09	15540.0	5.9	1.8	28.5	53.8

注：数据来自《河南统计年鉴（2017）》。

参考文献

［1］卢方元、王茹：《中原经济区农业现代化水平的综合评价》，《地域研究与开发》2013 年第 8 期。
［2］辛岭、蒋和平：《我国农业现代化发展水平评价指标体系的构建和测算》，《农业现代化研究》2010 年第 11 期。
［3］孟俊杰、孙建军：《基于熵权法的河南省现代农业发展水平测度研究》，《农业科技管理》2012 年第 4 期。
［4］陈明星：《乡村振兴战略的价值意蕴与政策取向》，《城乡建设》2017 年第 23 期。
［5］张晓山：《实施乡村振兴战略的几个抓手》，《农村经营管理》2018 年第 1 期。
［6］吴海峰：《河南推进现代农业大省建设研究》，《开发研究》2017 年第 2 期。
［7］陈明星：《加快构建新型农业经营体系》，《农民日报》2014 年 2 月 8 日。

产业兴旺篇

Industrial Prosperity

B.3

以建设现代农业强省为抓手推进河南乡村振兴

吴海峰*

摘　要： 建设现代农业强省，是河南农业提质增效的战略举措，也是站位全国和服务大局的重要体现。要充分认识建设现代农业强省的良好机遇，以建设现代农业强省为抓手推进河南乡村振兴。要明确河南建设现代农业强省的目标，以深入推进农业供给侧结构性改革为主线，优化农业产品产业结构、加快农业科技创新步伐、大力推行绿色生产方式、完善支农惠农政策体系、构建现代农业经营体系、深化农村产权制度改革、加强农村基础设施建设。

* 吴海峰，河南省社会科学院农村发展研究所研究员。

关键词： 现代农业 提质增效 乡村振兴 富民强省

实施乡村振兴战略，是党的十九大作出的重大决策部署。推进农业农村现代化，是实施乡村振兴战略的目标要求。党的十九大报告强调，“加快推进农业农村现代化”。2018 年中央 1 号文件指出，“没有农业农村的现代化，就没有国家的现代化”，提出我国“到 2035 年，乡村振兴取得决定性进展，农业农村现代化基本实现”。乡村振兴，产业兴旺是基础、是重点，要“加快实现由农业大国向农业强国转变”。河南省委十次党代会提出：建设现代农业强省，实现农业现代化全国领先。2017、2018 年河南“一号文件”都强调“奋力建设现代农业强省”。河南建设现代农业强省，是促进农业增效、农民增收、农村发展的根本途径，对于促进农业农村现代化、实现富民强省，具有重大现实意义。

一 河南建设现代农业强省的良好基础和战略机遇

河南建设现代农业强省的基础良好。河南具有农业发展的天然条件。河南大多是黄河冲积平原，是全国很少见的一望无际的良田沃野，气候条件非常适合农业。从河南往北，光照更充足一些，但积温不够；从河南往南，积温够，但多雨寡照。一年生长两季的农作模式，在河南最典型、最发达、最具潜力。新世纪以来，河南现代农业发展取得了显著成效，特别是党的十八大以来，河南坚持用新发展理念破解农业现代化建设难题，实现了农业农村经济较快发展，为推进现代农业强省建设奠定了良好基础，为促进全省经济社会发展提供了有力支撑。

一是农业综合生产能力日益提高。2017 年，全省粮食总产量达 1194.6 亿斤，连续 12 年超过千亿斤。同时，经济作物产量持续提升，畜牧、水产业稳步发展，畜牧业产值居全国首位。农业科技创新和应用，推进了农业品种升级换代，主要农作物良种基本实现了全覆盖，农业机械化水平显著提高，农业物质技术装备上升到新水平。

二是农产品精深加工不断发展。大批独具地方特色的农产品实现了精深加工，逐渐成长为全省工业的重要支撑力量，形成了以小麦、大豆、油料、玉米、肉类、奶业为主体的六大产业链条。规模以上农产品加工企业达7900多家，营业收入、利润总额和税金总额均占全省规模以上工业企业的1/3。农产品加工业营业收入达到2.5万多亿元，占全国的11.6%。

三是农民收入持续增长。河南农民收入持续增加，2017年全省农村居民人均可支配收入达12719元，连续8年增速超过城镇居民，城乡居民收入比从2010年的2.65∶1缩小至2017年2.32∶1。

四是新型农业经营主体发展壮大。新型农业经营主体达24.7万个，其中农民合作社15.7万家、家庭农场3.7万家、专业大户4.3万家。农业产业化及其集群发展成效显著，龙头企业规模逐步扩大，培育农业产业化集群542个，分布农业领域11个产业，基本覆盖全省优势农产品产业和区域性特色产业。

五是农村生活显著改善。农村基础设施不断加强，农村人居环境明显改善。全省累计580万农村贫困人口脱贫。社会保障体系不断完善，实现城乡居民大病保险全覆盖和省级统筹。农村社会事业全面发展。“四好农村路”建设稳步推进，全省农村公路里程达23万公里。农村电网得到改造升级。信息化等基础设施建设全面提速。

当前，我国已处在“以工促农、以城带乡”阶段，随着乡村振兴重大战略的稳步实施和逐步深入，河南建设现代农业强省面临前所未有的重大机遇。一是农业始终是国民经济和社会发展的基础。实施乡村振兴战略，是党中央从国家事业全局出发作出的重大决策，是做好新时代“三农”工作的总抓手，国家惠农强农富农的政策支持力度和投入力度都将持续加大。二是现代农业强省成为河南发展的一大主战略，省委省政府对农业高度重视、强农惠农，资金、技术、人才、管理等要素将向农业流动和集聚，重农抓农支农强农的氛围将更加浓厚，农业的基础支撑地位更加凸显。三是河南正深入实施粮食生产核心区及“三区一群”等国家战略规划或平台，有利于统筹农业农村现代化的任务。四是农业供给侧结构性改革深入推进，将有利于提高农产品质量，加快农业转型升级，并激发农业农村发展活力和动力。五是“一带一路”建设的深入推进，将进一步助推河南农业扩大开放，促进河南现代农业强省建设。

还应看到，河南是食品工业大省和人口大省，因而也是粮食和农产品消费大省，河南没有理由不把现代农业做大做强。河南作为农业大省，要深刻认识加快现代农业发展创造的历史机遇，牢牢抓住这一历史机遇，从全局和战略的高度谋划新时期农业发展，用好、用活、用足国家的政策，寻求农业更高层次更大规模的发展，以建设现代农业强省为抓手推进乡村振兴。

二　河南建设现代农业强省的现实差距和存在的问题

虽然河南是我国名副其实的农业大省，具有发展现代农业的良好基础，但河南目前并不是现代农业大省，更不谈上是现代农业强省。现在河南农业具有大而不强的明显特征。农业的总量指标居前列，但人均指标居中下。从全国农业的综合指标来看（除中央直辖市外），河南现代农业发展大体在全国处于中等水平。河南农业发展与山东、江苏等省相比仍有一定差距，与建设现代农业强省、实现农业现代化领先全国的目标，还有相当大的差距。

从农业产出水平来看，河南农业的产出总量居我国前列，如 2015 年，河南的农林牧渔业产值居全国第二位，占全国比重为 7.43%，粮食产量连续 11 年居全国第一位，2015 年被黑龙江超越，但仍稳居全国第二位。2015 年肉类产量山东居第一位，河南居第二位。2015 年，新疆棉花产量居全国第一位，河南棉花产量在全国居第七位，油料产量在全国居第一位。但从河南农业的人均产出水平看，河南的位次明显下降，河南人均农业产值仅居全国第九位，河南人均粮食占有量居全国第五位，粮食单产排名第七；河南人均肉类占有量排名第八，人均棉花产量居全国第十一位，人均油料产量居全国第二位。河南的土地生产率排名第七位，这与其拥有大平原的优势不相称。河南大农业（农林牧渔业）的劳动生产率仅排名第十九位，农业劳动生产率在全国是比较落后的。

从农业产业化经营水平来看，河南的农业产值与农产品加工产值之比，虽然新世纪以来提高较大，但仍比不上山东、广东等省份。河南的农副食品加工业主营业务收入居我国前列，排第二位，但农林牧渔服务业产值比重仅居第十三位，农产品出口创汇居第十位，处在中等水平。如果按人均水平，河南的农业产业化水平则处在中等水平。

从农业要素投入水平来看，河南的单位耕地面积农机动力排名第三位，单位耕地面积农膜使用量排名第十一位，农林水的财政预算支出排名第五位，但河南的有效灌溉率仅排名第十一位，河南的投入产出比更低、仅排名第十九位。如果按人均的农业要素投入水平，河南在全国落后。

从可持续发展水平来看，河南的差距更大。河南人均水资源为全国平均水平的六分之一。河南人均耕地面积、节水灌溉面积比重和森林覆盖率均排名第十八位，而在化肥利用效率方面排名第二十四位。化肥利用效率低不仅反映了农业成本高，而且也在一定程度上反映了面源污染。“三品一标”（无公害农产品、绿色食品、有机农产品和农产品地理标志）是衡量农业绿色生产和农业可持续发展的重要指标，但目前河南“三品一标”的面积仅占全省耕地面积的30%，还有非常大的提升空间。

从农民的收入及生活水平的指标来看，河南低于全国平均水平。河南的农村居民可支配收入排名第十四位，河南的农村居民家庭恩格尔系数、城乡收入比和消费支出这三项指标均排名第二十位，而城镇居民人均消费支出排名第二十一位，在全国处于落后水平。

对于河南农业现代化水平所处的位置，在理论界有不同的观点，但多数学者认为河南处于国内中等水平，有的学者认为处于国内中下等水平，也有的学者认为处于国内中上等水平，还有的学者认为处于国内先进水平。之所以有这样不同的结论，可能基于对农业现代化内涵的理解有关，也与选取的指标及其衡量指标的权重有关。

此外，虽然河南近年来农业发展取得了显著成效，为推进现代农业强省建设奠定了基础。但同时，也必须正视河南农业发展仍存在深层次问题，发展现代农业面临的不利因素还有很多，必须认识现代农业强省建设的艰巨性。

一是农业基础设施依然较脆弱。近年来河南完成了一批农田基础设施项目，但全省的农业基础设施水平与现代农业发展和保障国家粮食安全的要求相比，还有很大的差距。河南农业基础设施依然薄弱，全省高标准基本农田仅占30%，抗御自然灾害能力不强。一些耕地土壤盐渍化面积大，用养失调、耕作粗放、土壤肥力低。农业生产条件亟待继续改善。

二是农业市场竞争力低下。近年来国内多数农产品价格明显高于国际市场，河南农业生产受到农产品价格天花板压顶和生产成本地板抬升的双重制约。农业发展方式比较落后，农民的规模化、组织化程度低，农田细碎化经营严重，农业经营规模普遍很小，农业社会化服务的覆盖面不够、层次较低，农业应对市场和自然风险能力较弱。农业生产的标准化水平不高，农产品精深加工发展较慢，龙头企业的竞争力和带动能力不强，基层信息服务能力较弱。

三是农民务农持续增收难度加大。近年来农民收入保持了较快增长态势，但随着农业成本增加，特别是农产品价格持续低迷，制约了农民家庭经营收入的增加。从收入来源看，工资性收入和第一产业收入一直是河南农民收入的主要来源，但是由于近年整体经济形势下滑、种粮和务农比较效益低下等原因，农民收入增速在趋缓，进一步提高农民收入面临较大困难。

四是人增地减水缺趋势难以扭转。河南农业发展面临日益趋紧的资源和环境的严重制约，尤其是地减、人增、水缺的趋势难以改变。2009年以来，河南人均耕地面积呈逐年下降趋势，耕地资源的质量也呈下降趋势。河南是缺水大省，人均水资源不足全国平均水平的1/5。地下水超采问题日益凸显，河南省地下水超采区面积占地域面积的1/4。化肥、农药、农膜过度使用，生活垃圾不断增加，禽畜养殖废弃物及城镇和工业“三废”大量排放，造成农业污染加剧，生态环境恶化，对农产品质量的安全构成极大威胁。

五是农业与二、三产业融合度不高。长期以来，往往比较重视农业生产资料投入—传统农业生产—初级农产品，而对农产品加工、包装、流通、品牌、市场营销、社会化服务等涉足较少，缺乏从农业全产业链、全价值链的观念进行管理和经营，一二三产融合不足。农民合作组织覆盖面窄、层次较低、服务内容单一，大部分农业生产仍处在农户自主经营的零散状态，组织化程度不高，应对市场风险和自然风险能力较弱。农业产业链条短、附加值不高。龙头企业总体规模较小，辐射带动能力不强。农产品初加工和粗加工较多，精深加工、高附加值较少。农业多功能性体现不充分。

六是以工哺农、以城带乡能力低。目前河南的经济总量较大，但人均指标依然落后，主要人均经济指标远未达到全国平均水平。河南工业化城镇化水平不高，经济发展效益较低，人均财政收支处于全国最低水平，财力的缺乏使得以工补农、以城带乡的能力有限。加上存在城乡二元分割的体制障碍，投入水平远不能适应农业农村发展的要求。近年来河南工业化城镇化有了较快发展，但与发达省份相比，以工哺农、以城带乡的能力仍然较弱。

七是缺乏强有力的科技支撑。农业的根本出路在于科技进步。虽然河南农业科技取得了长足进步，主要农作物良种基本实现全覆盖，但河南科技进步贡献率与农业发达省份相比仍存在较大差距，仅与全国平均水平大致相当，建设现代农业强省还缺乏强有力的科技支撑。农业科技创新不足，农业科研管理机制不完善，农业科技推广体系还不健全。

三　河南建设现代农业强省的主要目标和总体要求

河南建设现代农业强省，必须围绕提高农业效益、增加农民收入，以深入推进农业供给侧结构性改革为主线，加快生产方式转变，推动农业转型升级，提高农业供给体系的质量和效率，实现农业整体素质提升和农民收入持续较快增长，全面提升农业市场竞争力和可持续发展能力。到2020年，现代农业强省建设取得明显进展。优质小麦、优质花生、优质草畜、优质瓜果和农业布局区域化、经营规模化、生产标准化、发展产业化等取得明显效益，农、林、牧、副、渔全面发展，农民人均收入比2010年翻一番，农民生活达到全面小康水平，农业生态环境逐步改善，物质技术装备水平显著提高。2035 年，基本实现农业农村现代化，把河南打造成全国领先的现代农业强省。

（1）农业综合生产能力较强。到2020 年，建成6000 多万亩平均亩产超吨粮的高标准粮田，基本形成以高标准粮田为基础的产能保障格局，届时粮食生产能力稳定达到 1300 亿斤以上。棉油、蔬菜、瓜果、肉蛋奶、水产品等农产品供给充足，主要农产品供给结构更加合理。农业具有较高的产量和市场占有率，能够在保障国家粮食安全方面发挥较大作用，为本省和国家的一些重要农产品的有效供给做出重大贡献。

（2）农业产业产品结构优化。强化“两个基地”建设，积极发展油料、蔬菜、瓜果、花卉、棉花、中药材等高效经济作物，发展优势特色农产品产业带，打造一批优质、特色、绿色农业品牌。2020 年，畜牧业产值在农业总产值中的比重达 50% 以上。

（3）农业新型业态高速成长。拓展农业多功能性，发展休闲农业、创意农业、设施农业。积极开发农耕文化。实施“互联网 + 现代农业”行动，推进现代信息技术应用于农业生产、经营、管理和服务。采用大数据、云计算等技术，大力发展农产品电子商务，完善配送及综合服务网络。推动科技、人文等元素融入农业，发展农田艺术景观、阳台农艺等创意农业。积极探索农产品个性化定制服务、会展农业、农业众筹等新型业态。

（4）现代农业产业体系完善。主要农产品加工能力不断提升，农产品加工业增加值与第一产业增加值之比逐步提高。参与产业化经营的农户持续增多，农村产业融合发展总体水平明显提升，农业产业价值链条不断拉长，农业产业化水平不断提高，形成一批竞争力强、规模较大的农业产业化集群。不断拓展农业发展的广度和深度，推进农业与旅游、教育、文化、健康养老等产业深度融合。构建农业与二、三产业交叉融合的现代产业体系。

（5）农业技术装备水平进步。农业科技创新能力大幅提高，农民科学种田水平不断提高，一些关键部分和若干重点的农业科技领域达到国内领先和国际先进水平，农业信息化水平全面提升，农业科技成果转化率、农业科技贡献率明显提升。

（6）农业产出质量效益较高。农业发展更加注重质量和效益，农业产出的农产品品质好，农业整体发展水平较优，有较高的经济效益、社会效益和生态效益。健全农业质量安全标准体系和农产品质量安全检测体系。规模经营主体实现标准化生产、品牌化经营。绿色食品、有机食品占较大比重。现代农业产业体系基本构建，规模经营主体基本实现标准化、品牌化、链条化。农业市场竞争力不断增强。

（7）农业绿色发展水平较高。农业生态系统得到有效保护，农业清洁生产得到普遍推广，生态农业、循环农业、节约农业得到迅速发展。农产品和食品的安全从农田到餐桌全过程得到确保。有机食品、绿色食品和无公害农产品的比重高。农业达到资源利用节约化、生产过程清洁化、产业链条生态化，农村生态环境明显改善，农业实现可持续发展。

（8）农业基础设施支撑有力。农业信息化、机械化、水利化和电气化水平较高。农田水利设施比较完善，农业机械装备水平比较高，农业预防和抵御自然风险的能力不断增强。农业机械化居国内先进水平。

（9）工农、城乡协调发展。以城带乡、以工哺农能力较强，工农互惠、城乡一体化局面形成。农民收入持续增加，农民生活实现全面小康。农户电话普及，农村自来水普及，基本普及高中阶段教育，农村基本医疗、养老保险全覆盖。实现城乡基本公共服务均等化，农村贫困人口全面实现脱贫。

四　加快河南现代农业强省建设的对策措施

充分认识现代农业强省建设的重大意义，以提高农业质量效益为核心，以增加农民收入为目的，以绿色发展为导向，以优化结构为重点，培育新动能、打造新业态、扶持新主体、拓宽新渠道，推进农业转型升级，加快现代农业强省建设，促进河南乡村振兴。

（一）加快农业科技创新应用，全面提高农业信息化水平

用现代科学技术改造传统农业，充分发挥科技进步在发展现代农业中的关键作用。加强优质高产农业品种的研发和推广，加快种业创新步伐。加强农业机械装备研发和推广。大力提高农业农村信息化水平，加快发展智能农业、精准农业，加快“互联网+现代农业”发展，通过推进信息化提升现代农业。

（二）提高财政支农政策的精准性，创新金融惠农模式

提高财政补贴农业的精准性，把适度规模经营和生态建设作为补贴重点，补贴多少与种地面积挂钩，激励农户加强环境保护、兴修农田水利、提升耕地质量，实施藏粮于地战略。创新金融服务模式，推出一批针对性、实用性强，易推广、低成本的金融新产品。创新抵押担保模式，推广农地经营权抵押贷款、集体建设用地使用权抵押贷款、住房财产权抵押贷款。创新风险保障模式，建立银行与政府增信机制，开发多种类型农业保险，撬动更多资金发展现代农业。

（三）大力发展绿色高效农业，深入实施质量兴农战略

加快绿色农业高产高效创建，大力发展循环农业、生态农业和节约型农业。建设农业高效节水工程。健全农村节水激励机制。加强农业资源保护和生态修复工程，加大农业面源污染防治力度。加快化肥农药减量增效，推行秸秆饲料化、肥料化，提高农业投入品利用效率。推进农业清洁生产，改善农村生态环境。推行农产品标准化生产，培育绿色农产品品牌，增加有机食品、绿色食品和无公害农产品供给。强化农产品质量安全监管，实现农产品和食品从生产、收购、贮藏到运输、消费各环节的全过程可追溯。

（四）优化农业产品产业结构，完善现代农业产业体系

加快农业生产由偏重产量向提升产能转变。优化粮食生产品种，扩大优质粮、加工粮、专用粮。提升粮食加工层次和水平，提高粮食产业综合效

益。加快农业产业由单一结构向多元结构的转变。因地制宜大力发展特色优势明显、附加值高的农产品，培育竞争力较强的特色农业产业集群，形成区域比较优势充分发挥的农业产业布局。粮饲结合、农牧结合、农林结合，粮食作物、经济作物、饲料作物协调发展。促进农业与旅游、康复、餐饮、教育结合，建立三次产业融合发展的“全链条、全循环、高质量、高效益”的农业产业体系，形成功能多样、业态丰富的农业产业发展格局。

（五）壮大新型农业经营主体，提升农民组织化程度

以发展农业产业化为抓手，以建设高标准农田为载体，加快农业适度规模经营，不断健全农业社会化服务体系，提高农民的组织化程度，促进农业向市场化、规模化、集约化、专业化方向发展。加强培养现代农业科技和经营型人才，促进传统农民向新型职业农民转变。以新型农业经营主体为主要培育对象，推进新型职业农民与新型农业经营主体融合发展，造就和壮大适应现代农业发展的高素质的职业农民队伍。

（六）搞好农村土地制度改革，加强农村基础设施建设

优化农业资源和要素配置，完善农村耕地的所有权、承包权、经营权“三权分置”，创新农村承包地、宅基地有偿转让和退出机制，维护好被流转和征地的农民利益，保障农民公平分享土地增值收益，激发农村发展的潜能和活力。加大农村发展投入，加快高标准农田建设，完善农业社会化服务，提高现代农业设施装备水平。加快建设农民急需的安全饮水、道路交通、信息通信、电力供应、清洁能源和环境卫生设施。建设功能完备、布局合理的农产品市场体系。

参考文献

［1］张红宇：《新型农业经营主体与农业供给侧结构性改革》，《中国农民合作社》

2016 年第 6 期。
[2] 秦志伟等:《农业供给侧改革如何发力》,《中国科学报》2016 年 3 月 9 日。
[3] 高强等:《中国农业结构调整的总体估价与趋势判断》,《改革》2014 年第 11 期。
[4] 万忠等:《转变农业发展方式建设现代农业强省——以广东省为例》,《南方农村》2011 年第 1 期。
[5] 王录仓等:《中国农业现代化水平时空格局》,《干旱区资源与环境》2016 年第 12 期。
[6] 周迪等:《中国农业现代化发展水平时空格局及趋同演变》,《华南农业大学学报》2015 年第 1 期。
[7] 张航等:《中国省域农业现代化水平的综合评价研究》,《农村经济》2016 年第 12 期。
[8] 蒋和平等:《中国农业现代化发展水平的定量综合评价》,《农业现代化研究》2006 年第 2 期。
[9] 吴海峰:《河南推进现代农业大省建设研究》,《开发研究》2017 年第 1 期。
[10] 吴海峰:《现代农业强省的内涵特征及建设路径探索》,《农村经济》2017 年第 11 期。
[11] 河南省社科院课题组:《支持河南农业发展的财政政策研究》,《经济研究参考》2011 年第 57 期。

B.4
河南农业转型升级的态势及对策研究

生秀东*

摘　要： 加快河南农业转型升级是实施乡村振兴战略、促进乡村产业兴旺的重要举措。面对农产品供求结构性矛盾，以及农业劳动力高龄化、农业家庭经营副业化、农业经营规模细碎化的突出问题，加快农业转型升级，要以农业供给侧结构性改革为主线，加快农业结构调整，发展多种形式适度规模经营，提高农业创新力、竞争力和全要素生产率。

关键词： 河南　农业转型升级　乡村振兴战略

加快河南农业转型升级是促进乡村产业兴旺，实施乡村振兴战略的重要举措。当前河南农业发展面临的突出问题是：农业劳动力高龄化、农业家庭经营副业化、农业经营规模细碎化，农产品供求结构性矛盾突出，农业生态环境趋于恶化，资源和环境的紧约束不断加剧。加快农业转型升级，培育新型农业主体，集约利用农业资源的要求越来越迫切，推进农业现代化，持续增加农民收入的难度也越来越大，推进农业转型升级的要求也越来越紧迫。

* 生秀东，河南省社会科学院农村发展研究所研究员。

一　当前河南农业发展面临的问题和挑战

（一）农产品供求结构性失衡问题

在居民消费结构升级、农产品市场供求深刻变化的背景下，河南农产品供求结构性失衡的问题日益凸显。表现在种植业内部，存在粮食比重过大、粮食品种失衡，大宗普通农产品供给与市场对高质量农产品的需求不相适应。例如，河南粮食虽然产量大，但优质率远远满足不了新兴需求下的农产品多样化、高标准、高品质要求。在农业内部，种植业和畜牧业有机结合不够；在农村经济内部，农产品产地初加工不够，精深加工能力不强。河南虽然是全国第一面粉加工大省，但产品中 80% 是普通面粉，而市场需求旺盛的专用面粉的供给量不足 10%。蔬菜品种以大路货为主，旺季有余、淡季短缺。畜牧加工业中精深加工产品比重偏低，有的农业龙头企业的熟食产品比重仅为 20% 左右，而发达国家畜产品加工企业的精深加工比例超过 80%。

（二）农产品质量安全问题

在资源环境约束趋紧的背景下，农业发展方式粗放的问题日益凸显。目前河南人多资源少的矛盾日益突出，耕地数量减少质量下降、投入品过量使用、农业面源污染问题加重，农产品质量安全风险增多问题突出。目前，我国化肥每亩使用量约为 24 公斤，河南每亩化肥使用量高于全国平均水平，而且化肥利用率偏低，农业生产经营的“高投入”加剧了资源环境约束，也带来了“高污染”，农业面源污染、耕地质量下降、地下水超采等问题日益凸显，影响到农业可持续发展。粗放型农业生产到绿色农业生产的转变亟须加快。

（三）农产品生产成本偏高、农业竞争力低下的问题

在国内外农产品市场深度融合的背景下，劳动力、土地等生产要素成本快速上升，农业生产效率低下，农业市场竞争力不强的问题凸显。随着当前

农业主要矛盾由总量不足转变为结构性供求矛盾，河南农业大而不强、多而不优的问题日益突出，主要表现为生产普通农产品的种植业在农业中比重较大，导致农业土地利用效率低下；传统分散的小农户经济比重较高，新型农业经营主体比重较低，导致农业劳动生产率低，尚低于全国平均水平；附加值较少的初级加工产品比重偏高，导致农业资源转化率低，精深加工少、产业链条短、产品附加值低。以小麦生产为例，2017 年平均每亩小麦的生产成本为 544. 7 元，平均亩产 432. 2 公斤，每亩小麦的总产值为 985. 4 元，每亩小麦的生产收益仅为 440. 7 元。近年来，粮食生产正步入高成本时代。此外，国际市场大宗农产品价格下降，形成国际国内农产品价格倒挂，成本“地板”与价格“天花板”对河南农业发展形成双重挤压。

二　推进河南农业转型升级的对策建议

农产品供求的结构性矛盾是当前河南农业发展的主要矛盾。2018 年河南“一号文件”提出，要坚持质量兴农、绿色兴农，以农业供给侧结构性改革为主线，加快构建现代农业产业体系、生产体系、经营体系，提高农业创新力、竞争力和全要素生产率。因此，河南农业转型升级要以改革创新为动力，加快农业结构调整，发展多种形式适度规模经营，推动农业规模化、集约化、专业化、市场化、多功能化发展。

（一）加快培育新主体，构建新型农业生产经营体系

加快培育新主体。重点要培育新型农业经营主体和面向小农户的新型农业服务主体，积极引导发展多种形式适度规模经营。一方面，加快健全财政税收、信贷保险等支持政策，加快培育专业大户、家庭农场、农民合作社、现代农业龙头企业等新型主体，发挥它们在现代农业中的主力军作用。另一方面，支持供销社、合作社、粮食等多种类型的新型农业社会化服务主体对小农户开展代耕代种、联耕联种、土地托管等专业化规模化服务，实施农业社会化服务支撑工程。形成土地流转、土地托管（半托管）、土地入股等多

种规模经营模式，让农民更多参与和分享。

坚持培育新型农业经营主体和新型农业服务主体并重，两者不可偏废。原因在于，小规模兼业农户与家庭农场等新型经营主体存在的适应条件不同、互有优劣。例如，新型经营主体的明显劣势是土地租金过高，目前已经进入千元时代；小规模兼业农户的优势是劳动力成本极低，几乎为零。这与城市化等政策有关。长期以来，城乡分割制度以及与其相联系的社会福利制度和政策，形成了农业人口只能在城镇就业而难以在城镇定居的“半城镇化”格局，许多农民工在城市谋生，其家庭成员仍然在农村居住生活。因此在广大乡村，大多数农民的家庭都存在一个突出特征：家庭中年轻子女进城务工，年老父母在家务农。

1. 培育新型农业社会化服务主体

当前河南探索以规模化服务带动农业规模经营的模式，形成了两种类型：一是土地半托管，农民专业合作社等新型规模化服务主体将农业生产全过程中涉及的服务项目，如深耕、田间管理、播种、收割、晾晒烘干、储存、加工等项目制成“服务菜单”，农户根据自己的生产需求，选择其中一些服务项目，双方签订服务合同，在服务结束后，由农户检查作业质量，托管服务组织与农民结算服务费用。半托管的优势是这种规模服务的形式十分灵活，受到广大农民的欢迎。例如南阳市社旗县盛康家庭农场利用自身的生产技术、农机设备优势，发展半托管服务，为周边村庄的农户提供机耕、机播、机收等环节的农业社会化服务。二是全托管，农民与土地托管服务组织签订土地托管服务合同，将耕地委托土地托管组织全程管理耕作，实行从种到收全过程托管服务。全托管的优势是可以打破户与户之间的土地边界，实现土地规模化集中，可以增加土地面积，还可以根据田间管理需要整理土地、兴建水利设施，实施“六统一”经营模式。将良种、技术、管理、大型农业机械等现代生产要素引入传统农业，有利于推进农业规模化、机械化、现代化发展。例如南阳市方城县供销社整合各类种植合作社、农机合作社，组建种植专业联合社和农机联合社，集中农业机械 380 台，为周边农户提供耕、种、管、收全环节、系列化服务。

（1）搞好规范引导。各级党委政府要充分尊重农民意愿，本着“依法、自愿、有偿”和“进退自由”的原则，针对不同经济条件和发展水平，由农民自主选择土地托管模式。加强对托管经营主体的规范化指导，制作合同范本，明确双方权利义务，有效预防化解矛盾纠纷。充分发挥村级组织等第三方对土地托管各个环节的监督、评估作用，加强对土地托管工作的服务、管理和监督。

（2）强化政策扶持。按照发展农业规模经营的要求，加快健全对于土地托管经营主体的融资、用地、水电等方面的优惠政策。支持民间资本进入农业生产领域，在农业基础设施建设上探索适用的 PPP 模式，解决农田水利设施建设缺乏资金和后期管理问题。扩大农机购置补贴比例和范围，扶持培植农机大户，鼓励有实力的集体和个人创办农机合作社和专业农机服务公司。落实粮食综合直补中 20% 补贴种粮大户，完善政策，把粮食直补政策逐步向实施地力保护补贴过渡，因地制宜实施休耕轮作，藏粮于地。在保护耕地、合理利用土地的前提下，引导规模经营主体利用荒山荒坡、滩涂等未利用地和低效闲置土地建设配套设施。

2. 培育新型农业经营主体

着力推广农业龙头企业带动、各类中小企业集群发展、合作组织和家庭农场户联合发展等农业经营组织模式，提高农民组织化、农业社会化程度，提升全省农业市场竞争力。

（1）做大做强龙头企业，发展产业集群，提升市场竞争优势。推进农业转型升级，要建立一批与农业关联度大、精深加工链条长、集约化程度高、辐射带动面广的食品加工业企业集群。依托目前各类农业产业园区，择优建设一批示范性农业产业发展集聚区，推进农业龙头企业集群发展。

按照“扶优，扶大，扶强”的原则，制订壮大农业龙头企业行动方案，选择一批经营水平高、经济效益好、带动能力强的龙头企业给予重点支持，快速壮大一批龙头企业。支持优势龙头企业利用资本运营和品牌优势，整合资源，打造大型企业集团。积极开展招商引资，引进国内外大型企业集团投资河南，带动河南省现代农业发展。

（2）提升农民专业合作社组织带动能力。首先要加强合作社规范化管理，全面开展示范社建设。规范的组织和运行架构是农民专业合作社健康发展的基础，加强合作社规范化管理，需要帮助合作社健全内部组织机构和管理章程，促进合作社向规范化发展。鼓励农民合作社组团发展，组建联社，增强生产经营和开拓市场的能力，推进农业品牌化经营。应不断加强对合作社社员的继续教育，培育社员的合作精神，降低组织内部管理成本，提高市场竞争力。

进一步加大扶持力度。支持农民合作社参与乡村振兴规划项目和现代农业示范区相关项目，合作社作为项目实施主体，可以参加农业产业化、精准扶贫、乡村产业振兴工程等项目，扶持合作社建设农产品烘干、冷藏以及初加工等设施，进一步加快农民合作社发展。

（3）培育家庭农场。发展家庭农场，推进农业规模化、现代化经营，需要将农民分散的土地适度集中，形成面积较大、连片集中的耕地。当前要进一步完善农村承包地“三权分置”办法，探索“三权分置”的有效实现形式，平等保护土地经营权。建立健全土地流转交易组织体系，在农村社区探索设立土地交易所，建立健全土地流转制度，平等保障土地流转双方的权益，为转让双方提供市场供求信息、沟通、地价专业评估等项服务。还要及时出台新型农业经营主体的支持政策，增加农业扶持的资金规模，新增补贴要向新型经营主体倾斜。实施土地流转专项资金政策，引导土地向新型经营主体流转，加快推进农业规模化、现代化、集约化经营。

（二）强化农业科技创新和服务体系，构建现代农业技术推广体系

加强农业科技创新体系建设管理，促进农业科研管理转型，开展协同创新，促进产学研、农科教深度融合。提升农业公益性服务能力，需要加快农业科技创新和技术推广体系建设。加大农业科技投入力度，多渠道融资，推进农业科技进步，加快农业转型升级。加强高效栽培、疫病防控、农业节水等领域的科技集成创新，实施粮食丰产科技工程、种子工程，加强粮食核心区的测土配方施肥、水利技术推广等。集中支持生态农业、设施农业，提高农业水利化、机械化和信息化水平，提高农业生产效率和劳动生产率。

面对分散的千家万户，要改革技术推广管理体制，建立健全以公益型农业技术推广机构为主导的多元化、多层次技术推广体系。特别要加强县一级技术推广中心的建设，使之成为向上可以连接国家和省级重要科研机构，向下连接新型农业经营主体、村级农民技术示范员的纽带，大幅度提升农业科技推广效率。鼓励农业科技人员以指导、承包等多种方式向农民传授先进农业技术。探索建立政府购买农业技术推广服务的市场机制，多渠道解决农技推广棚架难题。加快推进主要农作物生产全程机械化，提升主要农作物耕种收综合机械化水平。

（三）加快农业结构调整，构建现代农业产业结构体系

调整优化农业结构。瞄准市场多样化的需求，从发展大宗普通农产品向发展优质小麦、优质花生、优质草畜、优质林果转变，积极发展品质优良、特色明显、附加值高的优势农产品。优质小麦重点发展优质强筋和优质弱筋小麦，优质花生重点发展高油酸油用花生和食用花生，优质草畜重点发展优质奶牛、优质肉牛，优质林果要积极发展名特优新品种，扩大高端、名优林果品种的比重。

加强农业产业链生产基地建设。农业生产基地是农业产业链稳定发展的基本前提，也是形成产业集群的重要条件。基地建设要结合优势农产品产业带和龙头企业加工需要。按照围绕龙头建基地、突击特色建基地、依托市场建基地、集中连片建基地的原则，建设专业化、规模化、优质化、标准化的优势农业生产基地。在基地建设上，加强农田灌溉系统、土地整理、乡村道路、流通设施、信息化等基础设施建设，持续改善农业生产条件，提高重要农产品生产能力。其中围绕畜牧业生产基地建设，一要加快标准化养殖区建设，采取“政策引导，资金扶持，技术服务”等措施，加快小区发展；二要对原有养殖小区进行规范化改造。

生产基地建设，要与发展专业大户和家庭农场相结合。鼓励多种形式的土地使用权流转，促进土地资源向专业大户和家庭农场集中，建设规模化、优质化、标准化的农产品生产基地。鼓励发展农村小额贷款，帮助农户扩大

生产规模。农户小额贷款在各方自愿的情况下，可以由龙头企业或合作社提供担保，或者在明晰责任、加强监督的前提下由龙头企业承贷承还。政府财政可以设立农业规模化、专业化生产基金，激励农户扩大生产经营规模。

（四）创新一二三产业融合机制，加快农村一二三产业融合发展

农村一二三产业融合发展，是转变农业发展方式、拓宽农民增收渠道、构建现代农业产业体系的重要举措。

一是构建农业新型载体。因地制宜发展特色高效农业、规模养殖、休闲观光等乡村特色产业集群；鼓励乡村形成规模化、标准化、专业化的特色农产品生产基地，促进乡村产业振兴。

二是挖掘新农业功能。积极发展绿色农业、高效农业、休闲农业、体验农业等新型业态，推动都市生态农业生产、生活、生态多功能一体化协调发展。深入推进农业产业结构战略性调整，依托各地农村优势资源，大力发展休闲度假、旅游观光、养生养老等新型产业。

三是积极发展“互联网+农业”。深入贯彻落实“河南省‘互联网+’行动实施方案”，培育一批网络化、智能化、精细化的现代“种养加销”新模式，提高农产品竞争力。鼓励大型电商平台企业开展为农服务，逐步形成线上线下相结合、农产品进城与农资和消费品下乡高效流通交易格局。

四是围绕做强农产品加工业，打造一批全链条、全循环、高质量、高效益的现代农业产业集群，培育一批农产品加工企业集团，叫响一批国内外的河南农业品牌。一个重要方面是积极完善龙头企业与农户的合作机制，提高产业链条的稳定性。大力发展农业产业化，支持家庭农场以专业合作社等组织形式与龙头企业进行合作，实行“龙头企业+以专业农户和家庭农场为主体的农民专业合作社”的合作方式。

（五）加快推进农业供给侧结构性改革，激发农业农村发展活力

一是深化农村产权制度改革。当前，农村改革的关键是进一步完善“三权分置”制度，明确农村土地承包关系长久不变的规定细则，执行土地承包期再

延长30年的政策。鼓励有条件的地方结合高标准农田建设，解决地块细碎化问题。加快农村产权交易市场建设，推动农村资产资源资本化流动化。积极开展农村土地承包经营权抵押担保融资和农村土地征收，集体经营性建设用地入市，探索宅基地所有权、资格权、使用权“三权分置”等试点工作。

参考文献

［1］《中共河南省委　河南省人民政府关于推进乡村振兴战略的实施意见》，《河南日报》2018年3月28日。

［2］胡豹、顾益康：《新时期加快我国东部地区农业转型升级的战略对策研究——以浙江省为例》，《浙江农业学报》2011年第3期。

［3］韩长赋：《毫不动摇地加快转变农业发展方式》，《求是》2010年第10期。

［4］张红宇、李伟毅：《新型农业经营主体：现状与发展》，《中国农民合作社》2014年第10期。

［5］杜志雄、王新志：《中国农业基本经营制度变革的理论思考》，《理论探讨》2013年第4期。

［6］《农业部关于进一步调整优化农业结构的指导意见》，《农民日报》2015年2月12日。

［7］陈润儿：《加快农业结构调整提高产品供给效率》，《河南日报》2016年9月22日。

［8］刘新民：《河南省农业供给侧结构性改革若干思考》，《农村·农业·农民（B版）》2016年第11期。

［9］胡泊：《培育新型农业经营主体的现实困扰与对策措施》，《中州学刊》2015年第3期。

［10］孙亚兵：《发展土地托管　保障粮食生产——河南南阳土地托管的调查与思考》，《决策探索》2016年第12期。

［11］生秀东：《家庭农场与兼业农户：专业化和兼业化的冲突》，《区域经济评论》2013年第6期。

［12］《先行先试推进国家现代农业示范区建设的认识与思考》，皮书数据库，https：//www. pishu. com. cn/skwx - ps/initDatabase Detail？ contentId = 1326828&content Type = literature&siteIc = 14。

［13］《关于落实发展新理念加快农业现代化　实现全面小康目标的实施意见》，《河南日报》2016年2月22日。

［14］刘玉梅等：《农民专业合作社的路径思考》，《河南日报》2008年3月5日。

B.5
乡村振兴战略背景下河南农业产业发展路径研究

李国英*

摘　要： 乡村振兴战略将是影响未来较长一段时期农业农村发展的核心战略。长期以来，我国发展重心集中在工业和城镇，农业和农村长期发展滞后，目前已经成为全面建成小康社会的主要短板。党的十九大提出实施乡村振兴战略，意味着城乡关系的重大战略性转折，未来将更多地在立足于乡村产业、人口、文化等禀赋的基础上，自下而上地激发其积极性、主动性。从依赖外生增长到建立可持续的乡村内生增长模式，将是城乡发展理念上的巨大转变。近年来，随着产业梯度转移，河南一些农村相应也迎来了本地化就业机会，依托特色资源发展休闲农业、观光农业等特色产业，打开了城市消费需求，培育农旅融合新产业新业态；同时，基于河南农业人口较多的现实，河南的乡村振兴也逐渐探索出一条小农户与现代农业有机衔接的特色发展模式。

关键词： 乡村振兴战略　城乡融合发展　产业发展路径

* 李国英，河南省社会科学院农村发展研究所副研究员，研究方向为农业现代化。

一　城乡融合发展是实现河南乡村振兴的重要手段

城乡融合发展是实现乡村振兴的途径，是富国强农的有效手段。随着城镇化的快速发展，河南农村原有的结构发生了根本变化，农村及农业的吸引力不断下降。如何吸引产业资本投资农业来做大做强农业、如何增加农民收入以实现全面小康，是当前农业农村发展面临的主要问题。因此，对农业各生产要素进行市场化改革以顺应产业资本投资农业农村的准入需求是大趋势，是盘活农村资产的前提，也是增加农民收入的有效手段之一。

（一）建立城乡要素双向流动的机制

土地、劳动力、技术和资本是乡村经济发展必备的要素。通过创新机制体制，促进城乡资源要素双向流动、融合发展，更多地吸引城市的资源、资产、资金等要素向农村流动，建立城乡发展的共享机制是乡村振兴的重要手段。但是过去乡村生产要素是“单向城市化”，未来生产要素有望实现“城乡互动”，其中最核心的内容在于土地要素的活化。只有推进土地三权分置改革，实现集体土地经营权和农村建设用地的流转、抵押与转让，才能吸引包括涉农龙头企业、合作社和家庭农场等生产经营主体的加入，而这些新型农业经营主体的加入将带来先进的技术和管理特别是稀缺的资本。而且对土地要素的松绑还会带来其他生产要素的城乡互动，例如随着农村人口对于土地依赖程度的代际差异扩大，人地关系松动的速度与节奏将加快，土地流转带来的财产性收入将成为农民收入的重要增量构成；经营性建设用地入市带来集体收益分配，形成示范效应，可加速土地流转进程，从而促进乡村一二三产业发展等。

（二）把土地资本化作为落实农村政策的破局点

“资金”和“土地”作为两大生产要素，在农业生产方面显得尤为重要。目前土地是农村中尚未被市场化的最重要的生产要素。2017 年底的中央农村工作会议强调，“实施乡村振兴战略，必须大力推进体制机制创新，强化乡村振兴制度性供给。要以完善产权制度和要素市场化配置为重点，激活主体、激活要素、激活市场，着力增强改革的系统性、整体性、协同性”。随着农用地和宅基地“三权分置”试点的扩大和全面铺开，可以解决农业生产中“资金”和“土地”两大问题。可以说农村土地资本化，是深化改革、推动乡村振兴的必然之路。

对于农用地的资本化，就是农村承包经营权的三权分置改革赋予的融资担保权等权利。农村集体建设用地，包括宅基地、集体经营性建设用地、公益性公共设施用地，将通过土地征收制度改革、与国有土地同权同价等方式让农民享受到土地增值收益。但必须注意的是，农村土地资本化进程加快将带动农业生产效率和国家工业化程度的提高，但农民属于土地要素参与者的弱势一方，且农民适应生产力发展和市场竞争的能力不足，随着生产环境的变化可能陷入进退两难的境地，农村土地改革需切实考虑农民是否真正受益。

（三）推动城市基础设施向乡村延伸，加强农村基础设施建设并完善公共服务

2018 年中央“一号文件”提出，要以建设美丽宜居村庄为导向，以农村垃圾、污水治理和村容村貌提升为主攻方向，力争到 2020 年实现农村人居环境明显改善。要实现农村人居环境明显改善，基础设施建设，包括农业和农村基础设施建设，道路、通信、网络、水利等，尤其是水利设施建设是重要的方面。

农村基础设施建设是乡村振兴战略的抓手之一，是其他举措的逻辑前提。首先，农村基础设施建设是实现“宜居”、留住人的前提。农村长期健康发展的关键在于能留住人，尤其是留住年轻人，近年来农村的“空心化”和人口的老龄化日益严重，2017 年 1 月 17 日的国务院常务会议也提出要“支持返乡下乡创业”，即希望推动人口双向流动。要改变人口单向流动就要做到党的十九大提出的“生态宜居”，农村基础设施建设相对比较完善才能有一个良性循环。其次，农村基础设施建设是激活宅基地要素价值提升的前提。农村基础设施建设是激活闲置宅基地要素价值的必要条件之一。目前河南省农村空置宅基地的比例已经占宅基地的四成以上，从资源使用效率角度来说这也是巨大浪费。未来的乡村振兴战略方向之一是完善农民闲置宅基地和闲置农房政策，盘活宅基地价值，

特别是如果要发展城郊农房开发租赁或其他商业化用途，水、电、气、路等配套基建是一个必要条件，当然土地增值收益又可以为农村基础设施建设提供资金。再次，农村基础设施建设是走出小农业，实现“现代农业产业体系、生产体系、经营体系”的前提。在现代经济体系中，传统农业的边际产出总体不高，要实现乡村振兴，农村、农业的发展就要从传统的小农生产中走出来，实现党的十九大报告中所说的“小农户和现代农业发展有机衔接”及“农村一二三产业融合发展”，在这个发展进程中，贯通城乡的基础设施建设是一个前提。最后，消费环境的改善也是农村基础设施建设中非常重要的一方面。过去几年里，随着农民工回流及农村家庭收入的改善，县域市场的以中低端品牌化消费为特征的消费升级正在发生，未来如果能进一步打破渠道约束，推动零售渠道和电商渠道下沉，则农村消费环境也可以得到进一步的改善。

（四）探索宅基地三权分置试点改革

目前，我国农村长期实行的是“一户一宅、无偿取得、长期使用”的宅基地制度。农村宅基地归集体所有，使用权在本集体内才能流转。在2017年11月20日召开的十九届中央全面深化改革领导小组的会议上，习近平总书记明确表示要“拓展宅基地制度改革试点范围”。宅基地三权分置的探索，有助于吸引资金、技术、人才等要素流向农村。第一，宅基地三权分置实现了农村人口与土地的松绑，土地要素和劳动力要素的自由流动，能够彻底消除农村的“空心化”现象。第二，当大量优化的存量农村建设用地和宅基地入市流转后，有望进一步活化土地要素，激发乡村经济活力。第三，随着宅基地入市流转，会有更多的农村劳动力退出宅基地，有利于农民进一步向城镇迁移，转为城镇居民，从而提高城镇化率，同时也会推动三、四线城市房地产市场去库存。第四，留守农户经营土地规模也将得以扩张，能够实现规模化经营，这将进一步提高农业生产效率。第五，农村宅基地流转后可发展租赁、养老、乡村旅游等产业，有助于实现农村经济的多样化发展，给农民带来稳定的财产性收入，分享土地增值收益，从而实现乡村经济的振兴发展。第六，通过拆旧复垦盘活农村旧住宅、废弃宅基地、空心村等闲置建设用地，推行复垦指标流转，既能破解城镇发展新增用地不足的难题，也可减少农村闲置、低效建设用地，增加农民收入，助力乡村振兴。

二　特色小镇是连接城乡的重要节点

乡村振兴战略的背后是城乡关系的重大战略性转折。城乡关系再定义，从附属到平等，是理解乡村振兴战略的出发点。党的十七大、十八大分别提出了城乡统筹发展和城乡一体化的发展理念，起到了重要的历史作用。但从发展驱动力的角度看，政策落脚于城市，把农村放在了从属地位。乡村振兴，则是平等看待城乡，在立足于乡村产业、人口、文化等禀赋的基础上，自下而上地激发其积极性、主动性。可以说，从依赖外生增长，到建立可持续的乡村内生增长模式，是发展思路上的巨大转变。乡村振兴需要一个强有力的龙头和载体，把乡村优美环境、人文风俗、历史文化、特色资源等在空间上进行集中和集聚，推动特色产业发展。打造独具特色的小镇以承载产业与人口转移，吸引城市资源要素的流入，承接城市消费的外溢，把小镇发展融合到乡村振兴的战略中，既符合特色小镇发展理念，也从根本上增强了乡村的内生发展能力。

（一）特色小镇有助于形成竞争优势，激发产业活力

城市化的进程意味着农业人口离开土地进入城镇、城乡关系的持续调整，意味着空间与产业结构的集聚与转型，所以要求特色小镇的“特色”定位就意味着各地区要对符合这一定位的要素展开区域间的竞争，那么区位关系、资源禀赋、运营能力是否与预期定位相匹配就成为竞争的关键要素，比如海南省有着丰富的旅游和农业资源，政府提出结合产业优势，借助“互联网+”做大做强特色农业，在“一张蓝图”下推动城乡融合，以发展“共享农庄”为抓手，建设田园综合体和美丽乡村，让旅游、农业协同发展。

（二）作为城乡沟通的桥梁，特色小镇应该成为乡村振兴的重要抓手

实施乡村振兴战略，可以以特色小镇为支点，形成以点带面、区域辐射

的总体格局。特色小镇是新型城镇化下寻求发展的一条重要途径，以特色小镇为代表的新型城镇化道路，意味着政策面从追求大城市“大而全”的传统城镇化布局，转变为因地制宜专注于小城镇发展挖掘自身特色禀赋的新城镇化思路，这对缓解“大城市病”、降低公共服务成本、进一步吸引农民进城、实现“产城融合”、充分利用各方面特色资源、促进经济转型升级具有重大意义，同时也对推动城乡协调发展做出了重要探索和贡献。

（三）特色小镇是打造农业全产业链发展的重要载体

产业是人口合理聚集、小城镇健康发展的基础，所以要特别强调产业功能的优先性。要从小城镇的比较优势、资源禀赋以及是否具备产业基础、人口结构等条件出发，因地制宜地制定小城镇发展的主导产业，并借助全球化和互联网手段，把相关产业引入全球产业链中。在产业链分工体系中，特色小镇以高度融合的态势开放地融入全球价值链中，与周边环境共生、共赢、利益共享、协同发展并形成有强大的自我萌发能力的产业链。这种小镇是自组织的，并可以与产业、周边的节点强强联合形成微循环模式的产业生态，这种微循环本身就可以形成产业，并通过大型集团企业长期投资、吸引集聚特色产业、改造历史经典产业等方式推动产城融合、产城互利，改造、改进当前河南省小城镇的面貌。大型企业集团还可以通过专业投融资平台的打造，借助资本运作优势，继续完善产业布局，通过引进优质资源及整合新型产业资源，完善小镇内产业生态圈的布局。

三　产业兴旺是实现河南省乡村振兴的基础

乡村之所以衰落，本质就在于缺乏足够支撑农村、农民发展需求的产业基础。因此，乡村振兴之路，一方面要提高农业生产效率，提升产业竞争力；另一方面则要引入非农产业，增强农村产业基础。增强农村产业基础一方面需要将现有农业做大做强，延长产业链，提升价值链，增加农业产业附加值；另一方面需要向村镇引入二、三产业，促进一二三产业融合，延长农业产业价值链，提升农产品的附加价值。在乡村振兴战略的指引下，行业龙头企业推动的产业规模化、一体化，将成为河南省农业提质增效的有效途径。

（一）实施新型经营主体培育工程，把农业龙头企业打造成三产融合的实施者

以农业产业化发展助推乡村振兴，就要着力培育一批示范家庭农场、示范合作社、重点龙头企业、社会化服务组织、示范农业产业化联合体。比如“公司＋家庭农户”“公司＋合作社”等模式的运用，结合精准扶贫的项目，利用龙头企业的科学技术和管理先进性，培育农民在新产业上的积极性和生产力，形成企业、农民、社会的三方共赢。在《关于促进农业产业化联合体发展的指导意见》中也指出，要以发展现代农业为方向，以创新农业经营体制机制为动力，培育发展一批带农作用突出、综合竞争力强、稳定可持续发展的农业产业化联合体，实现小农户和现代农业发展有机衔接，使之成为引领我国农村一二三产业融合和现代农业建设的重要力量，为农业农村发展注入新动能（见图1）。

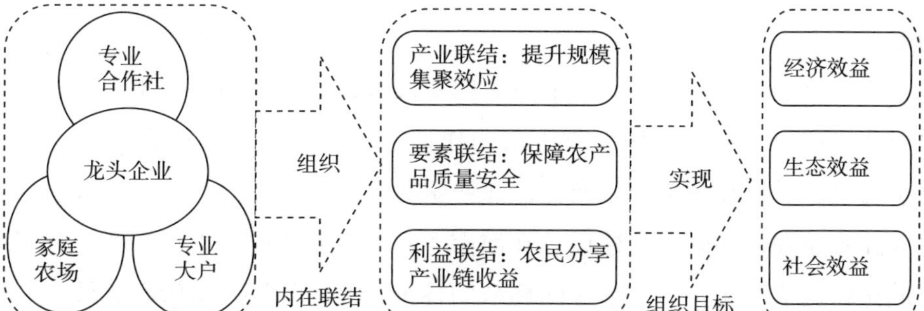

图1　农业产业联合体发展路径

各级政府注重培育农村产业，强调农村发展的主体性，乡村发展问题不再被置于城乡二元的视角下，乡村发展路径不再从城市反哺或辐射的角度出

发，而更加注重发掘乡村内生的增长机制。在这一框架下，农村产业兴旺无疑是其中的核心环节，也被放在了党的十九大报告中“三农”发展五大总要求的第一位。在具体措施上，延长土地承包期、落实三权分置等一系列的政策为土地产权奠定基调；农业社会化服务体系、农村金融体系有望进一步完善；社会资本将更加深入地参与到农村产业发展中，充分激发乡村自身的经济活力。同时，随着农业生产要素资源的市场化改革，农业的竞争门槛会不断提高，行业整合成为必然趋势，农业龙头企业有望在我国农业新一轮发展周期中不断赢得市场。此外，当前河南省农业正处于由传统农业向现代农业转型的关键时期，产业政策导向、环保趋严以及消费升级叠加效应提高了行业竞争门槛，未来农业行业的竞争更多地体现在规模优势、资金优势、品牌优势和技术优势等方面。可以预见，在农业行业正处于产业升级和市场集中度加快提升的阶段，行业竞争格局有望呈现强者恒强的局面。

（二）全产业链运作是农业农村现代化发展的必由之路

农村产业兴旺的根本出路是发展现代农业。我国具有庞大的消费基础，结构性短期矛盾和新的消费诉求是我国农业产业提升盈利的主攻方向，农业产业化发展延伸了产业链条，提升了产业链价值，提高了农业行业的整体盈利能力。

从农业全产业链来看，主要分为四个部分：上游的种子、化肥、农药等农资购买；中游的耕、种、收等田间作业和管理；下游的粮食的烘干、仓储、物流、贸易和加工；以及为产业链服务的信贷、保险等金融服务，信息服务和农业农村基础设施建设。在河南省农业产业链构建中，有两部分可以形成比较竞争优势：一个是中间环节的种植管理，其核心是做到高效率、低成本，释放种植利润；另一个环节是下游的流通销售环节，烘干、仓储等设施偏重资产，且只有有效掌握了下游的销售，才能有效驱动上游的资源整合和扩张。上游的农资端在整个产业链中壁垒较低，这主要是由于上游农资端分散以及缺少优势产品所致；而农业服务尤其是金融服务的开展有赖于从上而下形成的产业链闭环，而一旦形成闭环，供应链金融也就顺理成章了（见图2）。

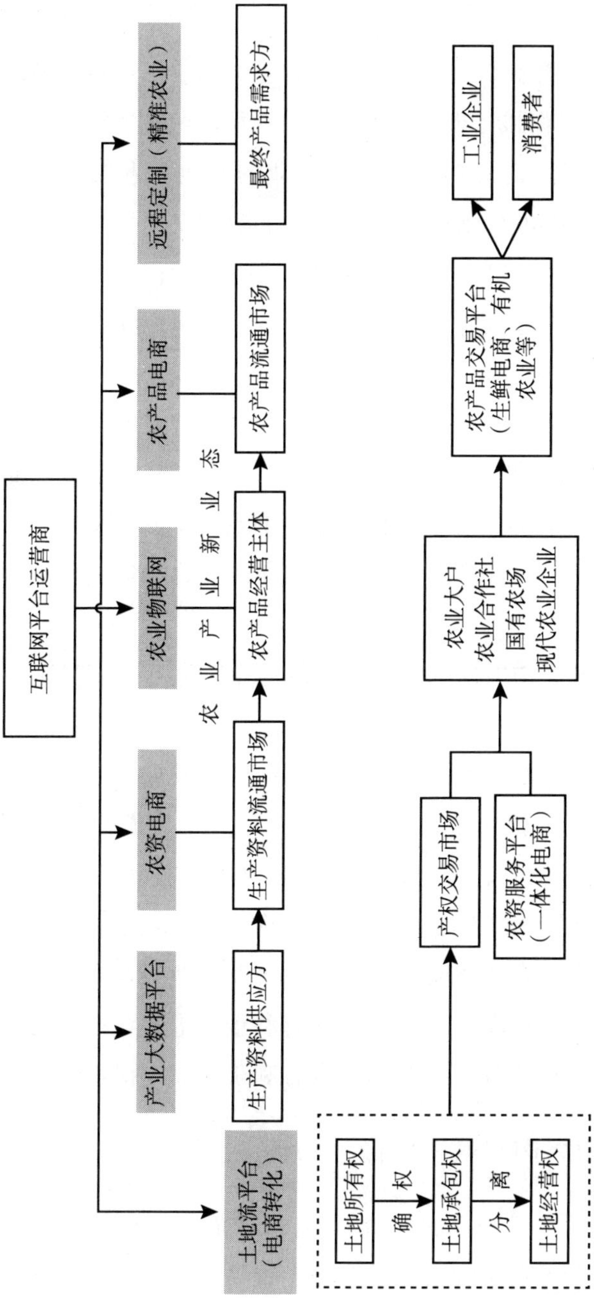

图 2　农业全产业链的典型模式

（三）一二三产业融合发展是农业转型升级的大趋势

在制度创新、技术创新和商业模式创新的基础之上，一二三产业融合是促进农业现代化与新型城镇化相衔接，推动农业增效、农民增收和农村繁荣的重要举措，是推动农业产业化发展的必然方向，而农业的产业化发展有两层含义：一是农业生产在产业链上进行延伸，尤其是向下游的农产品加工、农产品流通、品牌运作等方向发展，打造一体化的农产品提供商；二是实现农业与金融机构的融合发展，提供适合农业需求的融资、信贷渠道和保险产品。

对于各地区三产融合发展所需要的资金，首先确保财政投入持续增长，其次要拓宽融资渠道同时提高金融服务水平，包括深入推进农产品期货期权市场建设，稳步扩大“保险＋期货”试点，探索“订单农业＋保险＋期货（权）”试点。农用地承包经营权通过向金融机构融资担保或入股从事农业经营，推动农用地的流转，一定程度上也加快了农业产业化和集约化进程。

四　以“互联网＋”为平台培育河南农村发展新动能

实施乡村振兴战略离不开新业态的培育，根据河南省发展实际及原有的农业产业基础，短期内最有希望大规模推广的产业是乡村旅游观光休闲产业，“互联网＋”、农村电商产业、智慧农业和光伏产业。推进“电子商务进万村”，搭建农产品销售平台，把空心村变成“淘宝村”，通过培育农村观光游、休闲游、养老度假、农业体验游等农旅融合新产业新业态，一方面有利于打开城市日益升级的消费需求，另一方面有利于促进农业产业链、价值链延伸。此外，农旅融合与扶贫工作相结合也有利于带动农民增收。

（一）以双向物流网络构建农村电商大市场

随着我国宏观经济进入“三期叠加”，制造业吸收农村居民就业的能力大幅度下降。国家未来将会把发展农村电子商务、提供新型的电子商务创业平台作为解决这些农村居民就业的工作重心。2017 年 2 月 5 日，《关于深入推进农业供给侧结构性改革，加快培育农业农村发展新动能的若干意见》出台，两大重点是农业供给侧改革与发展新动能，而农业发展新动能这部分重点提出要推动农村电商的发展。农村电商在国家经济中的地位越来越重要。从目前乡村发展战略来看，基本上未来的发展方向都集中在以下三个方面：一是建立城市到农村、农村到城市的双向物流网络。目前，在消费品下乡方面电商的信息流和物流通道已经打开，但从农产品向城市销售的角度来说，受限于物流体系特别是冷链物流体系建设的滞后，农产品通过电子商务进行交易所占比例较小，但是发展迅速，未来发展空间较大。二是发展农村生鲜业务，建立高效的冷链运输机制。目前由于优质冷链物流服务商缺位、物流外包成本高昂、外包服务质量难以保障等原因，不少生鲜电商采用重模式自建物流。随着生鲜电商市场的日益成熟，冷链物流行业将进一步发展，能够实现质量的上升、成本的下降。三是发展农村金融。从经济形态的角度看，电商化意味着信息化，是经济转型升级的重要方式之一。电商化之后，网络平台将能沉淀海量有效的经营、支付、快递以及交易的信息。这些全量信息将帮助金融机构更有效地做出是否发放信贷的决策。同时电商化也能帮助金融机构做好贷款流向、贷后催收等工作。当电商化达到一定程度之后，大数据和云计算的运用才能更充分，金融服务的有效性将大大提升，风险管控的成本也将极大降低，形成一种基于移动技术应用、产业链整合以及多品类金融服务覆盖为基础的农村金融新业态。在这三大战略中，建立城市到农村、农村到城市的双向物流网络是电商发展农村电商的第一步。之后，在成熟的双向物流的基础上，再逐渐发展附加值较高的农村生鲜和农村电商。

（二）互联网与“订单农业”结合将衍生新型业态

随着物联网、云计算、移动互联、3S、农业智能装备在农业子行业得到逐步应用，粗放型的农产品生产销售模式将得到改进，定制化、个性化、高品质的农产品生产销售模式将逐渐成为主流，农民作为现代农业发展的主体，其在“互联网＋”三农价值链中的身份与地位将得到彰显，“订单农业”与互联网的结合将衍生参与式种植、体验式收割、人格化营销与定制化销售等消费场景，以及与乡村旅游结合的“体验农业”新兴业态。这些不仅将改善农产品的品牌形象，提升产品附加值，同时还将有效解决因“一哄而上”而带来的农业产品“滞销”等问题。

（三）打开城市消费需求，培育农旅融合新产业新业态

壮大新产业新业态，拓展农业产业链价值链，背后是对于农业产业内涵的丰富，是为农业产业延伸、农民收入提升寻找新方向新增量，也是在国内消费水平不断提高、以互联网应用为代表的农业信息化方兴未艾的大背景下提出来的。这意味着不仅仅是传统的农业深加工、农业产业链一体化的发展模式，还包括以农村电商、休闲农业等为代表的农业新业态也进入了政策扶持发展的视野。

参考文献

［1］蓝枫：《激发内生动力　实现乡村振兴》，《城乡建设》2017年第22期。

［2］范毅：《城乡关系发展的战略性转变》，《兵团日报（汉）》2017年11月16日。

［3］腾讯研究院：《“互联网+”如何赋能于农：政府工作报告深度解读》，http：//mp. weixin. qq。

［4］汪名立：《互联网金融下一站蓝海在农村》，《国际商报》2015年5月27日。

［5］马玲：《金融精准发力　乡村全面振兴》，《金融时报》2018年1月3日。

［6］宋兴国、张玮钊：《中央农村工作会议：到2050年乡村全面振兴》，《21世纪经济报道》2018年1月1日。

［7］孔越、廖陈霞：《濮院“双料”特色小镇赴京展示“时尚版图”》，《嘉兴日报》2017年11月5日。

［8］范毅：《夯实基础，激发乡村发展活力》，《中国国土资源报》2017年11月5日。

［9］李国英：《农村电子商务模式创新及发展路径研究》，《全国流通经济》2017年第22期。

［10］韩凯：《振兴乡村共赴小康》，《新农村商报》2018年1月3日。

［11］王俊岭、邱海峰：《2018，乡村振兴这样开局》，《人民日报》（海外版）2017年12月30日。

B.6

河南推进“四优四化”的进展及对策研究

聂斌　苗洁*

摘　要： 近两年，河南将“四优四化”作为推进农业供给侧结构性改革的重要抓手，各项措施稳步推进，部分试点成效显著，但是仍存在一系列突出问题。河南还需要从建设优质农产品示范县（区）、实施种养结合、促进三产融合、加强产销对接、完善收储制度和冷藏设施、健全投入和补偿机制等方面着手，进一步推进“四优四化”，加快实现农业转型升级和农村产业兴旺。

关键词： “四优四化”　农业供给侧结构性改革　乡村产业兴旺

随着经济发展进入新常态，城乡居民消费结构快速升级，农产品供给不适应需求的问题开始凸显，河南农业“大而不强、多而不优”的问题越来越突出，农业生产迫切需要从追求产量向追求质量转变。为着力解决河南农业发展中供给质量不高、有效供给不足的突出问题，2016 年河南省提出了发展“四优四化”的战略决策，即重点发展优质小麦、优质花生、优质草畜、优质林果，统筹推进布局区域化、经营规模化、生产标准化、发展产业化。2018 年河南“一号文件”也强调要“实施质量兴农战略”，“以‘四优

---

* 聂斌，河南省农业厅发展计划处副处长，经济学博士；苗洁，河南省社会科学院农村发展研究所副研究员。

四化’为重点，扎实推进高效种养业和绿色食品业转型升级，调整优化农业生产力布局，推动农业由增产导向转向提质导向”。当前，“四优四化”已成为河南推动农业供给侧结构性改革、加快农业转型升级的重要抓手，以及全面提升农业质量效益、促进乡村产业兴旺的重要突破口。

一 河南推进“四优四化”的进展

为了更好地实施“四优四化”，加快农业结构调整，河南出台了《河南省推进种养业供给侧结构性改革专项行动方案（2016～2018年）的通知》《关于支持肉牛奶牛产业发展的若干意见》《河南省推进优质小麦发展工作方案》《河南高效种养业转型升级行动方案》《绿色食品业转型升级行动方案》等一系列文件，积极在发展“四优”中推进“四化”，在推进“四化”中发展“四优”，各项改革稳步推进，部分试点成效显著。

（一）发展“四优”的做法及成效

1. 发展优质专用小麦

一是划定优质专用小麦生产区。按照比较优势和适应性种植的原则，将豫北、豫中东划定为强筋小麦生产区，将豫南划定为弱筋小麦生产区。2017年秋季，全省种植优质专用小麦840万亩，同比增长40%。二是开展小麦供给侧结构性改革试点。选择了滑县、永城、延津、内黄、濮阳县、浚县、淮滨、息县8个县（市）①，开展单品种集中连片种植。建立了试点县优质专用小麦地理信息系统，全部逐地块上图入库，并逐地块进行田间鉴定，为专收专储专用做好准备。二是落实配套栽培技术。编印优质专用小麦生产技术规程，成立小麦供给侧改革试点工作专家服务团，包县开展技术指导。三是加强产销对接。组织优质专用小麦产销对接会，引导企业与种植户签订订

① 延津县、浚县、滑县、内黄县、濮阳县重点发展优质专用强筋小麦，淮滨县、息县重点发展优质专用弱筋小麦，永城市重点发展富硒小麦。

单生产协议。2016 年优质专用小麦产销订单率达到 85% 以上。2017 年，截至 9 月 7 日，共收购优质专用小麦 173.9 万吨，占全省产量的 62.1%。优质专用小麦平均收购价格比普通小麦高 0.1 元左右，经济效益明显。

2. 发展优质花生

河南把发展优质花生作为增加农民收入的重要手段，积极扩大种植面积，调整品种结构。一是落实区域布局。按照《河南省推进优质花生发展工作方案（2017～2018）》要求，对两个优势区域的 17 个省辖市和 72 个县（市、区）落实和分解了发展任务目标。2017 年花生播种面积 2000 万亩以上，同比增长 18.2%。二是开展规模化示范建设。在花生优势区域建设 20 个高油酸花生规模化生产示范区，探索新技术、新模式、新经验，加快高油酸花生良种繁育与示范推广。2017 年高油酸花生示范种植面积达到 2 万亩。三是组织产销对接。引导省内外知名油脂加工企业与绿色高产高效创建花生产区建立订单生产，提高主产区花生就地加工转化水平；重点在高油酸花生良种繁育示范区推进新型经营主体与繁种企业订单收购。2017 年 7 月，河南省农业厅在驻马店召开全省优质花生产销对接会，参会购销主体 66 家，达成意向订单 36 单，订单量 20.35 万吨。

3. 发展优质草畜

河南成立了推动优质草畜产业发展工作领导小组，重点发展肉牛奶牛产业，着力打造“双百万千亿元”奶牛肉牛产业化工程。一是粮改饲工作有序推进。制订了《河南省 2017 年粮改饲工作方案》，粮改饲试点县发展到 43 个，完成全株青贮数量 275 万吨、粮改饲面积 91.4 万亩。二是加快肉牛奶牛养殖基地建设。在 37 个县实施国家母牛扩群增量项目，积极推进规模养殖场建设，重点推进卢氏和民权科尔沁万头肉牛养殖场、正阳县君乐宝万头奶牛场、兰考县中鼎牧业 1 万头奶牛养殖场、新蔡花花牛 5000 头奶牛场等项目建设。2017 年全省共新增优质奶牛 5.2 万头、肉牛 26.9 万头，新建存栏 5000 头以上标准化奶牛场 8 个，新增乳品加工能力 100 多万吨。三是推进肉牛奶牛品种改良。新建泌阳夏南牛种公牛站和核心育种场，启动河南省奶牛生产性能测定中心扩建项目。四是培育推广奶业新业态新模式。郑州昌明、洛阳生生两个奶牛场在2017年4月入围农业部推介的第一批8个休闲观光牧场，河南是唯一有两家牧场入选的省份。通过推广上蔡牛硕公司现制现售生鲜乳饮品连锁店模式，带动全省有条件的奶牛场通过现制现售消化生鲜乳10万吨以上。

4. 发展优质果蔬

一是发展设施瓜菜。重点发展苹果、西甜瓜、梨等品种和设施蔬菜等。据估计，2017年西甜瓜面积500万亩、总产1900万吨，与上年基本持平；水果面积685万亩，总产930万吨，同比持平略增；蔬菜播种面积2670万亩，其中设施蔬菜面积达到540万亩，比上年增长2.0%；蔬菜总产量2200万吨，比上年增长4.76%，冬春蔬菜生产能力进一步提升。二是突破关键环节。启动传统老果园改造计划，推广苹果矮砧密植栽培技术，改造低产苹果园、建设苹果矮砧密植示范基地。三是推进绿色发展。在灵宝市、洛宁县、扶沟县开展有机肥替代化肥行动试点，推进化肥减量施用，提升产品品质，促进农业废弃资源转化利用。四是搞好产销对接。推广扶沟县与北京新发地批发市场、一亩田电子商务平台实施战略合作的经验，运用电子商务等手段，推进“农超对接”“农批对接”“农校对接”和订单生产。

（二）推进“四化”的做法及成效

1. 推进布局区域化

根据气候土壤条件、区域比较优势，河南将全省分为豫北强筋小麦适宜生态区、豫中东强筋小麦次适宜生态区和豫南沿淮优质弱筋小麦适宜生态区。综合考虑资源禀赋、生态条件、产业基础、种植效益、市场需求等因素，重点建设沿黄及黄河故道油用大果花生区和豫南豫西南小果花生区。基本形成了郑州、许昌、洛阳、开封、南阳、新乡等花卉生产核心区，大别山、太行山和伏牛山区茶叶、食用菌、中药材、油茶生产基地，豫西南豫西地区母牛养殖、豫东肉羊传统优势产区，“三山一滩”肉羊新兴优势区等农业区域布局，产业集中度不断提高，区域聚集优势不断凸显。

2. 推进经营规模化

一是积极培育新型经营主体，由小农户分散经营向新型经营主体主导的规模化种植、产业化经营发展。2017 年全省新型农业经营主体总量超过 24.2 万个，其中农民合作社达到 15.7 万家、家庭农场 3.7 万家、专业大户 4.3 万家。二是认真做好土地确权登记颁证工作，为进一步放活承包地经营权、发展适度规模经营奠定了基础。截至 2017 年 9 月，全省完成确权到户面积 1.097 亿亩，占应确权面积的 109.73%；已完善合同 1872.01 万户，占应确权农户数的 97.64%；新版土地承包经营权证书发放 1829.62 万户，占应确权农户数的 95.43%。三是积极探索“三权分置”改革。出台了《关于完善农村土地所有权承包权经营权分置办法的实施意见》。全省农村土地流转面积 3853 万亩，占家庭承包耕地面积的 38.5%；托管土地面积 2007 万亩，占家庭承包耕地面积的 20.1%；新型农业经营主体流转土地面积达 1713 万亩，占流转总面积的 44.5%。

3. 推进生产标准化

河南大力实行优质果蔬标准化生产，制定生产技术规程，制定设施瓜菜棚室设计标准和建造规范，引导各类经营主体按照标准进行生产，持续提升果蔬品质品相。以开展标准园创建活动为载体，2017 年创建省、市和县三级农业标准化生产基地 2610 个。全省有效期内的无公害农产品 2541 个，增长 62.2%；绿色食品 711 个，增长 24.9%；有机农产品 23 个，增长 4.5%；农产品地理标志 81 个，增长 24.6%；[①] 共有“三品一标”3356 个，增长 50.4%。全省有效用标的绿色生产资料产品比 2016 年增长了 1 倍多，增加到 11 个；创建了 4 个（县、市）全国绿色食品标准化原料基地、1 个国家级农产品地理标志示范样板、46 个省级“三品一标”示范基地。全省有效期内“三品一标”产品数居中西部地区前列。

4. 推进发展产业化

河南积极推动农村一二三产业融合发展。据初步统计，2017 年，全省

---

① 柴占阳：《河南“三品一标”发展势头强劲　农产品质量安全水平持续提升》，《食品安全导刊》2017 年第 9 期。

规模以上农产品加工企业7991家，年实现营业收入突破2.45万亿元，占全省规模以上工业企业年营业收入的近30%。实现利润总额1964亿元，占全省规模以上工业企业利润总额的33.67%；同比增长6.5%；税金总额642亿元，占全省规模以上工业企业税金总额的33.53%；从业人员228.76万人，同比增长1.3%。省级以上农业产业化龙头企业821家，其中国家级龙头企业60家，省级龙头企业761家，企业规模进一步扩大。全省休闲农业经营主体16181个，实现营业收入153.98亿元，从业人数34.32万人。河南规划培育的农业产业化集群销售收入约占全省农产品加工业总量的50%，[①] 集群原料基地建设的规模化、标准化程度不断提高。河南在资本市场上市、挂牌的农业企业达到58家，其中境内上市14家，境外上市3家，新三板挂牌41家。

二 河南推进“四优四化”存在的问题

近两年，河南推进“四优四化”取得了明显成效，农业结构不断调整，但仍然存在一些突出问题，主要表现在以下几方面。

（一）农业发展不平衡、不协调矛盾依然突出

一是农产品结构不平衡。虽然河南小麦供给总体平衡，但强筋、弱筋小麦供给仍存在一定程度的缺口，当前我国进口小麦大多为强筋小麦；优质花生中市场需求量大的高油酸花生短缺、种子供应紧张；优质牛羊肉、奶和林果产品供不应求。二是产业结构不平衡。一产不优、二产不强、三产不大的状况并存，安全、绿色、优质农产品占比低、规模小、成本高、效益低。农产品加工业中初加工产品和一般加工产品占总量的87%，精深加工产品仅占13%。健康、养生、休闲农业规模普遍较小，缺少龙头带动和集团化发

① 《从“田里种粮”到“土里刨金”——河南农业供给侧结构性改革探索与实践》，《农村工作通讯》2017年第6期。

展。产品销售分等分级不严，贮藏期短、品质低，机械冷藏库严重不足。三是发展方式不协调。一二三产业融合不紧密，种养结合循环发展衔接不畅，种养业废弃物处理能力不足，农村环境污染严重，水肥土药等农业资源消耗过大。四是产销信息不对称、购销关系不稳定。

（二）小麦收储制度不完善，难以满足加工企业需求

通过对全省近200家规模以上、使用优质专用小麦的面粉（食品）加工企业用量的调查发现，省内优质专用小麦年用量在500万吨以上。传统小麦收储方式，难以解决优质专用小麦的优质优价问题，难以满足用粮企业优质化专用化需求。在小麦收储环节，中储粮的主要职责是受国家委托，负责中央储备粮的收购、储存、运输、加工、销售及相关业务等，维护国家粮食安全底线。目前我国建立的小麦产供销体系，难免出现供需不协调现象，一方面国家粮库按照容重、水分、不完善粒、杂质等质量指标收储的小麦销售难、库存高；另一方面，面粉和食品加工企业按照湿面筋含量、面团稳定时间等品质指标需求的优质专用小麦购买难、需求高，国有粮库混收混储的小麦难以满足面粉和食品加工企业的需求。

（三）农业发展投入不足，利益补偿机制不健全

虽然近年来各级财政对农业发展的投入不断加大，但与实现农业现代化的要求相比，仍然不足，农田基础设施建设和“四优四化”各项措施的推动需要财政资金引导与扶持。多年来，粮食主产区为保障国家粮食安全做出了重大贡献，但由于粮食生产比较效益低，而且还需要地方财政投入大量的资金，造成“产粮越多，负担越重、财政越穷”的局面。2005年以来，尽管中央财政设立了产粮大县奖励资金，并逐年增加资金规模，一定程度上缓解了粮食主产区的财政困难问题。但由于利益补偿机制不健全，目前的奖励政策对产粮大县发展优质粮食生产的激励作用明显不足。以河南为例，2016年104个产粮大县人均一般公共预算收入5060元，仅为全国地方人均支出水平的43.2%。中央给河南种粮农民的农业支持保护补贴每年为107亿元，

平均每斤粮食不足0.1元。粮食主产区地方政府没有充足财力提供公共服务和发展公共社会事业，长此以往将影响主产区发展粮食生产的积极性。

三　河南进一步推进“四优四化”的对策建议

坚持问题导向，以农业供给侧结构性改革为主线，以乡村产业振兴为目标，以保证国家粮食和河南省口粮安全为基础，以绿色供给、增加农民收入为前提，以优质小麦、优质花生、优质草畜、优质果蔬为重点，以布局区域化、经营规模化、生产标准化、发展产业化为方向，通过调结构、提品质、转动能、促融合、强带动、创品牌，实现河南省种养业和食品业转型升级。

（一）开展示范县（区）建设，强化示范带动

一是建设优质专用小麦示范县。每个示范县建设不低于10万亩的优质专用小麦示范区，通过统一供种、统防统治，支持引导种粮大户、家庭农场、农民合作社、龙头企业等新型农业经营主体，开展单品种集中连片规模化种植、标准化生产，着力抓好优质小麦专种、专收、专储、专用等环节管理和指导服务，打造优质专用小麦产销一体化示范基地。二是建设高油酸花生良种繁育示范区和优质花生高产创建示范区。针对高油酸花生种植规模小，难以满足市场需求问题，在花生主产县建设高油酸花生良种繁育示范区，支持示范区开展统一供种、统防统治及机械化耕种收等社会化服务。开展花生绿色高产高效创建，提升全程机械化水平，提高产业综合效益。三是打造设施蔬菜示范县。在内黄和扶沟两个县，集中打造一批绿色化、智能化的现代设施蔬菜生产示范基地，加快改造老旧设施，建设高标准温室大棚，配套应用物联网系统，提升蔬菜设施的使用性能和抗灾水平。

（二）实施种养结合，促进生态循环绿色发展

一是推广“百亩地千头线”模式。针对中小养殖场畜禽粪污还田难问题，大力推广“百亩地千头线”模式，即在100亩大田里，规划2～3亩建

设育肥猪舍，年出栏生猪1000～2000头。养殖过程中产生的粪便等废弃物经过无害化处理后作为有机肥，就近还田。二是开展商品有机肥生产和沼液还田。针对有机肥施用量大、施用费时费力，成本高，农民对施用有机肥积极性不高问题，在灵宝市、洛宁县、扶沟县、罗山县果菜茶有机肥替代化肥试点的基础上，开展省级试点，发展“果沼畜”“菜沼畜”和畜禽粪便综合利用、种养循环，引导农民利用畜禽粪便等畜禽养殖废弃物积造施用有机肥、加工施用商品有机肥；推广堆肥还田、商品有机肥施用、沼渣沼液还田、自然生草覆盖等技术模式，推进有机肥替代化肥。① 三是建设粪污处理基础设施。按国务院要求到2020年95%以上的规模场配套建设粪污处理利用设施计算，全省有7430万头猪当量需要配套粪污处理利用设施。

（三）做大做强龙头企业，促进三产融合发展

针对上下游融合度不高、链条不紧的情况，支持农业龙头企业做大做强，加快解决龙头企业规模小、带动能力弱、品牌不够响等问题。提高农产品加工能力，积极培育集初加工、精加工、深加工于一体的现代化龙头企业，支持龙头企业生产加工车间升级改造和清洁化、标准化生产线配套升级。大力支持农业专业合作社依托龙头企业成立农业产业化联合体。鼓励有条件的养殖场区按照农民专业合作社法规定组织成立农业专业合作社或共同投资建设乳品加工厂，提高养殖环节的组织化程度，增强抵御市场风险的能力。推动苹果、猕猴桃、茶叶等优质农产品由单纯生产向观光、采摘、休闲、体验、旅游等多功能服务发展，围绕现代农业产业园，建设三产融合示范基地，加快完善道路、食宿和生活休闲服务设施建设。培育集优质农产品种植、冷藏、加工、分选包装、出口销售于一体的龙头企业集群，积极开展“三品一标”认证，加强市场宣传和推介，进一步扩大河南优质农产品的对外影响力和知名度。

---

① 农业部：《开展果菜茶有机肥替代化肥行动方案》，中华人民共和国农业农村部网站，http：//www. moa. gov. cn/govpublic/ZZYGLS/201702/t20170210_ 5472878. htm，2017年2月10日。

（四）实行订单生产，进一步加强产销对接

针对产销脱节问题，支持新型经营主体通过土地托管、土地入股等经营模式与农民建立利益联结机制，与加工企业签订生产订单。引导中粮集团、益海嘉里、豫粮集团、一加一等大型购销加工企业，优先在优质专用小麦示范县和生产大市，自建或联建生产基地。支持大型用粮企业与产地的购销企业、专业合作社、种植大户建立优质专用小麦产业化联合体。督促订单企业开展单品种优质小麦的收购、储运和销售，确保小麦品质稳定。支持玛氏、徐福记、中粮集团、鹤壁淇花、开封富兰格等企业建设一批优质原料基地，协同推进正阳花生国家现代农业产业园与正阳鲁花加工基地建设。针对奶业养殖加工脱节、奶价不稳、奶农无话语权等问题，推行生鲜乳购销合同示范文本，督促严格履行购销协议，建立长期稳定的购销关系，实行订单生产，逐步形成奶农与乳品企业利益共享、风险共担的长效机制。[①] 在郑州、新乡、焦作、南阳、商丘、济源等奶业主产市开展生鲜乳质量第三方检测试点，支持建立生鲜乳价格协调机制，促进优质优价。继续组织举办多形式产销对接活动，推动优质农产品产销衔接。

（五）完善小麦收储制度，建设果蔬冷藏设施

发展优质专用小麦是一项系统工程，河南围绕实现专种、专收、专储、专用，推动小麦产业转型升级和农业供给侧结构性改革，对优质小麦专收专储工作采取了一系列措施。但一方面，有些政策的权限在国家层面；另一方面，河南在资金等方面仍存在困难，需要国家给予大力支持。为实现“优质小麦托市收购”，建议国家有关部门将优质小麦纳入托市收购范围，在稳定保护价的基础上，明确优质小麦的收购价格，实行优质优价收储。针对优质果蔬等产品销售分等分级不严、冷藏库严重不

---

① 农业部、国家发展和改革委员会、工业和信息化部、商务部、国家食品药品监督管理总局：《全国奶业发展规划（2016～2020 年）》，中华人民共和国工业和信息化部网站，http：//www. miit. gov. cn/n1146290/n4388791/c5458461/content. html，2017 年 1 月 11 日。

足等问题，通过加强采后分级处理、冷链运输和基础设施建设，逐步完善采收、加工、运输、销售各环节的冷链物流体系，全面提升冷藏能力和水平。

（六）健全投入和补贴制度，完善利益补偿机制

集中财力物力加大支持力度，把现有的三产融合、产业集群、结构调整、秸秆综合利用、农业支持保护补贴等各类项目资金，集中向“四优四化”倾斜。农业补贴要重点向规模户倾斜，在经营资金贷款上给予支持，在购置农机上要优先补贴，在土地流转上当地政府要给予支持和协调，支持规模户从事农业生产经营。① 此外，对小麦生产关键环节给予补贴，如对黄淮海地区小麦赤霉病等重大病虫害统防统治进行补贴，对优质专用小麦生产所需良种进行补贴。创新保险产品，推行优质专用小麦收入保险，由财政对新增保费进行补贴。加大转移支付力度，对于列入国家规划的产粮大县，根据粮食产量、商品量和人均占有量，增加一般性转移支付，加大奖励补助力度，逐步使产粮大县人均财力达到全国县级平均水平，解决粮食主产区财政困难的问题。建立国家优质粮食调出奖励基金，依据调出原粮及制成品数量给予奖励，并允许粮食主产省参考煤炭价格调节基金的办法，开征粮食价格调节基金，建议从最低收购价粮食拍卖收益中按比例留给产区地方政府，保护产区种粮利益。

参考文献

[1] 卞瑞鹤：《河南小麦产业：做优做强指日可待》，《农村·农业·农民（B版）》2017年第3期。

[2] 农业部农产品加工局调研组，刘明国、才新义、冯伟从：《“大粮仓”迈向

① 河南省农业厅市场与经济信息处：《河南省2017年小麦生产成本收益报告》，《河南农业》2017年第25期。

"大厨房"》，《农民日报》2015年5月9日。

[3] 王铁：《持续贯彻落实中央一号文件　河南从大粮仓到大厨房再到大餐桌的蝶变》，《农业网络信息》2017年第3期。

[4] 张培奇、范亚旭：《由追求高产向优质高效迈进》，《农民日报》2017年8月17日。

B.7

河南省推进畜牧业高质量发展的现状及对策

张志刚　雷　蕾*

摘　要： 畜牧业发达程度是衡量农业现代化水平的重要标志之一。近年来，河南在畜牧业发展上加快转方式调结构，畜牧业综合生产能力稳步提高，发展质量持续向好，为河南农业现代化提供了有力支撑。在大力实施乡村振兴战略的背景下，河南畜牧业要进一步深化结构调整和转型升级，推动畜牧业向高端化、绿色化、智能化、融合化方向发展，加快推动河南现代畜牧业建设。

关键词： 畜牧业　乡村振兴　高质量发展

一　河南畜牧业发展取得的成就

近年来，在创新、协调、绿色、开放、共享的发展理念指导下，河南大力推进畜牧业转型升级，加快供给侧结构性改革，着力调整区域养殖布局，优化畜禽养殖结构，积极发展优质草畜业，畜牧业保持了稳中有进的良好态势。

---

* 张志刚，河南省畜牧局调研员；雷蕾，河南省畜牧局主任科员。

（一）综合生产能力稳步提高

随着农业发展进入新的历史阶段，河南在推动畜牧业生产能力提升方面坚持数量质量并重、质量优先原则，着力推进全国重要的优质畜产品生产和加工基地建设。2017 年畜牧业总产值达 2425.84 亿元，继续位居全国第一，猪、牛、羊、禽饲养量均居全国前列，畜牧业大省地位进一步巩固。预计 2017 年全省肉、蛋、奶产量分别达 710 万吨、430 万吨、335 万吨，为全省乃至全国畜产品的有效供应提供了有力保障。

（二）规模化程度进一步提升

规模化是质量效益提升的有效路径，河南在畜牧业发展过程中，以规模养殖为载体着力加快转变畜牧业发展方式。2017 年全省生猪、肉鸡、蛋鸡和奶牛规模养殖比重分别达 86.8%、98%、78.9%和 90%，其中生猪年出栏 500 头以上的规模养殖比重比全国平均高 17 个百分点，全省肉鸡、蛋鸡、肉牛、奶牛、肉羊最大单场养殖规模分别达 300 万只、100 万只、2 万头、1 万头、6 万只，居全国领先水平。

（三）优质草畜发展势头良好

为优化畜牧业产业结构，近年来河南着力促进牛羊等优质草畜发展，按照“强猪、壮禽、扩牛、增羊”原则，在稳定生猪家禽产业的同时，大力发展优质草畜产业，肉牛、奶牛等优质草畜发展速度明显加快。据统计，2017 年新增肉牛 26.9 万头、奶牛 5.4 万头；新增牛肉加工能力 5 万吨、乳制品加工能力 20 万吨；全省粮改饲面积 215 万亩，为优质草畜发展提供了优质饲草保障。

（四）产业化经营水平明显提升

产业化经营是提升畜牧业产业层次和竞争力的有力手段，河南以链式发展理念为指导，着力培育龙头企业和产业化集群，持续推动畜牧业产业化进程。2017 年全省省级以上畜牧产业化龙头企业总数达 232 家，生猪、家禽、肉牛年屠宰加工能力分别达 9000 万头、11. 1 亿只、124 万头，乳制品年加工能力达 300 万吨。经省政府认定的集群总数达 70 个，初步形成了以双汇、牧原为重点的生猪产业化集群，以华英、永达为重点的家禽产业化集群，以科尔沁、恒都为重点的肉牛产业化集群，以花花牛、蒙牛、伊利为重点的奶牛产业化集群，成为助推现代畜牧业发展的重要引擎。其中，牧原公司 2017 年累计销售生猪 723. 7 万头，同比增长 132. 4%；销售收入 99. 66 亿元，同比增长 77. 9%。全年新增四板挂牌涉牧企业 55 家，上市、挂牌涉牧企业总数达 119 家。

（五）畜牧产业扶贫成效明显

发展畜牧业是贫困农村脱贫增收的重要渠道之一，通过实施畜牧产业精准扶贫也是畜牧业转型升级的难得机遇。近年来河南积极实施“技术培训引导一批、龙头企业带动一批、畜牧企业就业一批、合作组织发展一批、特色养殖扶持一批”五大工程，开展“千企带万户”活动、养殖技能培训活动，推广保底分红帮扶等 8 种实用扶贫模式，带动全省畜牧产业扶贫。通过发展畜牧业带动贫困户 7. 78 万户、贫困人口 21. 8 万人，畜牧业已经成为脱贫攻坚的重要力量。

（六）畜牧业绿色发展加快推进

为有效解决畜牧业发展带来的环境污染问题，河南坚持生产与生态相统一，不断推进畜牧业绿色发展。2017 年全省创建生态畜牧业示范市、示范场分别达到 5 个、1700 多个，有机肥生产能力达 467 万吨，建设粪污储存场 600 万平方米、粪尿贮存池 1240 万立方米，建设大中型沼气工程 4950 个。实施粪污资源化试点项目，共争取粪污资源化利用试点县项目 14 个，资金达 6 亿元。全省关闭搬迁养殖场 2081 个，配套建设粪污处理基础设施规模养殖场达 13943 个，创建国家级畜牧业绿色发展示范县 10 个，分别完成目标任务的 100%、124% 和 125%，20 个病死畜禽无害化处理长效机制试点建设全部完成。通过着力发展生态、清洁、循环畜牧业，河南畜禽养殖废弃物资源化利用工作取得了明显的阶段性成效。

二　乡村振兴战略背景下发展河南畜牧业的基本思路

（一）重大意义

党的十九大明确提出了实施乡村振兴战略的总要求，并把乡村振兴战略写入党章，释放了鲜明的重农强农信号。2017 年底召开的中央农村工作会议和 2018 年中央“一号文件”对实施乡村振兴战略做出了全面部署，为开启农业农村现代化新征程指明了正确方向、提供了根本遵循。2018 年河南“一号文件”对走好河南乡村振兴之路，努力开创新时代全省“三农”工作新局面进行了具体安排，明确指出，要抓住产业兴旺这个重点，推动农业高质量发展；突出生态宜居这个关键，推动农村绿色发展；夯实优秀传统文化这个根基，推动农村文明发展；打牢治理有效这个基础，推动农村和谐发展；把握生活富裕这个根本，推动共享发展。畜牧业作为农村经济的重要支柱产业，作为承农启工的中轴产业，作为保供给、惠民生、促稳定的大产业，具有产业链条长、关联度强、吸纳劳动力容量大、竞争比较优势明显等特点，必将在实施乡村振兴战略中发挥积极作用。

（二）主要任务

乡村振兴战略的总要求是产业兴旺、生态宜居、乡风文明、治理有效、生活富裕，其中产业兴旺、生态宜居、生活富裕与畜牧业密切相关。

在产业兴旺方面，要树立大食物、大农业、大市场、大生态观念，深入推进畜牧业结构性改革，继续调优种养结构、调强加工能力、调大经营规模、调长产业链条；走质量兴牧之路，按照绿色、优质、特色、品牌要求，落实好高效种养业、绿色食品转型升级行动方案，开展特色养殖发展行动等，加快推进畜牧业由总量扩张向质量提升转变，推动河南畜牧业由数量优势向品牌优势转变；继续推进区域化布局、标准化生产、规模化经营、社会化服务，大力发展肉制品、乳制品、蛋制品加工业，积极发展专业合作组织，以市场化手段在企业和养殖户之间建立紧密的利益联结机制，促进小生产与大市场的融合对接，实现畜产品由产品竞争向产业链条竞争转变。

在生态宜居方面，要根据资源禀赋和环境容量，坚持“产出高效、产品安全、资源节约、环境友好”的发展方向，进一步加强畜禽养殖废弃物资源化综合利用，在探索推广农牧结合、资源循环利用模式的基础上，对老的养殖场加快标准化改造步伐，对新的养殖场按照“三同时”要求进行规范，努力做到“新账不再欠、老账逐步还”。

在生活富裕方面，要围绕生产经营主体增收，积极做好畜禽生产监测预警服务、科技推广应用服务、动物疫病防控服务、产业政策协调服务等，增强生产经营者把握市场的能力、依靠科技增收能力，不断提高土地产出率、资源利用率、劳动生产率；持续做好畜牧产业精准扶贫，让更多的贫困户在畜牧业发展中得到实惠。

（三）总体思路

乡村振兴既是一场攻坚战，更是一场持久战。当前和今后一个时期，推进全省畜牧业发展要全面贯彻党的十九大精神，以习近平新时代中国特色社会主义思想为指导，坚持稳中求进工作总基调，践行新发展理念，按照高质量发展的要求，以实施乡村振兴战略为总抓手，以推进供给侧结构性改革为主线，以优化产能和增加农民收入为目标，坚持质量兴牧、绿色兴牧、品牌兴牧、效益优先，加快转变生产方式，积极构建现代畜牧业产业体系、生产体系、经营体系，大力发展新主体、新产业、新业态，大力推进质量变革、效率变革、动力变革，促进畜牧业向高端化、绿色化、智能化、融合化转型升级，全面开启新时代河南畜牧产业发展新征程。

三　推动河南畜牧业高质量发展的关键措施

（一）以重构新型种养关系为重点，推进供给侧结构性改革

一是强力发展优质草畜。认真落实《河南省高效种养业转型升级行动方案》，促进畜牧业加快发展。用足用好两牛发展专项资金，积极实施肉牛奶牛“双百万千亿级”产业化工程，全年新增优质肉牛 20 万头、优质奶牛 5 万头。突出重点区域发展，建设优质草畜优势区。认真实施省级肉牛基础母牛扩群增量项目，加强母牛繁育基地培育。大力发展规模养殖，支持新建在建存栏 500 头以上的肉牛奶牛标准化规模养殖场建设。突出招商引资发展，加快推进恒都、科尔沁、伊赛、首农等企业养殖加工项目建设，多途径引进全国知名龙头企业落户河南。扩大粮改饲试点范围，完成粮改饲目标任务。制订黄河滩区优质牧草开发规划方案，启动实施十万亩优质牧草示范园工程。大力发展肉羊标准化规模养殖，壮大羊肉精深加工能力，推进羊肉标准化屠宰，优化羊肉产品结构，着力推进肉羊产业化发展。二是稳定发展优质猪禽。重点优化生猪产业布局，稳定存栏、增加出栏，加快淘汰落后产能，积极引导新增产能向自然条件好、环境容量大的区域布局。适度发展白羽肉鸡，加快发展黄羽肉鸡，大力发展优质蛋鸡，提高设施装备建设水平。三是积极发展特色养殖。强化畜禽遗传资源原产地保种场建设，积极发展具有地域特色的黑猪、绿壳蛋鸡、肉兔、肉驴、奶山羊等产业。创建特色畜产品优势区，力争将夏南牛、豫南黑猪、道口烧鸡等地方特产列入国家特色农产品优势区创建范围。

（二）以一二三产业融合为重点，推进畜牧业转型升级

一是推标准。支持建设一批蛋鸡、肉鸡、肉牛、奶牛、肉羊等标准化养殖场，积极引导规模养殖场加快精准饮水饲喂、自动环境控制、机

械粪污清理等先进设施设备的改造升级。二是强加工。调优产品市场供给结构，减少低端供给，增加中高端供给。优化肉类结构，支持具有鲜明地方特色的优质肉制品企业发展高端加工产品。积极实施优质乳工程，加快开发绿色有机奶、功能牛奶、保健牛奶等乳制品。推进皮、毛、骨、血、内脏等副产品精深加工。三是延链条。积极培育畜牧产业化集群，建立来源稳定、过程可控、质量优质的绿色养殖基地。拓展直营直销、电商等销售形式，拉长产业链条。鼓励龙头企业建立产业联盟。强力推动冷链物流、电子商务等现代服务业发展，促进产业深度融合。引导畜牧龙头企业到贫困县投资兴业，加快企业上市步伐。四是提种业。严格种畜禽生产经营行政许可，强化种畜禽场监督检查，持续规范种畜禽场生产经营行为。加强畜禽良种繁育体系建设，认真实施畜禽遗传改良计划，扎实开展品种登记、生产性能测定等基础工作。组织修订省级畜禽遗传资源保护名录，支持大中型畜禽育种企业和科研院所推进育种创新、遗传资源保护等工作。依托龙头企业，大力推进地方品种资源产业化开发。五是育品牌。开展绿色食品、有机农产品认证，积极培育“豫产”特色畜产品品牌。拓展品牌营销传播渠道，做好品牌宣传推介，讲好品牌故事，力争形成一批市场知名度大、美誉度高的地方区域品牌、企业品牌和产品品牌。坚持引进来和走出去并重，重点组织好第30届中原畜牧业交易博览会，促进企业之间的交流与合作，支持畜产品、机械、饲料兽药和龙头企业走出去，提高畜牧业对外开放水平。

（三）以实施涉牧民生实事为重点，推进畜牧业生态建设

国务院和省政府都明确提出，到2020年基本解决畜禽养殖废弃物资源化利用问题。要严格按照高质量发展的要求，做好禁养区内规模养殖场关闭搬迁工作，防止复养。全面加强畜禽规模养殖场粪污处理利用设施建设，引导大型规模养殖企业完善粪污处理机械化、自动化设施设备，推进肥料化和能源化利用；引导中小型规模养殖场在田间地头建设储粪池和输送管网，打通粪肥还田“最后一公里”，推进就地循环利用；引导

小散养殖户退出散养、退出庭院、退出村庄，进入规模、进入市场、进入循环。在养殖密集区，逐步建立粪污收集处理中心，推进第三方治理。加快实施国家畜禽粪污资源化利用整县推进试点县项目，开展国家级生态畜牧业绿色示范市创建、省级生态畜牧业示范市创建、国家绿色发展示范县创建等活动，积极培育省级生态畜牧示范场。深入探索种养结合循环发展典型模式，将资源优势转化为经济优势。加快老场标准化改造，推进新建畜禽规模养殖场同步建设畜禽粪污储存、处理与利用设施，加强畜禽规模养殖场环境准入管理。探索政府、社会资本和养殖企业合作模式，加快构建“统一收集、集中处理、综合利用”市场化运营机制，培育畜禽粪污资源化利用产业。

（四）以夯实责任为重点，推进畜产品质量安全治理能力提升

一是加快畜产品质量安全省建设。开展畜产品质量安全市、安全县示范创建，探索完善从养殖到屠宰全过程监管模式，为畜产品质量安全省建设目标顺利实现提供坚强保障，保障人民群众“舌尖上的安全”。二是进一步明确各类畜牧企业畜产品质量安全主体责任。督促指导企业依法组织生产经营活动，建立完善质量安全管理内控体系。落实索证索票、产品检测、质量追溯、产品召回等制度，增强企业诚信守法意识。认真落实部门监管责任，制定科学有效的风险管控措施。三是组织开展畜产品、兽药、饲料质量安全监测检验。积极开展监测评估和监督抽查，探索构建监测检验信息管理系统，推动各级实验室监测数据共享，提高监测数据应用效能。四是完善畜产品质量安全追溯体系。强化畜产品质量安全产地准出与市场准入衔接，探索建立畜产品质量安全合格证制度。五是严厉打击各种不法行为。持续开展“瘦肉精”、生鲜乳、生猪屠宰监管“扫雷行动”等一系列专项整治行动，探索实施抽检打击联动机制，实现部省市县四级联动，工商、质监、卫生、食药监、畜牧五部门联动，企业、社会、消费者三方面联动，实现良种、养殖、屠宰、运输四个环节监管信息全覆盖、可追溯。

（五）以安全、高效、规范为重点，推进饲料兽药屠宰行业绿色转型

一是推进饲料行业向绿色高效转型。推动铜锌等金属元素减量使用，大力发展安全环保饲料产品，推广低氮、低磷和低矿物质产品，推动微生物发酵技术在饲料产品中的应用。促进饲料企业与养殖企业产销对接。积极推广散装运输、料仓储存、自动饲喂的投送方式。二是推进兽药行业向绿色安全转型。建立完善市场准入和退出机制，鼓励企业做大做强。严格落实兽药 GMP、GSP，规范完善审批程序，严把准入关。推广使用安全、高效、低残留的中兽药等兽用抗菌药物替代产品，减少兽用抗菌药物使用量。宣传畜禽安全用药规定，引导养殖场户科学规范使用兽药。三是推进屠宰行业向绿色规范转型。深化畜禽屠宰管理体制改革，提升屠宰监管能力。培育屠宰加工龙头企业，强力推动中型屠宰企业标准化改造。常态化开展生猪定点屠宰资格审核清理，提高行业集中度。从严审批新增生猪屠宰企业，防止低水平重复建设。落实屠宰环节质量安全企业主体责任和部门监管责任，切实提高监管实效。监督屠宰企业严格落实全过程质量安全控制措施，指导企业安全生产。积极探索牛羊禽屠宰环节监督管理模式，确保牛羊禽肉品质量安全。

（六）以畜牧企业带动为重点，推进畜牧产业精准扶贫

一是加大支持力度。扶贫项目优先安排、扶贫资金优先保障、扶贫工作优先对接、扶贫措施优先落实。加强对贫困县畜牧业发展的政策扶持，畜牧业发展资金重点向 53 个贫困县倾斜。加强与扶贫、发改、财政等部门的沟通衔接，积极争取项目资金，加大对卢氏县、台前县、淅川县和嵩县四个深度贫困县的支持力度。二是深入开展“千企带万户”活动。支持引导龙头企业到贫困县投资兴业，指导畜牧企业完善与贫困户的利益联结机制，落实企业扶贫带贫责任，鼓励畜牧企业带动更多贫困群众参与产业发展，提高企业吸纳贫困劳动力就业创业能力。加快推进畜牧企业项目建设，认真开展养

殖技能培训。三是组织召开全省畜牧产业扶贫推进会。开展畜牧业优秀扶贫成果评选和龙头企业社会责任评选等活动，进一步提炼总结种养结合等产业扶贫模式，采取多种形式大力宣传推广先进典型，营造产业扶贫的良好氛围。

（七）以机制创新为重点，推进产业提质增效

一是探索建立河南省畜牧业科技创新创业中心建设机制与运行模式。积极搭建开放型科技创新平台，组建各类研究研发中心、畜产品监测集团等。完善科技成果转化机制，支持畜牧业科技创新体系建设，积极引导高端人才向双创中心聚集。二是构建支持畜牧业发展的金融保险支持体系。加快涉牧金融产品创新步伐，探索不同类型的信贷抵押方式，积极引导社会资本投资畜牧业。大力推进育肥猪保险、肉牛保险、奶牛保险政策的落实，加快实施“产融保”“牧融宝”等项目，帮助企业解决融资难、融资慢、融资贵等问题。三是落实推进兽医社会化服务发展的指导意见。积极探索政府购买服务，培育兽医社会化服务组织，鼓励各类合法市场主体组建动物防疫服务队、合作社、检测机构等多种形式的服务机构，向养殖场户提供高质量的免疫、诊疗、用药等专业化兽医卫生服务。四是建立畜牧企业诚信信息管理系统。创新诚信管理机制，按照分类指导、区别对待的原则，对涉牧企业区分黑榜、红榜、绿榜和星榜四种形态进行管理。五是实施新型经营主体培育工程，重点培育一批示范家庭农场、示范专业合作社、龙头企业、社会化服务组织、产业化联合体等，支持新型经营主体发展生产性服务业，发展适度规模经营。

（八）以大数据平台建设为重点，推进畜牧业信息化建设

开展大数据平台建设，确保涉牧数据准确有效，实现畜牧信息广泛整合、深度分析和广泛利用。开展物联网升级改造，积极建设物联网应用示范基地。加强综合信息平台、“豫牧通”手机客户端、监测预警、质量安全追溯等培训，解决信息入场到户“最后一公里”问题。强化监测预警体系建

设，进一步完善监测网点网络，加强各级统计人员培训，强化数据审核、实地核查和绩效考核管理，提高数据采集的及时性、准确性。加快推进监测预警数据平台建设，按照农业部直联直报网络建设有关要求，2018 年重点完成种畜禽场、规模养殖场基础数据的采集录入上传工作。认真开展生产监测，定期开展畜牧业生产调研和形势会商，认真做好畜牧业生产形势分析研判，提高形势研判的精准性，及时发布相关信息，科学指导养殖场户适时调整生产计划。

B.8
河南农垦国有农场转型发展路径研究

琚恒功*

摘　要： 近年来，国有农场在河南推进转变农业发展方式先行区建设、新型现代农业示范区建设及农业“走出去”等方面，发挥着排头兵的示范引领作用。在实施乡村振兴战略的背景下，如何加快建设农垦新型现代农场，进一步发挥国有农场的示范引领作用，迫切需要更加深入地探索。为此，必须进一步深化农垦改革，加大农场基础设施的投入力度，做大做强主导产业，改善生态环境和培育人才队伍。

关键词： 农垦国有农场　新型现代农场　乡村振兴

农垦是在特定历史条件下为承担国家使命而建立的，经过60多年的艰苦创业，建设了一批现代化的国有农场和重要农产品生产基地，形成了组织化程度高、规模化特征突出、产业体系健全的独特优势，锤炼出“艰苦奋斗、勇于开拓”的农垦精神，为保障国家粮食安全、支援国家建设、维护边疆稳定做出了重大贡献。特别是近年来，农垦改革稳步推进，现代农业快速发展，大型农业企业迅速成长，整体经济实力显著提升，成为国家在关键时刻抓得住、用得上的重要力量，是国有农业经济的骨干和代表。国有农场作为农垦的基本组成单元，是推动产业发展和农业转型升级的重要载体。当前正值农垦改革发展、农业转型升级和实施乡村振兴战略深入推进的关键时

---

* 琚恒功，河南省农业厅农场管理局局长，研究方向为农村经济。

期，加快发展新型现代农场，建设一批亮点突出、产业高端、美丽宜居、产城融合、文化内涵丰富、示范带动作用明显的各有特色的新型现代农场，探索农垦绿色发展示范区和城镇融合发展道路，对于深化农垦改革，增强农垦发展活力和内生动力，促进现代农业绿色发展和示范引领乡村振兴具有重要意义。

一　建设新型现代农场的战略意义

建设新型现代农场，是深化农垦改革、完善体制机制、增强发展活力和内生动力的需要。当前正值全省上下全面深化农垦改革发展的关键时期，建设新型现代农场符合中央和省委对农垦改革发展的要求，顺应农垦全面深化改革的趋势，有助于加快创新、协调、绿色、开放、共享的新发展理念在农垦的落实，创新经营、管理、服务模式，完善体制机制，盘活要素、整合资源，建设现代农业的大基地、大企业、大产业，建设成为全省转变农业发展方式的先行区、新型现代农业的示范区、农业“走出去”的排头兵，从而激发农垦发展活力，增强农垦发展内生动力。

建设新型现代农场，是促进人口集聚、要素集聚和产业集聚，提升农场综合实力的需要。国有农场具有区域性、社会性、经济性的显著特点，经过长期的建设发展，很多农场成为当地吸纳人口、聚集产业、推动城乡一体化发展的重要载体。建设新型现代农场有助于提升农场产业发展和城镇建设水平，进一步增强农场对周边居民和外来就业创业者的吸引力，实现区域人口集聚；有助于搭建政府、农垦、社会资本力量整合的新平台，集聚要素，发挥规模效应，成为农垦经济发展的新引擎；有助于依托区域经济、自然资源等优势，突出产业特色，做强主导产业，实现产业兴垦、产业富民；有助于提升农场城镇功能和承载能力，实施人口聚集、产城结合、服务农场、带动周边的协同发展战略，着力打造产业发展、职工富裕、设施完善、场风文明、环境优美的新型现代农场，通过探索产业“特而强”、机制“新而活”、功能“聚而合”的发展模式，不断提高农垦企业的综合竞争力，充分发挥农垦在推进城乡发展一体化中的载体作用，示范引领周边农村实施乡村振兴战略。

建设新型现代农场，是打造农业全产业链、率先推动一二三产业融合发展、实现农业持续增值增效的需要。农垦在成立初期开荒造田、发展生产时，就已经有了全产业链发展的启蒙思想。相比于农村，农垦在全产业链的布局上具有一定基础和先进性。建立从田间到餐桌的农业全产业链，率先推动一二三产业融合，实现四化同步发展。以农业为依托，加强产地初精深加工体系、仓储物流流通体系、品牌电商销售体系建设，并逐步向农产品加工业、经贸流通业和农业服务业等产业延伸拓展。打造种养加、产供销、农工贸、休闲服务一体化的全产业链经营模式，同时以产业链延伸、产业范围拓展和产业功能转型为抓手，激发产业链、价值链的分解、重构和功能升级，通过新技术、新业态、新商业模式带动区域资源、技术和市场需求的整合及优化重组，促进一二三产业之间的融合渗透和交叉重组，实现对农业生产的促进和带动，示范引领中国特色新型农业现代化。

建设新型现代农场是示范带动现代农业发展，在乡村振兴战略中发挥作用的需要。示范引领现代农业发展是国家赋予农垦系统的光荣职责。经过多年探索积累，农垦示范引领现代农业发展主要体现在：以龙头企业为核心实现产业化辐射带动。通过龙头企业凝聚生产要素，采取“产业公司＋基地＋农户”“农场＋专业合作社＋基地＋农户”等多种形式，带动周边农村发展和农民增收；以及采取垦地合作的方式实现服务带动。建设新型现代农场，有助于推进农垦主导产业横向整合和纵向延伸，形成“大基地、大企业、大产业”的发展格局，在农业科技研发和应用推广、农业产业化经营、农业“走出去”和农产品质量安全方面发挥更大的示范带动作用。有助于更加积极主动地开展垦地合作，坚持基础设施的共建和共享，深化农垦国有农场和地方各类生产要素的流动，积极主动地参与到当地农业现代化建设中。进一步扩大代耕、代种、代收、代销等农业生产社会化服务规模，以社会化服务为载体，把农垦现代农业生产方式和经营管理模式移植到地方，提高地方农业生产的机械化、规模化和标准化水平，在产业振兴方面示范引领乡村振兴。

二　农垦国有农场的基础和优势

（一）河南农垦国有农场的现状

河南农垦是中华人民共和国成立初期在周恩来总理的关怀下，在黄泛区复兴工作的基础上发展起来的。在党的召唤下，一大批知识分子、转业军人和民兵等热血青年云集到河南各个地方，为了“垦荒造田”这一目标，担负着祖国建设的重任。在荒芜贫瘠的土地上兴建并发展至今的96个国有农场，分布在全省16个市74个县境内，基本建立了产权明晰、权责明确的现代企业制度，进行了股份制改造。在全国众多的垦区中，河南只是个小垦区，用占全省不到0.3%的土地、不足0.4%的耕地，实现了每年向全省小麦生产提供原良种2亿公斤，年产优良种猪2.3万头供应全省农村，将农业生产技术、农机等服务辐射到周边农村农民，示范带动了当地的现代农业发展。特别是在推进“一带一路”建设和农业“走出去”方面，作为国有企业的河南省黄泛区农场主动挑起了大梁，积极响应号召，开展与乌克兰、塔吉克斯坦的农业合作，取得良好成效。目前，河南农垦作为全省国有农业经济的骨干和代表，具有总量不大作用大、块头不大贡献大的特点，其作用不可替代。在新时代、新形势下，要发挥“先行区”“示范区”“排头兵”的作用，更需要始终坚持农垦的国有属性，发挥农垦的特有优势，使其成为全省农业经济中不可或缺的重要力量。

（二）农垦国有农场的改革方向

以习近平同志为核心的党中央对农垦事业的发展高度重视。2015年11月27日，中共中央、国务院印发《关于进一步推进农垦改革发展的意见》（中发〔2015〕33号），全面指导农垦改革发展，深刻认识新时期农垦的特殊地位和重要作用，明确新时期农垦改革发展的总体要求。习近平总书记2016年5月在黑龙江视察时强调，要深化国有农垦体制改革，以垦区集团化、农场企业化为主线，推动资源资产整合、产业化升级，建设现代农业的大基地、大企业、大产业，努力形成农业领域的航母。因此，我们不仅要从经济的层面看农垦，更要从政治的高度认识农垦，要从解决“谁来种地”“谁来养猪”问题上来思考，在服务全省现代农业建设、推进农业供给侧结构性改革、农业转型升级和“四优四化”建设中发挥作用。全面增强农垦内生动力、发展活力、整体实力是中央对农垦改革发展的总体要求，把国有农场做大做强做优，切实发挥农垦在现代农业建设中的骨干引领作用，一旦农村土地出现大量撂荒，农垦能迅速调得动、补上去，保障粮食安全和重要农产品有效供给，发挥国家队的战略安全作用。

（三）农垦国有农场的优势和作用

首先，从产业看，全省有 4 个农场是“全国农垦现代农业示范区”，农作物良种和生猪生产成为河南农垦的两大支柱产业。建成了 12 万亩核心展示区，辐射近 60 万亩，繁育基地 40 万亩，年生产原良种近 2 亿公斤，满足了全省小麦生产 1/3 以上的用种量；生猪生产实现了年出栏 59 万头，年供应优良种猪 8 万头，占全省种猪生产的 1/10，拥有 3 家国家生猪核心育种场，占全省的 1/2，年生产优质原种猪 2. 3 万头，占全省的 1/2。

其次，从种养技术看，种植业普遍应用了节水灌溉设施、大型拖拉机和大型收割机，实现了小麦生产全程机械化，农作物综合机械化率达到 95% 以上，物资装备、农业技术、产业体系、现代经营形式等方面整体高于农村农民。河南农垦小麦万亩高产创建示范片区单产水平一直位居全国农垦前列；养猪业基本实现了猪舍智能化环境控制系统和猪深部输精、B 超妊娠诊断、疾病综合防控、动物营养配合、无特定病原种猪精液等最先进技术的应用。河南省谊发牧业有限责任公司每头母猪年育成出栏成猪数达 23. 1 头，多次蝉联全国农垦生猪高产攻关冠军，是全国唯一一家中德政府畜牧业技术合作示范企业。

再次，从品牌看，河南省黄泛区地神种业公司拥有“地神”著名商标，是全国种业五十强之一；河南省许昌市农场“兆丰”、河南省博爱农场“博农”等是全省知名种业品牌。河南省黄泛区鑫欣牧业公司的“泛区”牌种猪、河南省正阳种猪场的“诸美”、河南省谊发牧业有限公司的“谊发”和“精旺”是河南省著名商标。

最后，从“一带一路”建设看，河南省黄泛区实业集团抓住推进“一带一路”建设的机遇，投资4000多万美元在乌克兰、塔吉克斯坦创办了3家境外农业企业，按照产业化链的需要建设了种子基地800公顷、小麦和棉花种子加工生产线、仓储等，生产经营规模25万亩，致力打造小麦、棉花、畜牧、果蔬生产加工境外产业合作区。

三　建设新型现代农场的保障措施

一是进一步深化农垦改革，狠抓重点难点，在关键环节取得新突破。2018年是农垦改革发展政策措施落实到位的攻坚年，农垦办社会职能的分离和农垦国有土地使用权确权登记发证工作到年底要基本完成，很多突出矛盾和问题绕不开、躲不过，必须抓住关键环节和着力点重点推进。由于历史原因，国有农场在建立之初为保障农场的建设发展，使职工安心扎根农场搞建设，很多农场都自办了学校、医院等社会服务机构，按生产区域规划了居民点，还成立了相应的社会管理部门，为支撑农垦事业建设、凝聚人心、繁荣当地经济起到了极大的推动作用，这在当时的历史条件下是十分必要的。如今，我国经济社会发展发生了翻天覆地的变化，社会化分工越来越细，公民对享受社会管理和公共服务的需求也越来越高，国有农场既要发展生产，又要管理农场区域内居民吃喝拉撒等所有事项，并且还要搞好服务，显得心有余而力不足，满足不了农场职工和群众的需要。因此，必须坚定不移地推进国有农场办社会职能改革，从根本上理顺政企、社企关系，把农场从非企业经营性事务中解脱出来，集中人、财、物搞好生产经营活动，创造更大价值，提高经济效益，提供更多就业岗位，增加职工群众收入。土地是农垦最宝贵的资源，也是农垦企业最重要的生产资料，是农垦的生存之本、发展之基，必须保护好、利用好，关键是做好依法登记。依法登记的土地所有权、使用权受法律保护，任何单位和个人不得侵犯。通过土地确权来明晰国有农场土地产权关系，明确农垦国有土地使用权主体、使用权类型、土地用途等，进而盘活农垦土地特别是国有农用地资源，推进资源资产化、资产资本化，激发企业发展活力、壮大农业国有经济实力、促进职工增收。

二是加大投入力度，夯实生产基础，改善生活设施。健全投入保障制度，创新投融资机制，加快形成财政优先保障、金融重点倾斜、社会积极参与的多元投入格局，确保投入力度不断增强、总量持续增加。按照适度超前、综合配套、集约利用的原则，统筹规划，合理布局，加强道路、给排水、电力、通信、供热、垃圾处理等基础设施建设，提升农场的人口承载能力；加强生产、加工、仓储、物流等基础设施建设，夯实产业发展基础，促进产城融合，将新型现代农场建设成为吸纳人口、聚集产业、改善民生的重要载体，示范引领新型城镇化和乡村振兴发展。

三是做大做强主导产业，提升农业发展质量。立足国有农场资源禀赋、产业基础和市场需求，做强做精主导产业。因地制宜，深入挖掘资源禀赋特色，充分发挥国有农场在资源、市场、技术等方面的比较优势，强化新型现代农场特色产品开发。引进和推广先进适用新装备、新技术、新成果，大力发展农产品产地初加工、精深加工和仓储物流业，采取适度规模经营，丰富产品种类，提升产品质量，合理延伸产业链。加快发展二、三产业，创新经营模式和业态，加强品牌打造，示范推进一二三产业深度融合发展。

四是改善生态环境，坚持绿色发展。贯彻执行党中央实施“乡村振兴”发展战略部署，秉承“创新、协调、绿色、开放、共享”新发展理念，采取保护性耕作，增施有机肥、种植绿肥等方式改良土壤，增加土壤有机质，提高耕地质量。加强农业面源污染防控，规范农药、兽药、肥料等投入品使用，推进化肥农药减量施用，开展农业废弃物资源化利用和无害化处理。响应“新时代、新气象、新作为”号召，率先示范、展示一批提质量、保安全的绿色高效生产技术。探索创建可复制、可推广的农垦绿色发展先行示范区。力争在农垦节水农业产业上取得突破性进展，打造农垦“绿色发展、精深加工、物流销售、科技示范、精准脱贫”全产业链发展平台。继续围绕深化农业供给侧结构性改革，以农垦粮棉绿色高效技术模式示范提升和农垦畜牧业高产攻关为抓手，积极探索绿色、高效、高质量的规模化种植、养殖经营模式，助力“四优”产业经营规模化和发展产业化，示范、引导新型农业经营主体提升土地适度规模经营水平，带动普通农户连片种植、规模饲养，通过土地托管、代耕代种、联耕联种等多种形式，扩大优质小麦、优质花生、优质果蔬种植面积，积极发展优质草畜饲养。

五是培育人才队伍，发挥科技人员支撑作用。完善人才培养和引进机制，重点培养和引进专业技术人才和现代经营管理人才，壮大人才队伍，强化新型现代农场建设的人才支撑。健全激励机制，运用多种手段，充分调动各类人才的积极性，探索通过股权激励等方式，吸引高层次人才。开展多层次、多渠道的人才培训，不断提高新型现代农场生产、经营、管理、服务人员的能力和素质。

B.9

河南构建现代农业产业体系的思路及对策

刘依杭*

摘　要：　河南作为全国重要的农业大省、粮食生产大省，事关我国乡村振兴战略的实施和整个农业农村现代化进程的推进。当前，全省农产品产量稳定增长，现代农业产业化经营组织快速发展，农村三产融合显著提升，社会化服务体系初具规模。但同时全省现代农业产业体系还面临诸多问题，要深刻把握实施乡村振兴战略的内涵，进一步提升农业产业化水平、加快推进农业技术创新能力、着力构建农业产业发展新业态。此外，要强化政府扶持，发挥市场引导，推进龙头企业带动，加强合作社培育，构建新型职业农民队伍。

关键词：　河南　现代农业产业体系　乡村振兴战略

构建现代农业产业体系是实施乡村振兴战略的重要内容之一，也是推进农业农村现代化建设的重要支撑。2007 年中央一号文件从我国农业发展的实际情况及经济发展的客观趋势出发，针对农业发展出现的新问题，提出了用现代农业产业体系提升农业的崭新理念，确保农业发展沿着健康的轨道向前推进；2017 年党的十九大报告提出实施乡村振兴战略，并把“构建现代

* 刘依杭，河南省社会科学院农村发展研究所助理研究员，主要研究方向为区域经济、农村经济。

农业产业体系、生产体系、经营体系”作为乡村振兴战略的主要措施之一，明确以“三大体系”建设为重点的农业农村现代化推进方略；2017 年中央农村工作会议和 2018 年中央一号文件再次强调“推进‘互联网 + 现代农业’，加快构建现代农业产业体系、生产体系、经营体系，不断提高农业创新力、竞争力和全要素生产率，加快实现由农业大国向农业强国转变”。现代农业产业体系作为“三大体系”的核心，重在解决农业资源要素配置和农产品供给效率问题，对于提升农业可持续发展能力，加快农产品产业结构优化，推进农业提质增效，具有重要的现实意义。

一　河南现代农业产业体系发展成效

（一）主要农产品产量稳步增长

近年来在各项政策的推动下，河南省农业综合生产力稳步提升，粮食总产量连续 11 年保持在千亿斤以上，棉油糖生产总体呈稳定发展态势，肉蛋菜果等“菜篮子”产品丰富多样、供应充足，有效满足了城乡居民日益增长的消费需求，农产品质量安全保障能力不断增强，现代农业标准化生产水平不断提高，农业产业体系的发展也促进了农业生产结构的转变。相对于粮食产量的缓慢增长，高价值农作物和畜产品增长迅速，如肉类产量由 2007 年的 542. 90 万吨增加到 2016 年的 697. 00 万吨，增长了 28. 38%；水果、蔬菜、禽蛋和水产品产量分别增长了 39. 07%，25. 21%，25. 48% 和 71. 73%。现代农业化的投入带来了农产品产量的增长，特别是水果和水产品。

（二）农业产业化经营组织快速发展

目前随着河南省农业产业结构调整和农村劳动力向二三产业转移，有效推动了农村土地经营权的有序流转，农业专业大户、家庭农场、龙头企业等适度规模经营主体快速发展，对完善农业产业组织体系发挥了重要作用。2016 年河南省有各类农业产业化经营主体 71635 个，实现营业收入 11426

亿元，实现利润总额 1852 亿元，有效带动了农民增收致富①。据统计，2007～2016 年，农村人均可支配收入由 3851.60 元增长至 11696.74 元，其中连续五年实现农民收入增收高于 GDP 和城镇居民收入增幅，城乡居民收入差距从 2007 年的 1∶2.98 缩小到 1∶2.33。农业产业化有力地支撑了分散小生产与社会化大市场的有效衔接，对推动农业转型升级和农民增收致富起到了重要作用。

（三）农村三产融合显著提升

加快农业降成本、去库存、补短板，提高农业供给体系的质量和效益，促进一二三产业融合发展，是建设现代农业产业体系的重要组成部分。近年来，河南省农村一二三产业融合发展迅速推进，农产品加工业与农业总产值比由 1.5∶1 提高到 2.1∶1，电子商务等新产业新业态新模式广泛应用到农业农村领域，建立生态友好型农业可持续发展已成为社会共识。农村产业融合发展呈现产城融合、农业内部融合、产业链延伸、农业功能拓展、新技术渗透、多业态复合等多种新模式，有效引导农业生产者适应市场需求，调整种养结构、优化生产业态、实施精准化生产，淘汰落后农业产能，倒逼“精品农业”形成，不断提高供给水平。农产品加工业发展日益呈现集群化、区域化发展态势，互联网新技术、新模式、新业态在农村不断涌现，农村电子商务综合服务功能不断提升，不仅贯穿于农业生产、加工、流通等环节，也逐步向农村金融、农村服务和乡村旅游等市场拓展。

（四）社会化服务体系初具规模

河南省农业社会化服务体系建设进展迅速，农资、农技、农机、物流、信息、金融等各类农业社会化服务组织在数量上和规模上取得了长足进步。农机社会化服务能力持续提升，农机作业专业化、社会化服务组织快速发展，截至 2015 年底，河南省农机社会化服务组织达 5923 个，耕种收综合机

---

① 数据来源：河南省农业信息中心。

械化水平达到77.5%，农机固定资产总值达到876亿元[①]。农业生产性服务领域已由产中服务逐步向产前和产后服务延伸，部分地区农民合作社、农业社会化服务组织通过专业化与生产性服务外包，由最初的以生产、技术服务为主，逐步向农资供应、良种引进及培育、病虫害防治、农产品加工、市场拓展和建立稳定的购销关系等涉及农业产前、产中、产后的各个环节延伸。

二　河南现代农业产业体系发展中存在的主要问题

河南省现代农业产业体系在优化产业结构、延伸产业链条、促进农业增产等方面发挥了积极作用，取得了显著成效。但在当前乡村振兴战略背景下，河南省现代农业产业体系发展中还存在以下突出问题。

（一）农业产业结构协调性有待进一步优化

现代农业产业体系是一个包括粮食、棉花、油料、畜牧、水产、蔬菜、水果等多个子产业在内的有机综合体，需要在优化产品产业结构、推进农业提质增效等方面进行统筹协调发展。但目前河南省农业产业结构不尽合理，各产业间的发展协调性不足，在市场需求、资源配置等方面也有待加强。主要表现为农产品品种、品质结构尚不优化，农业产业结构调整进展不平衡，玉米出现阶段性供大于求，而大豆、棉花、油料、糖料等供求缺口逐年扩大、进口不断增加；高品质果菜、牛羊肉、奶类等农产品生产与消费需求还存在一定差距。农产品供给结构与消费者需求结构失衡的问题日益突出，区域布局与资源禀赋条件不匹配矛盾日益凸显，特别是农业基础设施建设不完善，科研技术投入不足，生产性投入的针对性、指向性不强，不利于提升农业综合生产能力和整体竞争力。

① 数据来源：河南农机信息网。

（二）农业产业链利益联结机制不紧密

长期以来，河南省现代农业产业体系的产前、产中、产后三个环节虽然都处于发展态势，但主要力量还是集中在产中阶段，产前、产后投入相对欠缺，处于农业产业体系的薄弱环节。在产后初加工环节，由于农产品生产基地贮藏、保鲜、烘干等设施设备简陋，农产品产后耗损严重。在农产品流通环节，普遍存在流通环节多、渠道长、损耗大、成本高等问题，对农产品的品质产生较大影响，据统计，河南省果蔬和肉类冷链运输率仅为6.0%和22%，肉类、水产品、果蔬流通损失率分别达到12%、15%、20%~30%，流通环节的成本是国内平均水平的1倍，由此造成大量损耗和高成本。在农产品加工环节，农产品加工集约化程度不高，大部分加工企业仍以作坊式、分散型、粗加工为主要特点，产业规模小、分布散、产业链发育不健全，缺乏主导产业的引领和支撑，严重制约了整个产业的健康发展。

（三）农业社会化服务体系难以适应新阶段农业发展新要求

随着河南省农业农村发展整体迈上新台阶，农业经济结构、发展动力、发展模式发生了深刻转型，龙头企业、农民合作社、家庭农场等新型农业经营主体应运而生并迅速发展，使得建设新型农业社会化服务体系迫在眉睫。新形势下河南省农业社会化服务体系还存在以下问题：一是公益性农业社会化服务组织发展不完善，普遍存在基础设施差、人才缺乏、服务手段简单、体制受阻等问题，不能充分发挥农业社会化服务组织的带动作用，无法满足农民农业生产的有效需求；二是经营性农业社会化服务组织功能边界模糊，发展速度缓慢，滞后于产业发展，农业技术推广服务、农村金融服务及信息服务不能与农业产业化发展有效衔接；三是农业社会化服务体系运行机制和服务功能不健全，公共服务平台和行政监督平台发展滞后，农业创新技术转化能力不足，难以满足现代农业发展及农业质量效益和竞争力的提高。

三　乡村振兴战略背景下河南构建现代农业产业体系的总体思路

河南省现代农业产业体系建设，要进一步以提升农业产业化水平、推进农业技术创新、着力构建农业产业发展新业态为目标，更好地推进实施乡村振兴战略。

（一）进一步提升农业产业化水平

中国要强，农业必须强。河南作为全国重要农业大省、粮食生产大省，对于推进农业农村现代化、实现社会主义现代化强国具有重要作用。因此，要进一步提升农业产业化水平，做好农业产业布局规划、优化农产品结构，科学确定区域农业发展方向与重点，形成一批优势突出、特色鲜明、附加值高的农产品产业带，引导加工、流通、储运设施建设向优势产区和示范园区集聚。一方面要积极深化农业产业化经营，扶持龙头企业、培育知名品牌，把农产品生产、加工、销售连成一体，形成有机结合，推进农产品加工转型升级和快速发展，壮大产业综合实力。另一方面，通过建立农业产业化示范基地，有效带动龙头企业集群发展，使龙头企业与农户建立长期稳定的利益联结机制，提升农户加工销售收益，促进农业多功能开发，推动形成产业链条完整、功能多样、业态丰富、利益联结紧密的现代农业产业体系。

（二）加快增强农业技术创新能力

习近平新时代中国特色社会主义思想明确指出，新时代我国社会主要矛盾是人民日益增长的美好生活需要和不平衡不充分的发展之间的矛盾。河南省要把握这一重大判断，适应当前新形势和新变化。从农业发展角度来看，要全面推进农业农村现代化，突出抓好现代农业产业体系这个重点。而农业技术创新作为构建现代农业产业体系的核心，对于推进农业农村经济结构战略性调整，形成特色农产品区域化布局、专业化生产、产业化经营具有重要战略意义。因此，要加快推进农业技术创新能力，又好又快地适应当前新变化，通过完善农业技术创新机制，整合农业科技资源，建立协同创新体系，促进产学研用、农科教企紧密结合，鼓励和支持企业与优势农业科研院所、高等院校合作开展基础研究与应用研究，发展涉农新兴产业。优化农业技术创新方向，着眼当前、立足长远，明确产业定位，加快关键共性技术突破，推动产业向价值链中高端迈进。突出农业技术创新的重点，着力突破农业技术瓶颈，努力在良种培育、节本降耗、节水滴灌、农机装备、疫病防控、加工储运等方面取得一系列重大实用技术成果，促进河南农业发展再上新台阶，更好地满足人民日益增长的美好生活需要。

（三）着力构建农业产业发展新业态

乡村振兴道路的途径在于实现小农户和现代农业发展有机衔接，而以农业产业创新和业态创新培育农业农村经济新增长点，已成为处理好小农户与现代农业衔接的重要方式。因此，要注重将新技术、新业态和新模式引入农业产业中，积极推进农业产业信息化改造和综合公共信息平台建设；大力发展电子商务服务业，加强电子商务物流配送体系建设，通过电子商务的应用实现对农业产业化转型升级、对农民增收的有效带动；积极开发多功能农业经营模式，推动现代农业产业体系向多行业、多业态延伸，发展直营连锁、特许连锁和自愿连锁；加快发展物流配送，大力发展一批面向国内贸易的第三方物流，支持一批农业产业化企业改造升级，全面提升现代农业产业体系物质装备保障、技术与人才支撑和可持续发展水平，为实现小农户和现代农业发展有机衔接奠定坚实基础。

四　河南构建现代农业产业体系的对策建议

立足省情农情，扎实推进河南乡村振兴、构建现代农业产业体系，既要加强政府对制度层面的不断优化，强化政府扶持作用，又要充分发挥市场的引导、龙头企业的带动、合作社的培育，构建新型职业农民队伍，以此为实现更高质量、更可持续的农业农村现代化提供强大动力。

（一）强化政府扶持，推动现代农业产业体系可持续性

政府对农业产业化发展的宏观调控既是提升农业竞争力的必由之路，也是构建现代农业产业体系的根本手段。从当前形势来看，加强政府对现代农业产业体系的扶持，不仅是巩固支撑农业在国民经济建设与发展中基础性地位的必然要求，更是提高河南省农业竞争力水平、提升农业综合素质和发展可持续农业的迫切需要。一是要以坚持可持续发展作为构建现代农业产业体系的重要目标，通过政府协调兼顾，实现农业产业化高产高效与农业资源生态的可持续利用；二是要以资源环境约束为导向，推进农业产业化可持续发展，通过集中投入，合力支持区域农业优势特色产业做大做强，实现农业产业体系节本降耗、提质增效；三是要以加快推进农业科技创新和实用技术推广的普及应用为手段，形成政府扶持和市场引导间的有机结合，促进农业机械化、信息化和农机装备水平的提升，推动现代农业产业体系发展的可持续性。

（二）发挥市场引导，增强农业产业综合竞争力

构建现代农业产业体系就是通过不断优化农业资源配置、推进农业结构调整，增强不同主体之间的联合与合作，提高农业综合效益和竞争力，促进农村一二三产业的融合发展。健全现代农业产业链、调整农业结构，实现现代农业产业体系、生产体系、经营体系的有机结合，要充分以市场需求为导向，发挥市场引导作用。一是优化农业重点产业区域布局，根据市场供求变化和区域比较优势，以资源环境承载为基准，向优质特色农产品、紧缺农产品、种养加销全产业链调整，充分发挥各地比较优势，因地制宜大力发展适应性农业，拓展农业多功能和增值增效空间，提升农业产业化发展与资源环境的匹配度；二是巩固提升粮食产能，统筹利用国际国内两个市场两种资源，加强河南省粮食生产功能区建设以及合理安排农产品生产的优先序，确

保谷物、口粮等关系国家安全的战略性农产品基本自给和绝对安全；三是大力促进农业产业结构转型升级，发展高附加值、高品质农产品，使市场紧缺农产品“短板”尽快得到补充，发挥一二三产业的融合效应和各地农业资源的不同优势，增强农业产业综合竞争力。

（三）推进龙头企业带动，提升农业产业化效益

农业产业化龙头企业作为构建现代农业产业体系的重要主体，是集成资本、技术、人才、管理等现代生产要素，实现农业规模化生产、集约化经营的关键力量。充分发挥龙头企业在农业产业化发展中的带动作用，促进产业转型升级，要以培育一批重点龙头企业为主攻方向，通过重点建设加工园区，培植农产品加工龙头企业和产品品牌，形成主导产业牵动、特色产业拉动、服务产业联动的产业与企业发展的集聚效应，提升农业产业综合效益。同时，要着力加强科技创新驱动力建设，大力发展配送中心、农超对接、电子商务和农产品期货市场等模式，形成要素资源有序流动、产业链条健全、专业协作机制完善、竞争力强的基本格局；通过以现代农业科技为载体，依靠龙头企业带动，增强农业企业技术创新能力、成果转化能力，健全农业产业技术推广，最终形成具有较强市场竞争力和综合效益的农业产业集群。

（四）加强专业合作社培育，丰富农业产业化经营组织

农民专业合作社作为以提高竞争能力、增加成员收入为目的的农业经营体系，把从事专业生产的农户主体以经济利益为纽带自愿组织起来，在技术、资金、信息、购销、加工、储运等环节实行自我管理、自我服务、自我发展，对于实现小农户和现代农业发展有机衔接发挥了积极作用。因此，在构建现代农业产业体系中，河南省要高度重视农民专业合作社的培育，丰富和完善产业化经营组织，加快发展以土地股份合作、农村社区股份合作、资金互助合作、劳务合作、农产品营销合作为重点的农民专业合作社，全面提升农民专业合作社的综合实力，提高对农户的覆盖率和带动力。着力引导和推动专业合作社跨区域合作和同业联合发展，打造一批经济实力强、管理规

范、服务优质、市场竞争力强的专业合作社，积极发挥政府、市场、企业、农户之间的桥梁和纽带作用。指导合作社兴办农产品加工、储藏和物流等服务业，支持合作社开展信息化建设、品牌建设，切实提升合作社的生产经营能力和辐射带动能力。

（五）构建新型职业农民队伍，促进农业提质增效

河南是一个传统农业大省，农村人口众多，农业产业发展并非是单纯的产业化结合，它不仅关系到数亿农民的生存与发展，而且与补齐农村全面建成小康社会的短板息息相关，关系到能否顺利推进社会主义现代化建设。在围绕建设现代农业、加快转变农业发展方式上都不能忽视农民这个主体，而要实现农业农村现代化就必须让主体现代化。因此，在构建现代农业产业体系中，应加强高等、中等农业教育和农民职业培训，建立以继续教育、终身教育为主的农业教育体系，大力培养农业人才；以培养生产经营人才、技能服务型人才和农村发展带头人为重点，着力培育科技示范户、农民专业合作社组织负责人、种养大户、农机能手等主体。同时，要积极引导城乡边缘化农民尽快找准自己的职业定位，将职业分化转移进行到底，优化农民在城乡之间转移就业的政策环境。在建设高素质的职业化农民队伍中，要尊重农民的意愿，维护农民的权益，把选择权交给农民，让农民唱主角，政府扶持但不包办，市场引导但不替代，经营主体带动但不剥夺，真正做到惠民利民富民。

参考文献

[1] 农业部：《2016 年中国农业发展报告》，中国农业出版社，2016。

[2] 曹慧、郭永田、刘景景等：《现代农业产业体系建设路径研究》，《华中农业大学学报》（社会科学版）2017 年第 2 期。

[3] 国家发展改革委宏观院和农经司课题组：《推进我国农村一二三产业融合发展问题研究》，《经济研究参考》2016 年第 4 期。

［4］张红宇、张海阳、李伟毅等：《中国特色农业现代化：目标定位与改革创新》，《中国农村经济》2015 年第 1 期。
［5］刘依杭：《构建现代农业市场体系势在必行》，《经济日报》2017 年 2 月 10 日。
［6］梁树广、马中东：《农业产业融合的关联度、路径与效应分析》，《经济体制改革》2017 年第 6 期。

B.10
“一带一路”倡议下河南构建农业对外开放新格局的思路与对策

苗　洁*

摘　要： 近年来，河南与“一带一路”沿线国家的农业合作与交流不断增强，取得了一定进展，但整体来看，农业对外开放还存在一些问题。随着“一带一路”建设逐步推进，河南应在更多领域、更大范围内寻求农业合作，进一步优化农产品贸易结构、创新农业对外投资模式、拓展农业技术交流空间。此外，还要加强统筹协调，加大政策支持力度，坚持可持续发展理念，努力构建河南农业对外开放新格局。

关键词： “一带一路”倡议　农业对外开放　农业“走出去”

2015年3月，国家发展改革委、外交部、商务部联合发布的《推进共建丝绸之路经济带和21世纪海上丝绸之路的愿景与行动》中提出要“拓展相互投资领域，开展农林牧渔业、农机及农产品生产加工等领域深度合作”。近几年中央一号文件也对开展“一带一路”农业合作提出了明确要求，如2018年中央一号文件强调要“构建农业对外开放新格局”、要“深化与‘一带一路’沿线国家和地区农产品贸易关系”。地方省份是“一带一路”农业合作的重要窗口和主体（姜晔、陈瑞剑等，2016），尤其是河南这

* 苗洁，河南省社会科学院农村发展研究所副研究员。

样的农业大省，在国家“一带一路”倡议下参与国际农业合作，是提升农业竞争力和对外开放水平的必然选择，也是河南推动农业供给侧结构性改革和乡村产业振兴的迫切需要，有利于进一步加快河南现代农业强省建设，也有利于提升沿线相关国家农业发展水平。

一 “一带一路”倡议下河南农业对外开放取得的进展

在“一带一路”倡议下，河南主动适应农业发展新常态，积极利用“两个市场、两种资源”提升农业对外开放水平，农产品出口持续快速增长，农业“走出去”步伐逐步加快，与“一带一路”沿线国家和地区的农业合作与交流日益增强。

（一）农产品出口持续快速增长

中欧班列（郑州）集疏能力不断提升，为河南农产品出口带来了重大发展机遇。河南与“一带一路”沿线国家的农产品贸易交流日益密切，农产品出口较快增长，出口产品结构不断优化，高附加值、高效益农产品纷纷进入国际市场，初步形成了以郑州为中心的速冻食品及面制品加工出口基地，以漯河、许昌为重点的肉类出口基地，以郑州、开封为重点的大蒜出口基地，以南阳、三门峡为重点的食用菌出口基地，农产品出口基地发展逐步区域化、集群化、标准化。“十二五”期间河南农产品出口总额65.7亿美元，年均增长17.6%。[①] 据郑州海关统计，2017年，河南农产品出口149.2亿元，增长16%；2018年前2个月，全省农产品出口23.1亿元，增长65.2%，其中对“一带一路”沿线国家出口农产品12.9亿元，增长1.4倍，占前2个月河南对沿线国家出口总值的12.4%。农产品国际市场的高门槛、高标准，也倒逼政府、行业、企业

① 河南省人民政府办公厅：《河南省“十三五”现代农业发展规划》，河南省人民政府网站，2017年1月25日。

采取应对措施，加快农业技术和标准升级，进一步优化河南农业供给结构，提高农产品品质和附加值。

（二）农业产能合作步伐加快

近年来，河南鼓励农业龙头企业到境外购地、租地兴办农场，开展农业种植，建设农产品加工和营销基地，开展境外农产品加工贸易，[①] 随着"一带一路"建设的实施，河南与沿线国家农业产能合作持续加深，豫塔、豫吉、豫哈、豫乌（乌克兰）等重点农业合作项目有序推进，产生了良好的示范效应。在一系列政策的有力支持下，河南涉农企业"走出去"步伐显著加快，呈现多领域、多形式、多渠道的新局面。2016 年，河南在中亚、东南亚、欧洲、澳大利亚等境外国家和地区从事农业种植、养殖及深加工的企业达 50 多家，占全省"走出去"企业的比例超过了 10%，投资总额 73.6 亿美元，境外经营土地面积 180 万亩，年营业收入 136 亿美元。比如，河南贵友集团在吉尔吉斯斯坦投资开发的亚洲之星农业产业合作区，被中国商务部和财政部认定为国家级境外经济贸易合作区；黄泛区实业集团在中亚的农业合作主要以合资形式进行，包括开展农作物新品种选育示范、农业先进技术示范推广等业务，同时带动当地农民发展订单农业；河南经研银海种业有限公司取得了塔吉克斯坦哈德隆州 609 公顷国有土地 49 年的使用权，并连续多年承担中国农业部国际农业交流与合作项目。

（三）农业技术交流合作日益增强

河南农业文明悠久，积累了丰富的种植、养殖技术，为农业发展和对外交流提供了强有力的科技支撑。利用差异化优势，河南在"一带一路"沿线相关国家和地区推行棉花、粮食、蔬菜品种和节水滴灌等种植技术，进行农业示范、推广和应用，并实施一批技经贸结合的科技产业化项目，取得了

① 《河南省人民政府关于实施对外开放"走出去"的指导意见》，河南省人民政府公报，2011 年 12 月 25 日。

良好效果。在塔吉克斯坦，用河南棉花种子种植的棉花达5.7万公顷，占该国棉花种植面积的30%，棉花产量从之前的每公顷2.5吨，一跃达到每公顷6吨。[①] 河南涉农企业“走出去”时，技术输出是农业合作的重要形式和内容。如河南经研银海种业有限公司在塔吉克斯坦建设科研育种基地，玉米种子的普及率达90%，种业市场还将辐射吉尔吉斯斯坦、乌兹别克斯坦、哈萨克斯坦、阿富汗、巴基斯坦等国，该公司还在塔吉克斯坦培训了大批的农业技术人员和农机技术人员。此外，校企合作模式在“一带一路”农业技术交流中也发挥了重要作用。如河南科技学院正与吉尔吉斯斯坦国立农业大学共建吉中农牧业科技示范园区。在东南亚，河南长久农业技术有限公司与老挝国立大学签署合作谅解备忘录，将在万象建立农林示范基地、研究中心及学员实习基地，并为优秀农林业学员提供赴华留学奖学金，这是老挝国立大学首次与中国企业签订农林领域合作协议。

二 “一带一路”倡议下河南农业对外开放存在的问题

随着“一带一路”建设逐步推进，河南农业对外开放取得了很大进展，但仍处于摸着石头过河的阶段，农业“走出去”整体实力不强，再加上境外农业投资易受气候、国际农产品价格以及东道国政治与安全局势等不可控因素影响，制约了河南企业在“一带一路”沿线开展农业合作。

一是农产品出口绝大部分还是初级农产品，附加值相对较低。高技术含量和深加工农产品出口所占比例有待提高，农产品贸易的地区、种类、结构、规模还有较大改进空间。而且，目前河南农产品出口主要集中在韩国、日本等亚洲国家以及美国、加拿大等北美国家，与“一带一路”沿线发展中国家大都没有签订农产品贸易协议，农产品贸易不活跃。与国内其他农业省份相比，农产品出口贸易额也有较大差距。根据中国商务部对外贸易司《中国农产品进出口月度统计报告》数据，2017年1~9月，山东、江苏、

① 李运海：《河南棉花种子火到“一带一路”》，《河南日报》2017年5月9日。

广东、辽宁、云南农产品出口创汇分别是河南的 8.5 倍、1.9 倍、4.4 倍、2.4 倍和 2.0 倍。再者，大宗农产品国际市场价格持续走低，农产品价格倒挂严重，河南农业生产成本高、效率低，尤其是产品质量有待提高，也制约了河南农产品出口。

二是走出去的涉农企业以中小企业为主，大多投资规模小、层次不高，投资能力较弱。虽然河南农业对外投资和产能合作正在从种养殖业逐步扩大到农产品加工、仓储、物流等多个领域，但多数投资项目仍主要集中在附加值不高的劳动密集型行业和产业链低端环节，农产品加工投资不足，农业仓储物流和贸易掌控能力薄弱。“走出去”的涉农企业也多是各自为战，产业配套、分工协作的集群效应和海外投资格局尚未形成。而且，普遍缺乏跨国经营管理的能力和人才，对投资国相关情况缺乏全面深入的了解，难以从战略上建立农业投资、贸易等相结合的全球农产品供应链。省内也还未建立起完善的农业产能合作风险防控体系，无法及时发布风险预警并采取有效的应对措施。

三是缺乏对“一带一路”农业对外合作的规划引导和统筹协调，政策支持力度有待进一步加强。虽然国家针对农业“走出去”出台了一系列鼓励支持文件，但配套政策及措施不完善，导致“走出去”之后很难留下和发展起来。[①] 这几年，河南与“一带一路”沿线国家和地区开展了多种形式的农业交流与合作，但政府层面尚未形成规范的沟通交流机制，不同部门之间的工作联系机制不健全、合作资源较为分散，涉外服务不到位，对企业境外投资缺少合理指导和协调。“一带一路”倡议下的农业合作项目不少是具有援助、公益性质的项目，建设和投资周期长、回报率低，受自然条件、技术适应性、农产品价格波动等因素影响较大，[②] 又无法享受国内的农业投资优惠政策，企业缺乏财政、保险、税收方面的政策支持，境外融资难、资金不足，投资便利化程度不高等束缚了企业“走出去”步伐。

---

① 马玉忠：《农企“走出去”遭遇“成长的烦恼”》，《中国经济周刊》2014 年 7 月 28 日。

② 夏海龙、闫晓明：《关于实施农业“走出去”战略的几点思考》，《中国农垦》2013 年第 11 期。

三 “一带一路”倡议下构建河南农业对外开放新格局的思路

“一带一路”倡议下构建河南农业对外开放新格局，除了扩大农产品贸易，更重要的是加强思想观念、经营方式以及技术与投资方面的交流与合作，① 在更多领域、更大范围内寻求合作，不断提升农业对外开放的广度和深度。

（一）进一步优化农产品贸易结构

农产品贸易是国际农业合作的最直接表现，而农业资源潜力和独特优势是农产品贸易的基础。河南农业与“一带一路”沿线国家有很强的互补性。河南农业自然条件优良，农作物种类较多、产量丰富，最具比较优势的是劳动密集型农产品以及加工食品。沿线不少国家和地区农业生产的单产水平偏低，农作物种类和数量相对缺乏，果蔬、农畜产品加工等劳动密集型和技术密集型农产品生产相对落后，一些国家的鲜活农产品和加工农产品主要依靠进口。但是与河南相比，沿线国家在以资源禀赋为基础的农产品上具有一定的优势，比如哈萨克斯坦等中亚国家的棉花、畜牧业比较发达，老挝、柬埔寨、缅甸等国家的粮食生产尤其是大米生产潜力较大。

目前河南与“一带一路”沿线国家农产品贸易集中在少数品种上，需要进一步扩大贸易品种、种类、规模，减少市场和品种集中度的风险。② 出口方面，要充分挖掘河南名优特色农产品资源，进一步扩大劳动密集型、园艺技术型农产品出口，以灵宝市香菇、卢氏县香菇、固始县柳编、内乡县猪肉、汤阴县鸡肉、温县四大怀药、民权县果蔬、洛阳市洛龙区牡丹芍药种苗花卉、三门峡市湖滨区果品、泌阳县食用菌、内黄县尖椒、新野县甜玉米等特色优势产品基地为重点，提高出口农产品的附加值、技术含量和品牌价值。进口方面，在坚持立足保障国家粮食安全、加强农业产业支持保护的基

① 任璐：《“一带一路”为农业经济带来新增长点》，《农民日报》2016年11月4日。

② 蔡鸿毅等：《中国与“一带一路”沿线国家的农产品贸易现状分析》，《中国食物与营养》2016年第9期。

础上，有选择性地适度进口在质量、价格、数量等方面具有优势的资源密集型农产品，不断谋求进口来源国的多元化，规避进口贸易过于集中可能带来的风险。在巩固和扩大传统农产品贸易的同时，大力发展现代服务贸易，把农业投资和贸易有机结合起来，同时创新农产品贸易方式，发展跨境电子商务等新商业业态，积极融入"网上丝绸之路"。

（二）进一步创新农业投资合作模式

推动种养殖、农资生产、农产品加工、农业机械、仓储物流等相关产业"走出去"，在全球范围内有效掌控和合理配置资源，逐步形成区域农业供应链、产业链和价值链，既符合沿线国家的利益诉求，也是河南建设现代农业大省的需要，同时还能带动大量农业专业技术人员和有经验、有能力的农民到沿线国家就业创业，促进河南农业以更开放、更主动的姿态参与国际贸易与分工。河南企业通过投资、并购等方式，利用先进技术和知名品牌，参与全球农业市场竞争，有助于提升企业的国际竞争力和影响力。

因此，要根据河南农业发展方向、农产品供需前景和进出口形势，对境外农业投资、开展农业合作进行统筹考虑，引导相关主体参与全球农业资源开发和农产品市场建设，多渠道提升农产品有效供给能力。进一步升级和创新农业投资合作模式，推动农业投资由侧重种植环节向农产品育种、收购、仓储、加工、物流以及农资、农机供给等产前、产后环节转移，打造产供销储运加一体化的农业产业链。在农业生产集约化程度高、技术比较发达的国家和地区，河南企业在生产上并不具备优势，可以引导有实力的涉农企业开展海外并购。以国家级和省级农业产业化龙头企业为重点，培育具有一定海外农业投资经验的大型跨国企业，提升合作层次、经营效率和话语权。中小民营企业可以"借船出海"，入驻大型企业建设的合作园区，做好大型企业产业链的对接和补充。[①] 成立对外农业合作协会、产业联盟，搭建"抱团出海"平台，带动省内企业"集群式"走出去。

---

① 杨易、陈瑞剑：《农业走出去模式研究》，《农村工作通讯》2016 年第 7 期。

（三）进一步拓展农业技术合作空间

"一带一路"农业合作的基础是农产品贸易，而核心是技术的交流和合作。河南与沿线国家开展农业技术合作，要将"走出去"与"请进来"相结合，积极支持高校、科研机构和企业与沿线国家开展双边、多边高层次技术交流，共建技术研发、转移机构和科技创业园等合作基地，推动单一技术型合作向技经贸结合型合作转变。

对于农业技术相对滞后的沿线国家，河南应充分利用农业技术资源，针对不同地区和领域采取相应的技术合作和转移策略，加强农业技术援助、科技人员交流、农业信息平台建设、农业人员培训和人才培养，把技术输出和资源开发有效结合起来。优良的农作物种子是提高品质和产量的关键，是农业发展的基础。"一带一路"沿线不少发展中国家粮食单产多年来一直低于世界粮食单产平均水平，如哈萨克斯坦是中亚地区耕地面积最大的国家，人均耕地面积是中国的十几倍，而谷物产量却是中亚最低的，小麦产量仅为中国的1/5，有比较大的提升空间和潜力。未来应加强谷物、棉花等大田作物的良种繁育、配套栽培技术推广，通过境外试种、试验示范，建立良种繁育基地和销售网络。此外，根据沿线国家发展诉求和河南的技术优势，重点开展蔬菜大棚、节水农业、土壤改良、动植物疫病防控等技术以及肉牛育肥等现代化畜禽养殖技术示范等领域合作，带动当地现代农业发展。

同时，要积极引进、消化、吸收沿线国家的先进农业技术和经验，如与英国和丹麦开展有机农业方面的合作，打造从农场到餐桌的食品安全；引进荷兰的智能温室、设施农业和以色列的节水灌溉、无土栽培技术，缓解农业发展的资源环境约束；借鉴德国大型农业机械和意大利小型农业机械装备技术，研发适用于平原地区的大型农业机械和适合于丘陵山区的小型农业机械。通过在农产品良种、高效农业、生态农业、农副产品精深加工等方面的交流合作，改善河南农业产业结构和品种结构，不断提高农产品生产加工的产量和品质，进一步提升产品的科技含量和附加值，推动河南农业转型升级。

四 "一带一路"倡议下构建河南农业对外开放新格局的对策建议

（一）加强统筹协调，打造河南参与"一带一路"农业合作的平台

一是尽快编制和出台相关战略规划。对河南农业融入"一带一路"建设进行总体设计，明确河南参与农业合作的主要区域、重点领域、主导产品、合作方式及支持政策等①。二是理顺农业对外合作的领导和协调机制。成立境外农业资源开发工作小组，统筹解决农业"走出去"和"请进来"过程中有关体制机制方面的问题。三是积极推动政府层面的沟通对接。加快签订政府间协议，创造有利于农业国际合作的政治经济环境，促进农业贸易、投资和人员往来便利化。四是建立河南参与农业对外合作的信息交流平台。加大对"一带一路"沿线国家和地区农业投资贸易研究力度，加强农产品生产、价格、消费、标准及相关法律法规等信息的收集、分析、预测和分享，逐步建立与全国及其他省份相互衔接、配套的农业基础数据库，为河南农业企业境外投资提供可行性论证和咨询服务。五是降低和防范投资风险。密切跟踪企业项目运营状况，及时监测国际政治局势和经济环境的变化，加强合理指导。

（二）加大政策支持力度，为河南农业融入"一带一路"保驾护航

一是增强财政、金融、税收等支持力度，重点解决河南境外涉农企业资金短缺、融资难问题。探索设立专门扶持河南省涉农企业境外投资的财政专

① 陈秧分、李先德等：《农业和粮食系统负责任投资原则的影响研究》，《农业经济问题》2015 年第 8 期。

项资金，用于企业在“一带一路”沿线国家农业基础设施建设前期补助、保费补贴、贷款贴息等。支持金融机构为河南海外农业开发提供金融贷款，进一步简化贷款审批手续，降低企业融资成本。鼓励企业开展多元化融资，探索企业境外资产、股权、土地等抵押和担保，加强与境外金融机构的合作，为“走出去”的涉农企业提供融资服务。完善税收优惠政策，减免出口环节税费，提供通关便利，支持河南农业产能向国外转移。积极建立和完善农业企业境外投资的保险体系。二是加强国际农业合作人才储备、培养。培养具有农业专业知识，外语能力，经贸谈判、管理经营以及技术推广能力的专家和人才。为境外投资企业和农业院校、科研机构牵线搭桥，支持和推荐农业系统优秀人才参与“一带一路”建设，实现农业专业技术人才的供需对接。三是研究出台对跨国农业企业的其他扶持政策和支持措施，鼓励企业向产业链两端拓展，切实解决农业“走出去”中存在的农产品返销难、话语权较弱等问题。四是全面改善投资环境，健全和实施外资准入和安全管理制度。确定河南农业引进外资的优先行业、重点领域、合作方式和扶持管控政策，引导并规范外商在河南的农业投资行为，提高农业利用外资的水平和效果。

（三）坚持可持续发展理念，树立河南农业“走出去”的良好形象

农业生产中，粗放的生产方式以及过度放牧、开垦森林，盲目建设大型农业项目等，都可能破坏当地的生态环境，而生态环境一旦遭到破坏或污染就很难恢复，甚至可能导致政治风险。在“一带一路”建设中，我国创造性地提出了“绿色丝绸之路”的发展思路。因此，河南农业“走出去”应树立“一损俱损、一荣俱荣”的共体意识，研究并严格遵循投资国环保标准的具体规定，注重对当地环境的保护，积极发展绿色生态循环农业，确保投资对象国农业可持续发展。要在坚持对外农业投资双方受益的原则下，规范农业企业投资和经营行为，合理开发投资国资源环境，防止对当地土地、水源等造成恶劣影响；谨慎将粮食作物用地转种其他作物，以免造成投资国

粮食产量锐减，影响投资国粮食安全；与投资国共同努力应对当地已有的生态环境污染问题；公正对待投资国的农业生产者和农村居民，购买或租赁农地要提供合理补偿，雇用农民要提供合理劳动待遇，并积极帮助当地农民脱贫致富。

参考文献

[1] 李先德、刘合光等：《“一带一路”背景下中国农业对外合作问题研究》，中国农业出版社，2016。

[2] 国家信息中心“一带一路”大数据中心：《“一带一路”大数据报告》，商务印刷馆，2016。

[3] 刘政伟：《河南省农业企业走出去案例分析》，《河南农业》2017 年第 2 期。

[4] 潘热新：《河南企业“走出去”农业项目通过国家确认考核》，《中国经济导报》2016 年 8 月 23 日。

[5] 张芸、张斌：《农业合作：共建“一带一路”的突破口》，《农业经济》2016 年第 8 期。

[6] 杨易、陈瑞剑：《农业“走出去”模式研究》，《农村工作通讯》2016 年第 15 期。

[7] 刘志颐、余效宁、陈瑞剑：《中国陕西省参与“一带一路”农业走出去分析》，《世界农业》2015 年第 12 期。

[8] 沈琼：《“一带一路”战略背景下中国与中亚农业合作探析》，《河南农业大学学报》2016 年第 2 期。

[9] 雷瑛：《积极推动河南农业融入“一带一路”战略》，《河南日报》2015 年 9 月 9 日。

[10] 安晓明：《河南：农业产能向国外转移路径》，《开放导报》2016 年第 5 期。

[11] 刘志颐、王琦等：《我国企业在“一带一路”区域农业投资的特征分析》，《世界农业》2016 年第 5 期。

[12] 赵予新：《“一带一路”框架下中国参与区域粮食合作的机遇与对策》，《农村经济》2016 年第 1 期。

[13] 刘合光：《关于中国农业“走出去”的战略思考》，《中国发展观察》2016 年第 2 期。

B.11 河南省农产品进出口岸建设及其发展对策研究

崔小年*

摘　要： 口岸建设是河南深入推进农业供给侧结构性改革过程中统筹国际国内两个市场的关键支点，同时也是打造内陆开放型经济高地的重要组成部分和推动农业现代化建设的重要途径。本报告梳理总结了河南口岸建设现状以及农产品对外贸易现状，在此基础上深入探讨了河南农产品进出口岸建设具备的农业产业优势、交通区位优势、国家政策倾斜优势，以及面临的周边地区口岸竞争激烈、外向型农业产业基础薄弱的困境，最后提出了进一步推动河南农产品进出口岸建设的对策建议。

关键词： 口岸建设　农产品贸易　现代农业

一　河南农产品进出口岸建设的意义

（一）打造内陆开放型经济高地的重要组成部分

河南是经济大省，更是农业大省，正如习近平总书记指出的那样，农业

* 崔小年，河南省社会科学院农村发展研究所助理研究员，研究方向为农村经济。

是河南的一张王牌、一大优势，农业之于河南的国民经济发展相对于其他省份来说有着更为独特和突出的重要地位。因此，在河南打造内陆开放型经济高地的过程中，必须充分发挥河南农业的王牌优势，把农产品进出口作为打造河南内陆开放型经济高地的先锋阵地。而要发展农产品进出口，首先面临的是农产品进出口岸建设问题。口岸作为对外开放的门户和进出口通道，是发展对外贸易的基础前提和关键环节。口岸是物流、客流、信息流、资金流汇聚和散发的节点，其本身是一个可以促进经济活动发酵的区域，口岸建设水平决定了辖区货物通关速度和贸易便利化程度，在很大程度上制约了对外贸易的发展（王海燕等，2016）。尤其对于处于内陆地区的河南来说，在不靠海、不沿边的客观地理条件下，进出口岸建设状况更是制约河南农产品对外贸易水平提升的至关重要的因素。可以说，河南要打造内陆开放型经济高地，农产品对外贸易是绕不开的重要内容，农产品进出口岸建设是其重要组成部分。

（二）推动农业现代化进程的重要途径

河南农业现代化已经取得了突出成就，为保障国家粮食安全做出了巨大贡献。然而，长期以来立足于满足本省及国内重要农产品供给的战略定位，使得河南农业发展对利用国际国内两种资源、两个市场的重视程度不够，相对于江苏、浙江、山东等发达省份来说，河南农业现代化水平仍有不小差距，一个突出的表现就是河南农业对外贸易仍处于较低水平。推进河南农业现代化进程，必须坚持国内国际统筹布局的原则。尤其是面对当前错综复杂的内外部环境，河南农业现代化推进过程中，需要顺应全方位对外开放的大趋势，加快形成进出有序、优势互补的农业对外合作局面，实现促进结构调整和提升农业竞争力的有机统一。河南没有沿海农业大省具备沿海港口的天然优势，要坚持统筹国际国内布局的农业现代化推进原则，以提升农产品对外贸易水平来推动农业现代化进程，就必须加快建设农产品进出口岸，把农产品进出口岸建设作为农业现代化的关键基础设施来抓，促进河南农产品进出口贸易健康发展。

二　河南农产品进出口岸建设及农产品对外贸易现状

（一）口岸体系逐步完善

在内陆省份中，河南口岸建设起步较早。20 世纪 90 年代初，河南就已经具备了铁路口岸、公路口岸、航空口岸等三类口岸，其中 1992 年开始运营的郑州公路港是全国内陆省份第一个公路口岸，郑州东站铁路货运口岸于 1997 年升级为一类口岸，自 2001 年正式开放，发展至今已成为全国最大的内陆铁路货运一类口岸。

2000 年以来，特别是“十二五”期间河南口岸建设步入快速发展阶段，在国家政策导向下，河南把口岸建设作为构建开放型经济新体制、打造内陆开放高地的战略举措，依托郑州航空港经济综合实验区和郑州国际陆港，持续加快各类口岸、海关特殊监管区、功能性口岸等平台建设，取得了突破性的进展。“十二五”期间，河南已初步形成以郑州航空口岸和铁路口岸为龙头，以跨境电商“互联网 +”等新型业态为引领，综合保税区等海关特殊监管区为支撑，进口肉类口岸、汽车口岸等指定口岸为补充，信息化的电子口岸为窗口，与沿海沿边等主要口岸紧密合作、联动发展，辐射全球主要经济体的口岸开放新格局。目前河南已经成为我国内陆功能性口岸最多的省份，口岸发展从单一的通道经济向集外贸、物流、加工、仓储、旅游、购物等于一体的多元经济转变，河南正迎来口岸经济区域化发展的时代。

当前河南拥有经国务院批准的一类口岸 3 个（郑州航空口岸、洛阳航空口岸、郑州铁路东站货运口岸）、二类口岸 9 个［郑州海棠寺陆运口岸、郑州公路港、洛阳铁路口岸、商丘铁路口岸、南阳铁路口岸、漯河陆运口岸、焦作铁路（公路）口岸等］；功能性口岸 7 个（食用水生动物进口指定口岸、冰鲜水产品进口指定口岸、进口水果指定口岸、进口肉类指定口岸、进口澳洲活牛指定口岸、汽车整车进口口岸、邮政转运口岸），进境粮食指定口岸正处于筹建阶段，进口木材、进口植物苗木花卉、进口铜精矿、进口药品等功能性口岸正在申建；海关特殊监管区3个（郑州新郑综合保税区、郑州出口加工区、南阳卧龙综合保税区），保税监管场所3个（河南保税物流中心、焦作孟州保税物流中心、商丘保税物流中心），鹤壁、洛阳西工综合保税区以及信阳保税物流中心正在积极申建。

（二）农产品进出口增长强劲

随着口岸体系建设的逐渐完善，河南农产品进出口也表现出强劲的增长态势。从农产品进出口的整体状况来看，“十一五”末和“十二五”期间，河南农产品进出口额持续较快增长，2016年河南农产品出口额和进口额分别达到195006万美元和139089万美元，相比2010年分别增长了146.14%和23.98%，相比2005年分别增长了375.70%和223.08%，2005～2016年河南农产品出口额和进口额的年均复合增长率分别达到15.23%和11.25%（见图1）。

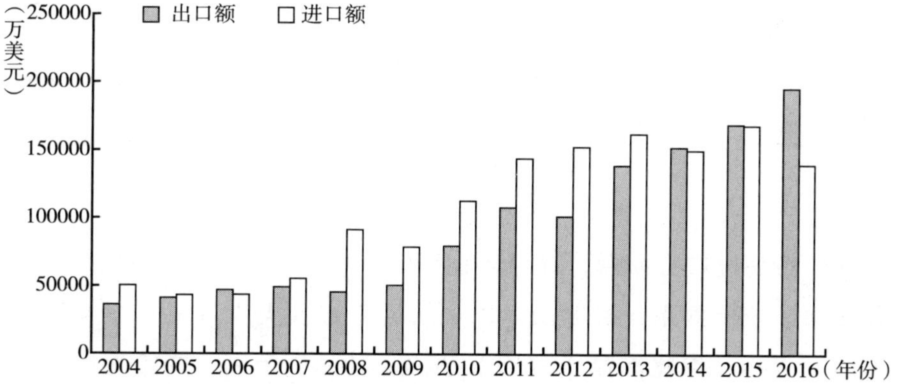

图1　2004～2016年河南农产品进出口额

资料来源：《中国农产品进出口月度统计报告》

从农产品出口方面来看，出口额较高的农产品主要包括食用蔬菜，蔬菜、水果、坚果等制品，活动物，肉类制品等品类。其中，食用蔬菜，蔬菜、水果、坚果等制品是河南最主要的出口农产品，同时也是出口增长最快的品类，2016年两类农产品出口额分别高达97097.2万美元和29076.7万美元，相比2010年分别增长了252.5%和488.2%；其次是活动物、肉类制品和茶叶，2016年出口额分别为11926.4万美元、7302.8万美元和7400.4美元，分别比2010年增长了64.8%、16.1%和356.5%（见表1）。可以看出，当前河南农产品出口主要集中在蔬菜、水果等经济作物领域以及畜牧业领域，粮食、粮食制品等方面出口相对较小。

表1　2010～2016年河南主要农产品出口额

单位：万美元

	2010年	2011年	2012年	2013年	2014年	2015年	2016年
谷物制品	1444.1	1276.6	1100.5	1337.9	1622.0	1666.0	1965.0
活动物	7237.3	8905.4	8571.4	8269.5	9479.1	10423.0	11926.4
禽肉及杂碎	1513.3	2239.7	1996.9	1291.9	2135.3	2992.0	1810.9
畜肉及杂碎	3845.9	1921.3	1929.9	1547.6	4154.6	3891.3	2699.2
肉类制品	6294.5	8311.3	10334.9	9550.5	8959.7	8257.8	7302.8
食用蔬菜	27542.7	40925.9	23700.2	46336.4	50832.6	77363.8	97097.2
食用水果及坚果	1321.2	2067.6	3105.3	2766.9	2593.7	2361.0	2246.9
蔬菜、水果、坚果等制品	4943.8	9422.3	7164.1	16971.8	20010.4	20120.1	29076.7
茶叶	1621.2	3247.3	3398.0	3013.0	2989.6	3556.8	7400.4
杂项食品	3279.7	3480.7	5771.3	6166.3	6511.4	6653.5	4232.2

资料来源：中国海关。

从农产品进口方面看，进口额较高的农产品主要包括油料、饲料等，食用蔬菜，杂项食品，畜肉及杂碎。从近年来各类农产品进口额变化情况来看，谷物，谷物制品，禽肉及杂碎，乳品、蛋品、蜂蜜等的进口额增长最为明显。可以看出，虽然河南是产粮大省，但由于内外粮食价格倒挂，近年来河南谷物进口呈现迅猛的增长势头，2010年河南谷物进口额仅为81.9万美元，而2016年谷物进口额则快速增长到4327.9万美元（见表2）。

表 2　2010～2015 年河南主要农产品进口额

单位：万美元

	2010 年	2011 年	2012 年	2013 年	2014 年	2015 年	2016 年
谷物	81.9	67.1	216.0	1453.0	3041.2	3390.4	4327.9
谷物制品	1.7	3.4	0.0	37.2	209.1	721.6	526.0
禽肉及杂碎	370.7	1397.4	1190.1	1441.9	1299.3	993.8	1365.1
畜肉及杂碎	1686.2	6124.5	1853.2	3412.6	6168.1	7055.9	4664.3
乳品、蛋品、蜂蜜等	42.7	125.6	130.0	302.7	690.1	4348.5	2412.5
食用蔬菜	4617.6	5404.6	7783.0	12578.4	14511.6	12738.8	1555.1
饮料、酒及醋	170.2	444.5	771.3	972.6	2087.7	3360.7	4059.0
油料、饲料等	56264.3	54787.2	64013.0	69343.7	61667.7	81504.2	77638.4
杂项食品	1382.5	1340.2	1211.6	1450.3	1688.0	8913.5	8153.5
制粉工业产品	429.8	694.8	858.9	805.5	1455.8	1264.7	1097.0

资料来源：中国海关。

另外从进口指定口岸的相关农产品进口来看，2016 年肉类口岸全年进口 6.1 万吨，货值 8.6 亿元人民币，河南肉类指定口岸成为全国最大的内陆肉类口岸；进口水果 4105 吨，同比增长 68%，其中进口南美水果包机数量和总货运量在全国位居第一；进口冰鲜水产品 367 吨，同比增长 40%；进口食用水生动物 2140 吨；进口澳洲活牛 342 头；保障美洲螯龙虾、冷冻水果、鲜切花及鲜切叶等多类商品经郑州机场口岸入境，当前进口货物种类涵盖 10 大类 30 余个品种，来自 12 个国家。郑州已成为我国入境高档水果、水产品和肉类等鲜活类产品的主要集散地。

（三）农产品出口基地建设成效显著

截至 2016 年，河南建成国家级出口食品农产品质量安全示范区 23 家，位居全国第二，省级示范区 117 家，实现 18 个省辖市示范区 100% 全覆盖。南阳成为全国首个出口食品农产品质量安全示范市，实现示范区域 100% 全覆盖、出口食品农产品种类 100% 全覆盖；全省生态原产地保护产品总数 42 个，位居全国第一，固始县成为全国首个生态原产地保护示范区；培育国家级外贸转型升级基地 7 个，省级基地 42 个，基地出口额占全省比重超过

70%；出口食品农产品备案企业459家，位居中西部第一，出口企业对外注册取得明显突破，双汇、华英、永达等27家企业向哈萨克斯坦、吉尔吉斯斯坦、蒙古、俄罗斯等“一带一路”沿线国家注册；2015年起河南率先在全国开展“一县一品”创建，并强力推进，以“一县一品”作为做大做强河南食品农产品出口的有效抓手，截至目前共筛选出14个核心品类进行重点帮扶和重点培育。

三　当前河南农产品进出口岸建设面临的形势分析

（一）有利形势

1. 特色农业、优质农业资源丰富

河南是名副其实的农业大省，粮食、油料、蔬菜、肉禽蛋奶等产量位居全国前列，得天独厚的先天自然条件为河南发展外向型农业提供了丰富的特色农业、优质农业资源，为河南农产品进出口岸建设提供了强有力的出口产业支撑。当前河南已形成了以豫北、豫中南为主的优质小麦生产基地，黄河滩区绿色奶业示范带，豫东平原奶业养殖基地，中原肉牛肉羊、京广铁路沿线瘦肉型猪、豫北肉鸡、豫南水禽等一批优势农业产业基地和产业带，沿黄河、淮河两岸分别形成了黄河鲤鱼、豫南鲢鱼、青虾等优质水产基地，在洛阳、开封、南阳、鄢陵、潢川等地建成了花卉和林木种苗基地；特色农业方面，形成了63个一村一品示范村镇和一批跨区域的特色产业带；截至2016年，河南省“三品一标”农产品达2710个，其中无公害农产品1566个、绿色食品569个、有机农产品30个，获得国家农产品地理标志保护等级的区域特色农产品65个。

2. 交通区位优势明显

河南地处中原，拥有优越的地理位置和交通优势，省会郑州位于国家“两横三纵”城市化战略格局中陆桥通道和京哈京广通道的交会处，是我国重要的公路、铁路、航空、通信兼具的综合交通枢纽，郑州航空港区是我国首个国家级航空港经济综合实验区，同时也是中国（河南）自由贸易试验区的主要组成部分。当前郑欧班列载货量已经位居中欧班列首位，国内货源覆盖地域和目的地分拨地域最广，随着全国高速铁路网建设的加快推进，郑州将成为全国第一个“米”字形高铁枢纽城市，郑州铁路枢纽地位将得以进一步加强；郑州航空港经济综合实验区经过三年多发展，尤其是郑州机场二期工程建成以来，在完善基础设施、拓展航线网络、促进产业集聚方面已经打牢了基础，战略带动效应日益显现，展现出广阔前景。近年来，河南以郑州航空港口岸和郑州铁路口岸为核心的一系列战略举措，将河南的区位优势、交通优势、空间优势实实在在转化为发展优势，为口岸建设及口岸经济发展创造了有利环境。

3. 国家政策倾斜

近年来在国家大力支持下，河南实施了粮食生产核心区、中原经济区、郑州航空港经济综合实验区等国家战略，2016 年郑州又被明确为国家中心城市予以支持建设，中国（郑州）跨境电子商务综合试验区、中国（河南）自由贸易试验区、郑洛新国家自主创新示范区、国家大数据综合试验区等战略平台相继获批，共同构成了引领带动全省经济社会发展的战略组合。2016 年国务院批准的《中原城市群发展规划》中提到，要加快推动郑州机场形成覆盖全球、通达各洲的国际客货运航线网络，迈进世界级主要货运枢纽行列；海关总署印发的《国家口岸发展“十三五”规划》中提到，要大力提升郑州、武汉、长沙和呼和浩特航空口岸在本区域的地位，进一步发挥沿边和内陆地区省会城市航空口岸作用；国家发展改革委、外交部、商务部联合发布的《推动共建丝绸之路经济带和 21 世纪海上丝绸之路的愿景与行动》中提出，要打造成都、郑州、武汉、长沙、南昌、合肥等内陆开放经济高地，支持郑州、西安等内陆城市建设航空港、国际陆港。可以预见，定位为国家中心城市的郑州，未来在发展口岸经济扩大对外开放的过程中，会争取到更多更有利的国家政策支持。

（二）不利形势

1. 周边地区口岸的竞争

口岸建设方面河南具有天然的区位优势和交通优势，但同时河南也面临缺少水运优势、距沿海沿边口岸距离较远的劣势，总体来说河南的口岸基础仍然薄弱、开放水平不高、窗口作用不强。尤其是随着近年来我国对外开放格局的不断升级，各地区纷纷抢抓先机，把发展口岸经济作为扩大对外开放的主要阵地，带来了激烈竞争，并且当前口岸之间的竞争在很大程度上还处于无序状态（郭宏宇等，2016）。首先，与其他省份相比，河南的口岸数量不多。如当前河南拥有3个一类口岸，同属中部地区的湖北、安徽则分别拥有9个、7个一类口岸，处于中西部地区的重庆也拥有4个一类口岸，与沿海发达省份相比差距更为明显，如与河南邻近的山东拥有16个一类口岸，江苏更是高达22个，仅南通一市一类口岸就有5个。其次，随着“一带一路”建设的深入推进，各省份均把口岸建设作为融入国家战略的重要支点，纷纷争取国家支持申建自贸区和布局海关特殊监管场所，中西部地区各省份面临难得的扩大开放的新形势，均提出要打造内陆经济开放的新高地。如2016年国务院批复成立了中国（河南）自由贸易试验区，但同时挂牌成立的还有湖北、陕西、四川、重庆等另外6个自由贸易试验区；跨境电子商务试验区也是如此，除郑州外，还有12个城市也设立了跨境电子商务试验区；进口指定口岸在各地的发展更为迅速，如虽然目前河南拥有8个指定口岸，位居全国前列，但其他省份指定口岸也纷纷获批，重庆已建成指定口岸7个，湖北已建成及在建的农副产品类指定口岸就有9个，安徽也获批9个，短短几年内几乎内陆各省份均开通运行了进口水果指定口岸，全国肉类指定口岸迅速发展到61家，口岸基础发达的沿海省份也纷纷申建内陆进口指定口岸，如江苏现有苏州、无锡两家内陆肉类进口指定口岸，浙江有金华内陆肉类进口指定口岸。

2. 河南外向型农产品发展的基础仍较为薄弱

河南农业产业优势明显，但外向型农产品发展相对滞后。“十二五”期间河南通过大力打造农产品出口基地、培育优势出口产品等多项措施，农产品对外贸易取得了很大成就，进出口贸易额增长迅猛，但总体来说河南的农产品出口规模仍偏小，发展后劲相对不足。如与邻近省份山东、湖北相比，河南、山东、湖北均为我国传统农业大省，2016年三省农业总产值分别为

7799.7 亿元、9325.9 亿元和 6278.4 亿元，而 2016 年三省农产品出口额分别约为 122.9 亿元、1027.1 亿元和 106.7 亿元（见图 2）。可以看出，河南的农产品出口贸易水平远远低于山东省，并且从发展情况来看，河南农产品出口规模不仅与山东的差距越来越大，湖北农产品出口规模从 2008 年开始就已经超越河南，并一直保持着微弱优势，直至 2016 年河南农产品出口规模才开始超过湖北。与山东相比，河南农产品对外贸易基础薄弱凸显，究其原因，一方面与两省的对外贸易环境有关，河南地处内陆而山东位于沿海开放地区；另一方面也与两者的农业产业化水平有很大关系，如 2015 年底，河南省农业产业化龙头企业为 6000 多家，且总体规模较小，销售收入在亿元以上的不足千家，10 亿元以上的龙头企业仅 356 家，而山东省规模以上农业龙头企业 2014 年底就达 9200 多家，其中过亿元的有 2512 家，过 50 亿元的有 27 家，过百亿元的有 12 家，与之相比，河南的差距非常明显。

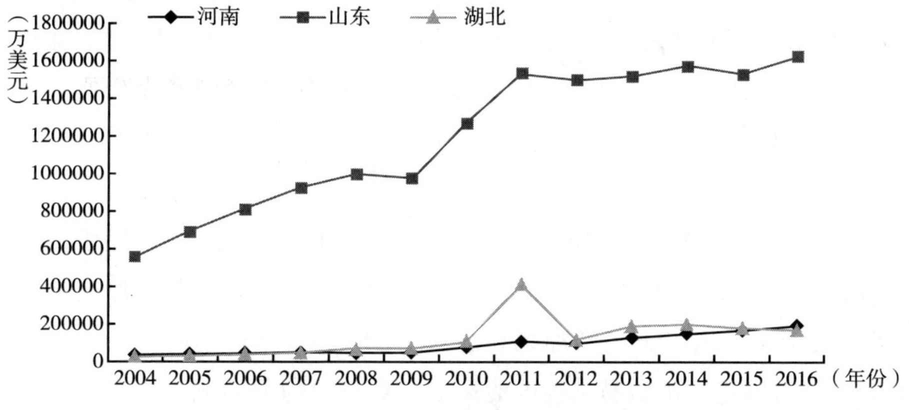

图 2　2004～2016 年河南、山东及湖北农产品出口额

资料来源：《中国农产品出口月报》

四　进一步推动河南农产品进出口岸建设的对策建议

口岸作为对外开放的门户和链接国际、国内两个市场的重要桥梁，在开放型经济发展中发挥着极其重要的作用，同时也是制约我国全方位开放、中东西联动发展的主要瓶颈（刘刚等，2016）。河南这样一个内陆农业大省，在深入推进农业供给侧结构性改革过程中，统筹利用“两个市场、两种资源”，优化农产品供给结构，首先必须要和农产品进出口岸建设紧密结合，充分发挥口岸经济在外向型农业发展中的带动作用。

（一）加快郑州航空口岸和铁路口岸建设，推动内陆口岸经济创新发展

围绕国际航空货运枢纽建设，开辟郑州机场新航线、加密航班，完善通航点布局，提升开放门户功能，打造空中丝绸之路；加快郑州国际陆港建设，提升枢纽支撑带动能力，扩大郑欧班列境外合资合作，拓展境内外集疏网络，提升服务效能，推动双向运输平衡，促进郑州国际陆港由单一的运输服务模式向物流和贸易并重的“运贸一体化”发展，加快发展多式联运，探索有序建设具有陆运口岸功能的查验场所；发挥口岸外向型、带动性、先导性作用，增强口岸聚集对外贸易、仓储物流、保税加工、电子商务、展示展销等功能，提升口岸对经济社会的全方位带动效应，推动口岸经济繁荣发展。

（二）进一步降低通关成本，促进贸易便利化

联合国贸易和发展会议报告指出，仅与通关相联系的各种程序所付出的成本相当于贸易总值的7%～10%，如果在这些领域协调一致，那么这些成本将降低25%，相当于将增加贸易总值1.75%～2.50%的收益（辛文琦，2010）。随着河南自由贸易试验区的设立，对口岸的通关成本、运行效率将会提出更高要求，河南农产品进出口岸建设必须要在降低通关成本，促进贸易便利化方面进一步努力，以配合自由贸易试验区的建设。加快建设河南国际贸易“单一窗口”平台建设，突出河南多式联运、大枢纽、大物流建设等发展特色和自贸区相关创新模式，全面深化与沿海地区主要口岸的合作，积极推进与上海、天津等沿海主要城市“单一窗口”的互联互通，加强沟通协调，进一步提升跨区域通关能力。

（三）有序推进进口指定口岸建设，培育进口农产品消费市场

农产品进口涉及国家粮食安全，并对生态环境和农业生产安全有潜在风险，河南农产品进口指定口岸建设必须始终坚持统筹安全与发展的原则，在把关农产品安全的同时，促进农产品进口贸易和产业发展。农产品进口指定口岸的持续健康发展，一方面需要完善相关的设施和查验条件，另一方面需要更加重视消费市场的培育。具体来说，首先要加大进口指定口岸的硬件建设投入，提高查验设施标准，妥善解决查验机构和人员配置问题，提高执法能力；其次要不断完善与进口农产品相关的运输设施、储存设施、冷链物流、运输网络等基础设施建设；最后农产品进口指定口岸的发展要充分考虑区域市场需求和消费能力，有序推进，避免盲目建设和扩大规模，对于已建成运行的进口指定口岸，要积极开辟市场，培育消费群体，以提高其持续发展能力。

（四）提升农产品出口基地建设，增强龙头企业带动能力

以打造全国重要的食品农产品出口种养基地和进出口肉类、粮食、食用菌果品等产品集散地为目标，加快推进出口食品农产品质量安全示范区建设，依据资源优势和地方特色，新建和扩建一批食品农产品出口基地；发挥产业聚集区、工业园区和重点企业的龙头带动效应，形成规模效益，促进外向型农业产业集群发展壮大；提升特色食品农产品出口竞争优势，稳步推进“一县一品”创建工作，培育具有出口潜力和市场前景的新品种；努力打造出口食品农产品知名品牌，推动出口食品农产品结构优化升级；推动食品农产品出口企业对外注册，引进国外龙头企业，为种养基地搭建平台，实现出口渠道多元化。

参考文献

［1］王海燕、焦知岳：《内陆口岸促进对外贸易发展机理及对策探析》，《北京财贸

职业学院学报》2016 年第 6 期。

[2] 郭宏宇、竺彩华:《口岸发展与“一带一路”建设:形势、问题及对策》,《国际经济合作》2016 年第 1 期。

[3] 刘刚、谭小伟:《新理念破解内陆开放口岸建设困局》,《中国国门时报》2016 年 9 月 21 日。

[4] 辛文琦:《我国自由贸易区建设有待突破的几个瓶颈》,《现代财经》2010 年第 8 期。

B.12

以“互联网+”农业推进河南乡村振兴的思考

——基于鹤壁市“益农信息社”的建设实践

侯红昌*

摘　要： 实施乡村振兴战略是一项重大的时代命题和历史任务，涉及三农问题的各个方面。信息进村入户是发展“互联网+”农业的一项基础性工程，对加快乡村振兴建设、促进农民增收致富、助力城乡一体化、全面建成小康社会发挥了重要作用。本报告通过分析河南鹤壁在益农信息社方面的探索实践，详细梳理了河南省“互联网+”现代农业在推进乡村振兴方面的发展现状与态势、存在的问题与挑战，并给出了提高认识、加强顶层设计；提速发展农村电子商务；提升农民信息应用能力；创新发展现代农业科技等针对性较强的对策建议。

关键词： 益农信息社　“互联网+”　现代农业

实施乡村振兴战略是一项重大的时代命题和历史任务，涉及三农问题的各个方面，其中最重要的一环，就是要提升农村产业的竞争力，进而实现最终的农业农村现代化目标。“互联网+”农业是互联网等新一代信息技术与农业产业融合发展而出现的新式业态和发展模式，在改进和完善生产工具、

* 侯红昌，河南省社会科学院农村发展研究所副研究员，研究方向为区域经济。

扩展劳动对象方面发挥了重要的基础性作用。信息进村入户是发展“互联网+”农业的一项基础性工程，对加快乡村振兴建设、促进农民增收致富、助力城乡一体化、全面建成小康社会发挥了重要作用。

一　河南省鹤壁市“益农信息社”的实践探索

鹤壁市是河南粮食生产核心区的示范区。近年来，鹤壁市把信息化当作现代农业发展的制高点，积极探索“互联网+农业”模式。2013年被农业部确定为“全国整体推进型农业农村信息化示范基地”，2014年被农业部确定为全国信息进村入户试点。目前，已建成益农信息服务社620家，搭建有“新农邦”电商平台、星陆双基农情信息监控平台、设施农业物联网综合支撑服务平台和农产品质量安全监管智能管理平台。鹤壁市的具体做法如下。

（一）科学规划布局，健全组织结构

鹤壁市通过制定以“一个综合管理平台、三个支撑平台、四个应用领域、十六个管理系统、五个保障体系”为框架的农业信息化方案，涵盖了全市的种植、畜牧、农机和水利等农村和农业的大多数行业。该设计方案明确了全市农业农村信息化发展目标和发展重点，理清了工作思路。市政府专门成立了由主管副市长为组长的农业农村信息化工作领导小组，协调解决农业农村信息化工作中的重大问题。把发展战略列入鹤壁市加快新型农业现代化发展意见，出台了《鹤壁市农业信息化“十二五”规划》。同时，农业部门抽调专人成立了农业信息化工作推进办公室，具体负责实施农业信息化工作，有力地推进了工作的开展。

（二）信息互通互联，各方资源共享

农业信息化工作涉及的部门很多，如发改委、工信委和农技服务等部门，需要融汇各个方面的信息数据，才能形成推动农业信息发展工作的整体合力。在农业信息化建设中，农业部门积极争取政府部门和相关单位支持配

合，在农业信息化规划制定、资金安排、平台建设、软件开发、资源整合等方面，得到了相关部门和社会各界的广泛支持，初步形成了政府主导与社会各界积极参与的全市农业信息化建设新格局，有力地促进了鹤壁市农业信息资源的整合力度。在农业信息资源的整合过程中，鹤壁市还建设了“农业信息化综合管理服务平台”，并与已经建成的“智慧鹤壁”指挥中心、农技推广服务站、益农信息服务社等联网对接，实现了全市农业信息数据的互联互通、资源共享。目前，该平台已成为鹤壁市连接政府与农民、企业与市场的重要通道，也成为全省现代农业信息化发展的展示窗口。

（三）建设智能物联，实现安全监管

通过资源整合和技术创新，鹤壁市规划建设了大田物联系统、设施农业智能物联系统和农产品质量安全监管系统。在全市蔬菜标准园大棚内安装各种传感节点（环境温湿度、土壤水分、二氧化碳、图像等）和无线通信网络，实现设施农业生产环境的智能感知、智能预警、智能决策、智能分析、专家在线指导，为设施农业生产提供精准化种植、可视化管理、智能化决策，确保各种蔬菜种植的标准化管理达标。同时在蔬菜产品的质量安全上建立健全各类监管手段。目前已经在市、县两级农产品质量安全检测中心、鹤壁市农产品批发市场、全市的大部门连锁经营性超市得到应用，基本实现农产品生产、检测、监管的完整体系，基本做到了信息发布、超标预警、安全追溯等关键环节的智能化和数字化，为广大市民及时了解农产品质量安全信息提供了全方位的安全保障。

（四）益农信息服务，进村入户帮扶

鹤壁市以“信息进村入户试点”为契机，按照农业部“有场所、有人员、有设备、有宽带、有网页、有持续运营能力”的“六有”标准，科学制订方案，规范服务内容，强化技术培训，全力打造信息进村、服务到户的益农信息社。益农信息社通过近两年的运行，基本可以做到为农民提供“买、卖、推、缴、代、取”等六大服务，初步实现了预期目的。依托“新

农邦”电商平台，开展电子商务服务，为农民代购农资及生活用品，累计交易额达到2700万元。整合与农民生产、生活息息相关的各种社会化资源，使农民足不出户就能享受到便民服务，方便了群众，截至目前，开展充值、代缴、代办、代取等业务，累计金额达到1100万元。实现了12316平台与新型经营主体、区域服务站、益农信息社的无缝对接，解决了信息服务“最后一公里”问题。

二　河南省“互联网＋”农业的发展态势

鹤壁市“益农信息社”的实践探索是河南省以“互联网＋”农业推进乡村振兴发展的一个缩影。作为全国第一农业大省、粮食大省和农村人口第一大省，河南的农业经济发展在全国经济发展格局中占有极其重要的战略地位。最新的省委省政府《关于推进乡村振兴战略的实施意见》中明确指出，大力发展数字农业、智慧农业，实施“互联网＋现代农业”行动。目前，河南在“互联网＋”农业发展方面面临良好的发展态势。

（一）信息枢纽建设加快

自从河南被农业部列为国家农村信息化示范省之后，近年来，河南省先后制定实施多项相关的支持扶持政策，如“宽带中原”战略、“村村通”工程等。通过这一系列政策举措的制定实施，河南的农村信息化水平获得了极大的提升。最新数据显示，截至2015年底，全省农村的行政村在光纤进村率方面达到96.4%，其中4G基站建设数目达到9.4万个，基本实现对全省所有行政村的TD－LTE网络信号全覆盖。不仅如此，河南省政府还与四大电信公司（中国联通、中国移动、中国电信、中国铁塔）签署了战略合作框架协议。目的就是在河南建设“米”字形高速信息网络枢纽，在确保河南省“网络经济强省”建设的同时，为全省农业信息化的进一步发展和提升提供基础性的技术平台支撑。目前，河南的国家大数据综合实验区建设正稳步推进，正逐步成为全省农村经济社会发展的一个重要战略引擎。

（二）智慧农业成效初显

智慧农业就是通过在农业生产的各个环节加入各类传感器并与无线通信网络联通，进而感知农作物生长过程中的各种信息，从而实现农业专业对农业生产的在线实时指导。近年来，河南已经在部分地区的农业生产领域探索实行智慧农业建设，并取得了初步成效。已经建成使用的20个智慧农业实验点，分布在9个地市。农业科研人员在郑州市就可以实时监测到这些实验点的小麦的各种生长指标数据，并及时做出诊断分析。河南农科院曾对该实验项目的实行效果进行比照试验，最终的统计结果显示，在智慧农业实验点的小麦产量平均比非实验点的小麦亩均增产26kg、节约化肥成本30元。鹤壁市在这方面走在全省前列，目前已经在智慧农业方面搭建的信息平台系统有“大田智能物联系统”“农畜产品质量安全监管与追溯系统”和“农业地理信息系统”等。

（三）农村电商发展正旺

电子商务作为“互联网+”技术最成功的应用，近年来发展速度和规模十分惊人。河南省近年来电子商务发展也非常迅速，交易额年增长率均超过30%。涉农电子商务发展同样迅猛。截至2015年底，全省农村网店突破3万家，涌现出博爱新世纪、河南新万农、淇县瑞达等一批当地农村电商服务的领军企业。“农村淘宝”已在孟州、汝州、新乡等20个县市开业，共计辐射全省1100个行政村。在此基础上，河南继续大力推动农村电商加速发展，全力推进“电子商务进农村”综合示范试点省份建设。2015年河南投入近5亿元在新安县、淇县、光山县等7县开展“电子商务进农村”的综合示范试点县建设，后又增加睢县、泌阳县等8个县开展示范试点建设，其中国家专项扶助资金共计3亿元，有力推动了全省农村电商事业的发展。

（四）农民培训效果良好

自2014年7月启动“农村青年电子商务创业就业”项目，河南省从强化创业培训、提供金融资金支持等5个方面为农村青年提供服务。在“淘宝网特色中国·河南馆”专门设立省青农联农产品展销页面、举办“河南省青年电子商务创业就业培训班”、开展“河南省青年电子商务创业小额贷款项目”、创立“河南省青年电子商务创业园”等。该项目开展青年电子商务创业培训5000人次，发放青年电商小额贷款1000万元，帮助1000名青农联会员建立淘宝店铺。截至2016年底，全省种粮专业大户4.3万户，家庭农场2.7万家，农民专业合作社注册登记12.3万家。农业社会化服务组织形成了多层次、多元化的格局，有力支撑了河南“互联网+农业”建设。

三　以“互联网+”现代农业推进河南乡村振兴战略面临的挑战

虽然近年来河南省“互联网+”农业取得了显著的成绩，但在建设现代农业经济体系、促进乡村产业兴旺、推动乡村振兴方面，仍面临一些挑战。

（一）推动“互联网+”现代农业的建设资金缺口较大

河南是农业大省，也是经济大省，但不是经济强省，农业现代化建设需要大量的资金。以往河南在现代农业建设方面已经努力拓宽了资金来源渠道，包括对一些土地出让金和地方水利建设基金的使用，以及率先在全国取消县级农业开发的综合性配套资金，由省级财政负担等。但即便如此，在新时期的“互联网+”现代农业建设方面，仍存在较大的资金来源缺口。突出表现在全省农村资金的流动不均衡，一些吸收农村存款的金融资金有很强的非农偏好，存贷差异较大，表现最为明显的是涉农资金。在财政投入方面，虽然省级财政给予全省“互联网+”现代农业建设资金以极大倾斜，但是比起大量的建设资金需求，还远远不够，而在地方财政，则因各自财政实力的差异，不仅难以完全配套上级财政的扶持建设资金，有些甚至发生资金下发不到位的现象。其他社会资金基本上是跟着金融机构的资金偏向流动，很难在“互联网+”现代农业建设方面投入巨量资金。

（二）缺乏充足的乡村振兴人才，尤其网络信息人才匮乏

乡村振兴战略的深入实施，需要大量的人才进入农村进行建设，其中起主体作用的就是新型职业农民。新型职业农民的典型特征就是有一定的文化学历、有一定的市场意识、有一定的农业技能，在“互联网+”现代农业时代，还需要这些职业农民能够掌握一定的网络技能，这样才能够有效地推动河南的乡村振兴战略实施。而现实情况是，河南的大部分农民受教育程度较低。最新的人口普查数据显示，全省农村劳动力中大专及以上教育程度的仅占到总数的3.63%，大部分农民都是初中及以下文化水平。这样的农村劳动力结构水平意味一些新的农业技能和互联网技术很难在全省农村得到有效的推广和应用，理论上的“互联网+”现代农业经营就无法落到实处。此外，“互联网+”现代农业本身就需要大量的专业化信息人才，需要来自城市的人才和技术支撑，但现有的农村条件很难吸引大批量的专业人才进入农村市场，这样一来“互联网+”现代农业信息网络的基础设施建设和维护就成为不可避免的难题。

（三）信息网络建设失衡，配套服务建设滞后

河南的农村信息网络建设落后，相关的基础配套支撑服务没有跟上。这主要表现在，农村网络的普及率相比较城镇还有一定的差距。最新统计数据显示，农村网络普及率落后城镇30%左右。网络普及率的差距很容易在农村地区形成信息孤岛，使得一些地方无法了解到最新的农技知识。就河南而言，近些年虽然大力推动农村网络建设，尤其加大4G网络的铺设力度，但受限于高昂的资费和终端价格，很多农民或者没有4G手机，或者舍不得用4G网络的流量，而有线光纤网络的铺设又受到一定的限制和制约。河南农村“互联网+”现代农业面临的问题，还包括信息网络建设内容方面的滞后。很多已经建成的农业信息网络平台，网页的更新迟缓，内容单调，农业

信息不全且时效性差，基本没有互动的设计环节，无法满足农民的个性化需求。此外，完备的信息网络配套服务是“互联网+”现代农业在农村发展壮大的基础支撑，但河南在涉农电子商务发展所需的农村物流的“最后一公里”等环节存在较大的建设滞后性，直接限制了农民的购物和农产品销售。

（四）农村空心化、空巢化、老龄化严重

实现乡村振兴的产业兴旺，必须和有效的乡村治理结合起来，做到“生态宜居、乡风文明”。目前，河南的农村人口出现低质化、老龄化趋势，农村生产生活秩序受到影响。农村具有较高人力资本含量的青壮年劳动力大量外出务工却普遍“转而不迁”，为农业农村的发展带来一系列问题。造成农产品供需错配，使农村的资源要素难以有效地与城市工商资本对接。普遍出现的空心化村庄、空巢化农户、老龄化农民，使得农村的管理难度越来越大，不仅管理对象难以被管理，就管理者本身而言，也缺乏足够的优秀人才基础支撑，造成基层村组织涣散。

四　河南省“互联网+”现代农业助力乡村振兴的发展建议

（一）加强“互联网+”现代农业顶层设计

首先，要在全省广大农村基层干部群体中提高对“互联网+”现代农业工作的重视程度。要充分认识到“互联网+”现代农业在国家实施的乡村振兴发展战略中的重要位置，认识到“互联网+”现代农业在“精准扶贫”工作中的重要位置。在此基础上做好关于全省“互联网+”现代农业的顶层规划设计，并无缝融入正在实施的乡村振兴战略发展规划。其次，在“互联网+”现代农业的具体实施上，做足基础设施建设规划。做到从最基本的网络建设、农业技术人才的培养等有充分的支撑体系规划设计，明确具

体的入手环节和重点突破方向等，确保在规划的顶层设计中能很好弥补河南“互联网+”现代农业的发展短板和空档。最后，“互联网+”现代农业是一个综合性的发展规划，需要很多相关部门的协同推进，分类指导，统筹安排，合理优化各类资源的配置，以及科学安排工作进度，确保全省的现代农业建设迈上新台阶。

（二）开展农业物联网建设，建立农业监测管理网络体系

“互联网+”现代农业行动的主体部分就是“智慧农业”建设，而“智慧农业”建设的主要内容就是一些物联网技术、大数据和云计算等最新的移动互联互通信息技术在农业生产各个环节的科学推广和合理有效利用。在推进“智慧农业”的建设中，应结合河南的“百千万”标准良田的建设工程，分步分时实施各种农业监测和感知技术的推广应用。这其中应重点突破的“智慧农业”工程实施技术就是节水灌溉和精准施肥等技术，这是提升河南现代农业建设进程的关键步骤。此外，在“智慧农业”的建设上，应结合当前市场上对农产品的安全和有机属性要求较高的特征，尽快建立产地准入识别查询体系和质量安全追随查询平台。而且这些平台要基于移动互联网络，使得无论是产品的购买者还是产品的种植者都能很快查询到该农产品的各类安全信息和有机属性。

（三）完善网络基础平台建设，提速发展农村电子商务

现代农业的发展很重要的一个方面就是农业生产的共性和个性都能满足市场上各类消费者的共性要求和个性需求，而确保这样的供给和需求双方满足的一个重要基础条件是完善的信息网络和便捷的电子商务平台。为此就要从两个方面来推动现代农业产品的供给和需求得到匹配和满足。其一，大力加快光纤在全省农村的入户建设力度。要给予进行这些电信基础网络设施建设的电信公司以相应的资金补贴和支持。此外，在农户的高速网络开通和使用费用上，一方面督促和引导相关的电信服务商对农村市场的网络资费设立特定的优惠定价模式；另一方面要通过其他渠道给开通光纤高速网络的农户

给予一定的补贴。其二，大力推进农村电商网络体系建设。包括建立县级的电商运营平台和中心，在乡镇一级建立相应的电商配送服务中心等，并根据实际情况在自然村或多个自然村设立电商物流的配送和收发服务站点，使得农民可以便捷有效地购进农业生产用品和卖出各类农副产品。

（四）提升乡村治理水平，健全农村公共服务体系

农村基层政府应充分认识到自身的职能和责任，不断转换角色定位，建设服务型政府。通过各种举措加强农村基层组织建设，始终坚持以人为本，实行村务信息公开制度，引导村民的监督，确保基层工作的透明化。推动村党组织书记通过选举担任村委会主任。推行村级事务阳光工程。依托村民会议、村民代表会议、村民议事会、村民理事会、村民监事会等，形成民事民议、民事民办、民事民管的多层次基层协商格局。积极发挥新乡贤作用。在村庄普遍建立网上服务站点，逐步形成完善的乡村便民服务体系。大力培育服务性、公益性、互助性农村社会组织。维护村民委员会、农村集体经济组织、农村合作经济组织的特别法人地位和权利。加大对农村公共服务基础设施的投入力度，尤其增加对农村基础公共服务设施的资金投入力度。探索建立健全集体用地有偿使用制度，将获得的资金用于农村基础设施建设，充分挖掘农村集体用地潜力。推动农村基层组织成立农村公共服务中心，强化公共服务职能，全面提升农村公共服务的水平。

参考文献

[1] 李国英：《产业互联网模式下现代农业产业发展路径》，《现代经济探讨》2015年第7期。

[2] 李敏：《“互联网+农业”视域下河南省现代农业发展研究》，《创新科技》2015年第6期。

[3] 金志广：《鹤壁“互联网+农业”实践探索》，《农村工作通讯》2015年第15期。

［4］王艳华：《“互联网+农业”开启中国农业升级新模式》，《人民论坛》2015年第23期。
［5］刘玉忠：《“互联网+农业”现代农业发展研究》，《创新科技》2015年第7期。
［6］陈红川：《“互联网+”背景下现代农业发展路径研究》，《广东农业科学》2015年第16期。
［7］魏国强：《河南省“互联网+”现代农业行动的实践与思考》，《种业导刊》2016年第7期。
［8］郭瑞强：《基于互联网思维的河南农业经济研究》，《中国农业资源与区划》2016年第6期。
［9］范毅：《河南将推“互联网+”现代农业》，《人民邮电》2016年11月14日。
［10］王国庆、杨晓东、张海涛：《鹤壁　农业供给侧正发力》，《河南日报》2017年3月22日。

B.13
鄢陵县推进农村一二三产业融合发展的模式及经验启示

安晓明*

摘　要： 实现农村一二三产业融合发展，是贯彻实施乡村振兴战略的重要内容。近年来，鄢陵县依托特色优势资源，以科学规划和功能定位为引领，以龙头企业和大型项目为带动，以科技创新和文化创意为驱动，以大型展会和互联网为平台，以配套政策和公共设施为保障，探索出以“花木种植+”模式推进农村一二三产业深度融合的若干典型模式。不仅大幅提升了花木产业的综合效益，而且带动了县域经济全方位发展，形成了得天独厚的生态优势，并呈现出休闲农业和乡村旅游的品牌效应。鄢陵以花木产业引领农村三产融合发展具有以下启示：整合优势资源，以特色产业为主导促融合；培育龙头企业，以新兴业态培育促融合；加强科技创新，以延伸产业链条促融合；营造良好环境，以完善配套服务促融合。

关键词： 鄢陵　花木产业　农村产业融合

农村一二三产业融合发展是贯彻落实乡村振兴战略的重要内容。习近平总书记在 2018 年“两会”期间参加山东代表团审议时明确提出，要“围绕

---

* 安晓明，经济学博士，河南省社会科学院农村发展研究所助理研究员，研究方向为区域经济、农村经济。

农村一二三产业融合发展，构建乡村产业体系，实现产业兴旺”。2018年的中央“一号文件”和河南“一号文件”均指出要构建农村一二三产业融合发展体系，大力开发农业多种功能，延长产业链、提升价值链、完善利益链。近年来，鄢陵县依托特色优势资源，以“花木种植＋”模式推进农村一二三产业深度融合，走出了一条以花木产业引领农村一二三产业融合发展的新路子。在深入实施乡村振兴战略背景下，鄢陵县的探索实践，对其他地区拓展思路、找准农村三产融合切入点，具有一定的借鉴价值和启发意义。

一　鄢陵县农村一二三产业融合发展的成效与主要做法

鄢陵县隶属河南省许昌市，总人口66万人，总面积866平方公里，耕地面积99.6万亩。鄢陵自然条件和地理位置优越，地处我国南北气候过渡带，是南花北移、北花南迁的天然驯化场，花木生产自唐代就已开始。经过多年发展，鄢陵已经成为全国重要的花木生产销售集散地。近年来，鄢陵围绕花木产业推进一二三产业融合，不仅提升了花木附加值，而且优化了生态环境，带动了县域经济发展。2016年，全县花木种植面积60万亩，产值57亿元，带动21万人就业，全县农民人均收入位居全省前列，花木主产区农民人均纯收入达22640元。60万亩的花卉苗木形成了一个“天然大氧吧”，每立方厘米空气负离子含量高达1.3万～1.6万个，形成了得天独厚的生态优势，获得“国家级生态示范区”“国家全域旅游示范区”“中国长寿之乡”“全国休闲农业与乡村旅游示范县”“河南省乡村游十大热点景区”等称号。2016年，全县各景区（点）接待游客635万人次，旅游综合收入约23亿元。鄢陵在以花木产业引领三产融合方面主要采取了以下做法。

（一）以科学规划和功能定位为引领

鄢陵坚持“以花木改善生态、以生态承载旅游、以旅游繁荣三产”的发展思路，按照“养生福地、休闲天堂、宜居花城”的融合发展定位，科学编制发展规划。以花卉苗木聚集区为重点，规划建设“三带、五廊、六基地、十二园”，即沿花博大道、花海大道、花溪大道两侧三条生产景观带；沿许鄢快速通道、311国道、230国道、222省道、郑合高铁两侧兼具生产销售和生态旅游功能的五条绿色长廊；樱花、海棠、玉兰、腊梅、药用植物、乡土树种等六大特色花木生产基地；特色园、专类园、精品园等各类专业园12个。明确功能定位，提升花木产业集聚区的生态旅游功能、花博园的会展旅游功能、鹤鸣湖风景区的休闲度假功能、花木特色商业区的市场交易功能。同时，根据鄢陵现有各类花木、林木空间分布现状，划定林业生态保护区。

（二）以龙头企业和大型项目为带动

鄢陵注重发挥龙头企业和大型项目的示范带动作用。通过政策引导、项目扶持、技术支持等措施，大力培育本地龙头企业，并积极引进德众花卉等外地龙头企业。企业推行“运行公司制、投资业主制、科技推广承包制、联结农户合同制”的运行模式，通过“公司+农户”“公司+基地”等多种经营模式，提高了对广大农户的示范带动能力。建设花木和鲜切花示范园区，吸引国内外知名的花木企业入驻。充分发挥花艺公司、万绿园林、德锦公司、建业绿色基地等龙头企业带动作用，引导扶持有实力的花木企业开展“精品园、专类园”建设，与生态休闲、观光旅游等有机融合，并通过大型项目，如总体规划面积10000亩的金雨玫瑰庄园、5000亩的五彩大地、5000亩的建业绿色基地、4000亩的龙源花木基地等，推动形成现代农业多功能综合体。

（三）以科技创新和文化创意为驱动

鄢陵先后与中国农业大学、北京林业大学、河南省林业科学院等高校科研院所建立长期合作关系，并通过龙头企业与高校科研院所开展合作，推动花木种植的产学研一体化。如龙源公司与北京林业大学合作共建“北京林业大学鄢陵协同创新中心”，目前拥有3项发明专利、1项实用新型专利，5项科技成果。景缘园林与北京林业大学、中国农业大学进行技术合作，建立了多个研发团队及科研中心。在加强花木种植产学研一体化的同时，鄢陵还通过在花木种植中巧妙地融入文化创意元素，提升了花木产业的文化内涵和吸引力。一方面是将三国文化、腊梅文化、休闲文化、养生文化、生态文化等融入鄢陵花木产业园区的打造和景观带的打造中；另一方面是将风车、主题公园等创意元素巧妙融入花木多功能综合体中。

（四）以大型展会和互联网为平台

鄢陵依托花木资源举办大型展会，以会展带动花木产业发展和产业融合。以中国·中原花木交易博览会（简称花博会）、苗木交易会、樱花节、美食节、郁金香节、玫瑰花节、腊梅展等大型展会为平台，推动花木产业与休闲农业、生态旅游深度融合。同时，加强信息网络建设，实现了上下贯通的县、乡、村三级信息网络。依托“国家级电子商务进农村示范县”，鼓励支持花木企业和花农发展电子商务，目前全县花木专业网站达700多个，其中“鄢陵花木市场网”“花木中国网”联结农户1.5万户以上，点击率居全国同类网站前茅。此外，鄢陵还投资5.1亿元建设了660亩的鄢陵花木交易市场，给广大花木生产经营者提供了一个广阔的销售、交流平台，现入驻商户383户（其中省外商户134户），被评为“全国重点花卉市场”。

（五）以配套政策和公共设施为保障

在土地政策方面予以支持。对流转土地100亩以上进行花木工厂化生产、科研的，优先安排解决15亩以内的农用附属设施用地；用于生产办公用房的建设用地指标，按企业占地面积的1%供应。建立生态补偿机制。对花木产业集聚区景观道路两侧各50米以内的大规格树木和景观林，经过有关部门登记、认定，5年以上不出售的，予以补贴；10年以上不出售的，予以重奖。对在县Ⅰ级林业生态保护区内现有主干道两侧新种植的花木，消除空档并按照廊道旅游景观打造的，给予每亩1000元的生态建设补助金，分三次发放。此外，县财政每年拿出不低于600万元的资金用于企业发展花木生产和相关延伸产业贷款的贴息。同时，建成河南省内首条15公里长的花乡林海自行车绿道，开通鄢陵至郑州、洛阳等地的旅游直通车，结合花木特色资源规划观光、休闲、养老等旅游线路。

二 鄢陵县农村一二三产业融合发展的“花木种植+”模式

在推进农村一二三产业融合发展的实践中，鄢陵探索出了“花木种植+”的若干典型模式。

（一）花木种植+林下经济

林区种植中药材、食用菌和养殖畜禽，发展林下经济。由农民合作社、龙源花木公司、建业绿色基地建立林下产业科技示范基地，用纯粮食和中草药喂养散养土鸡、珍珠鸡，养殖蜜蜂，种植中药材，种植羊肚菌。羊肚菌是发展林下经济的珍稀食用菌品种。2017 年 3 月，龙源花木公司在银杏苗圃林地下引种的 20 余亩羊肚菌全部成功出菇，并达到采收标准。这是鄢陵县首次引种羊肚菌并在林下种植成功。截至目前，鄢陵县种养结合型规模场达到 90 多个，重点发展林下柴鸡、肉鹅等有机绿色养殖，同时大力推广林禽一体化养殖，全县林下养殖企业达到 56 家。

（二）花木种植+休闲农业

将花木种植与农事体验、休闲娱乐相结合，发展休闲农业。建业绿色基地规划建设鲜切花生产、建业大食堂、中原民俗文化养生项目、绿色农产品、乡村旅游等板块，致力于打造国内一流的集研发、生产、示范、体验于一体的现代农业综合体。五彩大地一期项目集休闲娱乐、观光度假、特色餐饮于一体，包括花田花海观赏区、特色餐饮区、特色采摘区、大型游乐区等。同时，鄢陵以千亩赏荷园、万亩枣林生态园、樱桃沟等花木园区为依托，开通了“赏荷游”“打枣一日游”“樱桃观光采摘二日游”“花香农家乐”等独具特色的农家游。

（三）花木种植+精深加工

对优质花木资源进行精深加工，拉伸产业链条，重点在花卉精油提取、腊梅茶研制、药用花木加工等方面。鄢陵腊梅品质上乘，素有“鄢陵腊梅冠天下”之美誉，2011年鄢陵腊梅精油被成功萃取，填补了国内腊梅精油提取的空白，腊梅护肤品、保健品、食品、工艺品等也相继开发上市。金雨玫瑰庄园建成“芳香植物萃取应用工程技术研究中心”，开发化妆品、精油、花茶等系列产品，旗下品牌莎古蔓精油及植物护肤品均采用园区种植的玫瑰香草为原料。此外，鄢陵还围绕花肥花械、园艺资材、花卉深加工等，促进花木产业延伸链条多元化发展。

（四）花木种植+生态旅游

以花木种植为基础，规划建设鄢陵国家花木博览园、万亩花卉游览区、花都庄园、生态农业观光区、阳光生态旅游度假区等一批精品景区景点（其中国家花木博览园、花都温泉小镇、金雨玫瑰庄园为4A级景区），实现了花木种植与生态旅游的有机结合。如园中缘步行景区着重围绕园林园艺打造生态休闲观光步行景区，实现了花木生产与旅游观赏相统一、一产与三产相融合。鄢陵还围绕四季特点策划推出“花都之春”“林海清凉”“花博盛会”“腊梅文化节”四大系列旅游活动，做到月月有活动、季季有项目，最大限度地满足了游客的需求。

（五）花木种植+健康养生

除了花木资源和生态优势，鄢陵还有着优质地下水和中医人才资源，并被国家长寿之乡评审组授予“中国长寿之乡”称号，同时鄢陵是养生鼻祖彭祖的故乡，养生文化传承已经有千百年历史，非常适宜发展健康养生产业。鄢陵积极整合优势资源，打造“一园三镇”（即药膳植物园、健康医养小镇、休闲养生小镇、温泉疗养小镇），推动花木种植与健康养生产业深度融合。药膳植物园以马坊乡、彭店镇为重点区域集中规划种植草本类、木本类药膳食用植物，并积极开发绿色有机保健养生食品、膳用健康养生产品和护理养生用品等时尚类健康产品。

（六）花木种植 + 会展业

依托花木资源优势打造区域性会展中心。目前，鄢陵已连续成功举办了16 届中国·中原花木交易博览会（自第八届开始由国家林业局和河南省人民政府主办），规格、档次、品位均实现了重大提升。同时，中国梅花腊梅展览会已经在鄢陵成功举办 15 届，中国·鄢陵腊梅梅花文化节成功举办六届，进一步打响了“鄢陵腊梅冠天下”的品牌。自 2013 年开始，每年春秋两季的河南·鄢陵苗木交易会，不仅促进了鄢陵花木的展示和交易，也提升了鄢陵的“花城”影响力。此外，还有樱花节、美食节、郁金香节、玫瑰花节等大型展会。

（七）花木种植 + 休闲商业

立足丰富的花木资源、良好的生态优势和优质地下水资源，发展独具特色的休闲商业。如荷兰风情花街花市依托鄢陵花卉资源和优质的生态环境，以荷兰风情文化为特色，以花卉专业市场为载体，以文化旅游观光为目的，将购物、展示、游览、休闲有机结合在一起。陈化店镇依托花木资源、优质地下水和当地悠久的茶文化，在陈化店镇政府所在地，沿 311 国道打造茶文化一条街，街道两旁饭店、茶社林立，既有中高档的饭店茶楼，又有路边的茶社。每逢周末和节假日，来此休闲、品茶者络绎不绝。

（八）花木种植 + 多功能复合型

多功能复合型模式也已形成。如花博园规划建设了博览会展示区、腊梅文化展示区、名优花木展示区、水生植物景观区、休闲度假区、游乐区、健身娱乐区、生态科普展示区、鄢陵历史浮雕区、三国文化区等十三大功能区域，集花木展示、市场交易、观光旅游、休闲度假、科普示范于一体。金雨玫瑰庄园依托花木和温泉资源，成为一产玫瑰规模化种植、二产香草精油深加工、三产配套温泉酒店融合发展的现代农业产业综合体，包括香草植物种植、精油研发、休闲度假、观光旅游等多种功能。

三　鄢陵农村一二三产业融合发展的经验启示

鄢陵在以花木产业引领三产融合的实践中，积累了有益经验，形成了可借鉴的模式，对于其他地区推进农村一二三产业融合发展，实现乡村振兴，具有一定的启示作用。

（一）整合优势资源，以特色产业为主导促融合

找准当地的特色产业，以特色产业为主导整合其他优势资源促进产业融合，既特色鲜明，主题突出，也有利于树立品牌和形象，打造核心竞争力。鄢陵正是抓住了花木产业这个牛鼻子，整合生态环境、优质地下水、养生文化、中医人才等优势资源，坚持“以花木改善生态、以生态承载旅游、以旅游繁荣三产”的发展思路，形成了花木种植＋生态旅游、花木种植＋健康养生、花木种植＋休闲农业、花木种植＋会展业等模式，从而走出了一条以花木产业引领三产融合发展的路子。中国幅员辽阔，自然地理和人文条件存在很大的地域差别，各地都有自身的特色资源和相对优势，有的地区可能交通区位优势明显，有的地区可能临近大都市区，有的地区可能历史人文资源丰富，有的地区具备发展某种特定产业的独特自然地理条件，等等。当然，这些优势可能会叠加，如果同时具备多种优势资源，也就具备了多产业融合发展的客观条件，这也更需要选取特色产业作为主导。因此，农村三产融合必须因地制宜，或依托人文、地理资源，或依托区位优势，或依托产业基础，通过科学规划和合理引导，突出特色，以之为主导整合优势资源，形成特色鲜明、优势互补、功能叠加的产业融合体。

（二）培育龙头企业，以新兴业态培育促融合

培育壮大农业新兴业态是农业供给侧结构性改革的重要内容。当前，我国

各地农业龙头企业、农业合作社、新型职业农民等新型农业经营主体蓬勃发展，有力地推动着农业新产业新业态的培育和壮大。而龙头企业对于培育壮大农业新兴业态及促进产业融合发展具有带动和示范作用。鄢陵非常重视龙头企业和大项目的示范带动作用，对龙头企业给予大力扶持，支持其科技创新和新技术应用，对大项目在用地、基础设施、财政金融等方面大力支持。因此，各地区在推进农业供给侧结构性改革进程和实施乡村振兴战略中，要积极推进新型农业经营主体培育，特别要重视龙头企业在产业融合中的示范和带动作用。一方面，要积极支持各地形成一批龙头企业，通过龙头企业推进大项目建设，培育壮大新产业新业态，形成具有规模效应和聚集优势的大型农业综合体；另一方面，要大力支持有条件的农村建设一批以农民合作社为主要载体，农民充分参与和受益，集循环农业、创意农业、农事体验于一体的田园综合体。

（三）加强科技创新，以延伸产业链条促融合

中央一号文件指出，要支持农业科技园区产学研合作建立各类研发机构，支持地方开展特色优势产业的技术研发，支持农技推广人员与家庭农场、农民合作社、龙头企业开展技术合作。鄢陵非常注重科技创新和技术推广，不仅实现了花木种植的产学研一体化，而且通过科技创新促进了花木的出新出彩，实现了花木的精深加工，通过延伸花木产业链条促进了产业融合发展。同时通过文化创意元素的融入，提升了花木产业附加值，拓展了农业多种功能。在农村一二三产业融合发展及推进农业供给侧结构性改革和实施乡村振兴战略中，应当特别注重创新。一方面，各地必须加强农业科技创新和技术推广，支持农业企业与科研院所进行深入合作，持续深入推进农产品精深加工，着力提升农产品附加值，尽可能地延伸农业的产业链价值链；另一方面，各地要深入挖掘当地的文化底蕴，在农村产业融合发展中融入文化创意元素，拓展农业的文化内涵，形成现代农业多功能综合体。

（四）营造良好环境，以完善配套服务促融合

产业融合发展，需要良好的硬环境和软环境。鄢陵不仅通过大型展会和

互联网平台促进花木产业和其他产业融合发展，同时通过各种土地政策、生态补偿机制、财政金融、公共服务设施等为产业融合营造良好环境。鄢陵灵活运用土地政策，对花木产业和大规模流转土地给予优先支持。鄢陵划定了三级林业生态保护区，建立生态补偿机制，对花木产业集聚区和县Ⅰ级林业生态保护区内绿色廊道达到规定年限和景观要求的花木给予相应补贴，引导花农从“出售花木”转变为“出售景观”。县财政还对设施花卉生产、花卉苗木新品种的研发和实验种植、花木生产和相关延伸产业等给予支持。并规划建设自行车绿道、游客服务中心、旅游直通车等公共设施，通过各项配套服务促进了花木产业的融合发展。各地要探索建立农业农村发展用地保障机制，推进农村土地“三权分置”改革，着力盘活农村存量建设用地，完善农业用地政策，重点支持乡村休闲旅游养老等产业和农村三产融合发展。完善农产品主产区补偿制度和生态补偿制度，通过财政金融等方式支持农村三产融合发展。同时，要积极完善产业融合的各项配套服务。

参考文献

[1] 唐园结等：《鄢陵：“中国花木第一县”的绿色崛起》，《农民日报》2016年9月22日。

[2] 常钦：《鄢陵，花木旅游融起来》，《人民日报》2016年11月13日。

[3] 安晓明：《河南：农业产能向国外转移路径》，《开放导报》2016年第5期。

[4] 周蕾、段龙龙、王冲：《农业与旅游产业融合发展的耦合机制——以四川省为例》，《农村经济》2016年第10期。

[5] 郭晓杰：《现代农村视域下的三次产业融合发展模式及路径分析》，《商业经济研究》2014年第5期。

[6]《发展特色　强化基础　全面推进鄢陵县现代农业加快发展》，http://www.yanling.gov.cn/yl/web/news/new-531-8621.html。

[7] 马晓河：《农村产业融合的发展现状》，《经济日报》2016年2月25日。

[8] 宋洪远：《关于农业供给侧结构性改革若干问题的思考和建议》，《中国农村经济》2016年第10期。

生态宜居篇

Ecological Livability

B.14 新时代河南省城乡融合发展研究

郭小燕*

摘　要： 党的十九大报告首次提出乡村振兴战略和城乡融合发展，指明了新时代乡村发展方向，明确了乡村发展新思路，是城乡发展的重大战略性转变。改革开放40年来，河南经济社会发展取得了显著成就，为推进全省城乡融合发展奠定了坚实的基础。然而，河南又是传统的农业大省，农村人口总量庞大，乡村发展滞后，推动城乡融合发展存在诸多制约因素。为此，需要通过实施乡村振兴战略，建立健全城乡融合发展体制机制和政策体系，开创河南城乡融合发展的新局面，让城乡居民共享经济社会发展成果。

关键词： 乡村振兴　城乡融合　河南

* 郭小燕，河南省社会科学院中州学刊杂志社研究员。

党的十九大报告指出，中国特色社会主义进入新时代，我国社会主要矛盾已经转化为人民日益增长的美好生活需要和不平衡不充分的发展之间的矛盾。经过40年的改革开放，我国农业农村发展取得了举世瞩目的成就，而城乡发展不平衡和农业农村发展不充分的问题仍然突出，已成为制约农民日益增长的美好生活需要的重要因素。作为传统的农业大省和人口大省，河南省这一问题表现尤为突出，推进城乡融合发展尤为重要，对全国实现城乡全面融合协调发展都具有一定的典型示范意义。

一　实现城乡融合发展是新时代提出的新要求

自中华人民共和国成立以来，河南省的城乡关系与全国一样，经历了一个“城乡分割—城乡统筹—城乡一体—城乡融合”的历史演进过程，从分割到融合、从不平衡发展到平衡发展，发生了根本性变化。

在改革开放以前，我国实行传统的计划经济体制，城乡之间各类要素不能自由流动，城乡严重分割，农业农村主要通过农产品剩余为工业化提供积累和降低成本。改革开放以后，随着计划经济体制的松动、市场经济体制的建立以及城镇化进程的加快，城乡联系显著增强，农村主要通过提供廉价的劳动力和资金、土地等要素来支持工业化。这两个时期乡村为工业和城市的发展都做出了巨大贡献，有力推进了我国的工业化和城镇化进程，经济社会发展取得了巨大成就。但是，农业、农民和农村问题一直是制约我国经济社会发展的短板，城市与农村发展失衡已成为阻碍我国经济社会可持续发展的重要制约因素，引起了党中央和国务院的高度重视。

进入21世纪后，我国不断加大对农业、农民和农村扶持的力度，2004～2018年，我国连续15年出台的中央一号文件均聚焦于三农问题。2004年，党的十六届四中全会指出我国进入“以工补农、以城带乡”的新阶段，标志着我国城乡关系发生了历史性转折，进入城乡统筹和城乡一体化发展的新时期。① 2007 年党的十七大报告提出了“统筹城乡发展，推进社会主义新农村建设”，2012 年党的十八大报告提出了“推动城乡发展一体化”，把推动农村发展、增加农民收入放在了重要地位。但是，政策重点仍然是侧重于城市，以城市为主；使用的政策手段主要还是以工补农、以城带乡，强调的是工业和城市对农村发展的反哺和带动，农村仍处于城市的从属地位，缺乏内在的积极性和主动性。

中国特色社会主义进入新时代，我国社会主要矛盾已经转化为人民日益增长的美好生活需要和不平衡不充分的发展之间的矛盾，而城乡发展不平衡和农业农村发展不充分的问题尤为突出。为此，党的十九大报告首次提出乡村振兴战略，从更高的站位、更广的视角，把“三农”工作放在了与城镇化、工业化、现代化建设同等重要的位置，具有非常深远的意义。同时，报告中也首次提出了建立健全城乡融合发展体制机制，确立了全新的城乡关系，体现了政府主导下“以城统乡”思路的转变，更强调城市和乡村两个板块共生共荣、共同发展，乡村也要从被动接受反哺，到成为与城市并行的发展主体，主动作为、实现振兴，进而实现城乡融合发展。

二　河南城乡融合发展现状评价

改革开放以来，河南省经济社会发展取得巨大成就，为推进全省城乡融合发展奠定了坚实的基础。同时，河南省积极探索城乡一体化发展的有效途径，也取得了显著成效。为了进一步了解河南城乡融合发展的程度与全国平均水平的差距，需要对其进行客观公正的评价。为此本报告通过构建指标体系，对河南省城乡融合发展程度进行综合评价分析。

（一）河南省城乡融合发展的现状基础

综合经济实力不断提升，为城乡融合发展奠定了经济基础。2016 年，

① 陈俭：《新中国城乡关系演变的特点及启示》，《河北经贸大学学报》2016 年第 6 期。

河南省地区生产总值达到 40471.79 亿元，稳居全国第 5 位，较上年增长 8.1%；人均地区生产总值达到 45275 元，较上年增长 7.6%。财政总收入达到 4706.96 亿元，较上年增长 6.3%；其中一般公共预算收入达到 3153.48 亿元，较上年增长 4.3%。累计完成固定资产投资 39753.93 亿元，较上年增长 13.7%。社会消费品零售总额达到 17618.4 亿元，较上年增长 11.9%。

城乡居民收入水平和生活质量不断提高，为城乡融合发展迈出了坚实的步伐。城乡居民收入持续增长，2016 年，城镇居民可支配收入达到 27233 元，较上年增加 6.5%；农村居民可支配收入达到 11697 元，较上年增加 7.8%。城乡居民消费支出不断提高，2016 年，城镇居民消费支出达到 18088 元，较上年增加 5.4%；农村居民消费支出达到 8587 元，较上年增加 8.9%。可见，无论是可支配收入还是消费支出，农村居民增速均超过了城镇居民，城乡差距进一步缩小。

城镇化进程不断加快，城乡要素流动加速，城乡联系进一步加强。2016 年，河南省城镇化率达到 48.5%，比上年提高 1.65 个百分点，比 2010 年提高 10.3 个百分点。城乡社会保障体系逐步健全，教育水平不断提高，体育、文化等城乡社会事业加快发展，为城乡融合发展提供了和谐保障。

（二）河南省城乡融合发展的综合评价

城乡融合发展涵盖范围非常广，不仅包括城乡经济社会的总体发展态势，更包括城乡经济社会的协调发展状况。为了更好地对河南省城乡融合发展程度进行评价，我们遵循区域性原则、可比性原则和科学性原则，从城乡经济融合度、城乡人口融合度、城乡社会发展融合度和城乡生活融合度四个方面选取相应指标，进行综合评价。

城乡经济融合度主要体现在城乡产业融合方面，体现城乡经济融合度的指标主要包括三次产业结构比和工业化率两个指标。从三次产业结构比例关系来看，2016 年，河南省三次产业比例为 10.6∶47.6∶41.8，全国三次产业比例为 8.6∶39.8∶51.6。从工业化率（工业增加值与地区生产总值的比率）

来看，2016 年，河南省工业化率为 46.5%，全国工业化率为 33.3%。由此可见，作为传统的农业大省和全国重要的粮食生产核心区，第一产业比重高于全国有其合理性，但是，二产比重过高，三产比重过低，工业化程度高于全国平均水平，表明河南经济发展过于依赖工业，经济增长主要靠工业和二产带动，三产发展还比较滞后。

城乡人口融合度主要体现在人口城镇化率和就业结构两个方面。从人口城镇化率来看，2016 年，河南省城镇化率为 48.5%，全国城镇化率为 57.35%，可见河南省的城镇化水平还比较落后。从三产产业从业人员结构来看，2016 年，河南省二、三产业从业人口占全省从业人口的比重为 61.6%，而全国这一比重为 72.3%。从城乡从业人员结构来看，2016 年，河南省城镇从业人口占全省从业人口的比重为 28.6%，而全国这一比重为 48.4%。由此可见，河南省在城乡人口融合度方面低于全国平均水平。

城乡社会发展融合度主要体现在城乡居民可支配收入比方面。2016 年，河南省城乡居民人均可支配收入分别为 27233 元和 11697 元，城镇居民是农村居民的 2.33 倍；全国城乡居民人均可支配收入分别为 33616 元和 12363 元，城镇居民是农村居民的 2.72 倍。由此可见，河南省城乡居民收入水平均低于全国平均水平，但城乡居民收入差距也小于全国平均水平。

城乡生活融合度主要体现在城乡居民生活性消费支出比方面。2016 年，河南省城乡居民人均生活性消费支出分别为 15631 元和 8587 元，城镇居民是农村居民的 1.82 倍；全国城乡居民人均生活性消费支出分别为 18488 元和 7485 元，城镇居民是农村居民的 2.47 倍。由此可见，河南省城乡居民生活消费支出水平低于全国平均水平，但城乡居民生活消费支出差距也小于全国平均水平。

三 河南推进城乡融合发展面临的问题

由上述分析可知，河南省城乡经济融合度和人口融合度都低于全国平均水平，城乡社会发展融合度和城乡生活融合度略高于全国平均水平，但是在经济发展水平、城镇化率、城乡居民收入水平和消费支出水平等都低于全国平均水平，产业结构、就业结构都比较滞后的情况下实现的，是低水平的。河南省进一步推进城乡融合发展还面临着诸多问题和制约因素。

（一）综合经济实力不强

推进城乡融合发展，需要强有力的经济基础来支撑。近年来，河南省经济社会快速发展，地区生产总值连续多年位居全国第五。但是，与我国东部地区的发达省份相比，河南省整体经济实力不强，地方财力不足，对城乡融合发展的支撑能力较弱。从人均地区生产总值来看，2016 年，河南省这一指标为 42575 元，低于全国平均水平 11405 元，居全国第 20 位。从地方财政一般公共预算收入来看，2016 年，河南省这一指标为 3153.47 亿元，居全国第 8 位。如果考虑到河南庞大的人口基数，其人均公共预算财政收入的排名则更为靠后。另外，根据全国扶贫开发信息系统 2018 年 1 月 15 日监测统计，截至 2017 年底，河南还有 221.4 万贫困人口、3723 个贫困村未脱贫。[①] 到 2020 年要实现这些贫困人口全部脱贫，意味着 2018 年、2019 年和 2020 年，每年至少要 73.8 万人脱贫，脱贫攻坚任务依然十分艰巨。

（二）城镇化发展滞后

城镇化水平是体现城乡融合发展的重要衡量指标，推进城镇化进程也是促进城乡融合发展的重要路径，而河南省城镇化水平仍然偏低，制约着城乡融合发展。一是城镇化率仍然较低。2016 年，河南省城镇化率为 48.5%，低于全国平均水平近 9 个百分点，在全国排名倒数第 7 位，仅高于广西（48.08%）、贵州（44.15%）、云南（45.03%）、西藏（29.56%）、甘肃（44.69%）和新疆（48.35%）。二是农业转移人口市民化困难。大量农村转移人口在城市就业，但是在教育、就业、医疗、养老、保障性住房等基本

① 《河南省扶贫办主任史秉锐：2018 年河南将有 110 万人脱贫 33 个贫困县摘帽》，大河网，https：//news. dahe. cn/2018/01 -25/261738. html，2018 年 1 月 25 日。

公共服务方面仍然不能与城镇居民享有平等待遇。三是城镇结构体系不甚合理，大中小城市和小城镇分布不均衡。从空间布局上看，郑州、洛阳等7个大城市均分布在豫中北、豫西、豫西南这几个经济区，而在豫东、豫南经济区缺乏大城市，大多是综合型的农业小城市，对区域经济的集聚和辐射能力不够。从城市规模上看，全省38个城市中，20万人以下的小城市就有22个，其吸纳农业人口、带动农村地区发展的能力都比较弱。

（三）农村自身发展动力不足

在我国长期的城镇化进程中，由于制度分割和虹吸效应的存在，农村的劳动力、资金、土地等生产要素大量向城市转移，带动了城市的快速发展，农村地区则没有得到明显发展，城乡差距不断拉大，农村区域发展滞后已影响到整个社会的发展。一是农村产业发展落后，缺乏凝聚力。不少农村地区缺乏产业经济支撑，传统农业还没有实现规模化经营，效率低下；乡村旅游等产业难以体现特色，也缺乏资金支持；经济发展落后与大量农民工外出务工形成恶性循环。二是农村基础设施和公共服务设施建设滞后。交通、通信、水电等基础设施简陋，农田水利基础设施发展滞后，制约农业产业化发展，也影响了城市向农村拓展以及资金向农村转移的力度。三是部分农村衰落化严重。随着大量青壮年劳动力进城务工，留守农村的老人、妇女、儿童，难以支撑规模化、现代化的农业生产。一些地区特别是交通不便的偏远农村，存在农田荒芜、产业萎缩、人口减少、生活方式落后等现象，严重影响了我国现代化进程。四是农村环境污染严重。长期以来，农村的环保工作没有得到充分重视，造成了严重后果。例如，生产用农膜、规模化养殖等带来的面源污染；由于观念滞后，大量的居民生活垃圾不经处理，随处乱扔带来的污染；化肥、农药等投入品带来的污染等，都严重影响居民的身心健康和幸福生活。

（四）体制机制尚不完善

我国长期以来形成的二元户籍制度，以及附着其上的就业、教育、卫生、医疗、社会保障等各项差别性政策，仍然是河南省乃至我国推进城乡融合发展的制度障碍。一是受传统城乡建设路径惯性的影响，各级政府和部门在一定程度上都存在城市和工业优先的思想认识，在工作部署、资源配置、政策制定、制度保障等方面对农业和农村支持不足，影响了乡村与城镇的同步发展。二是城乡分割的二元经济体制尚未完全打破。尽管我国在2016年出台了《推动1亿非户籍人口在城市落户方案》，但是由于各项制度障碍的存在，在就业、就学、就医、养老、保障性住房等方面，进城务工的农业转移人口仍然无法享受到与城镇居民平等的待遇，城乡要素的平等交换和双向流动仍然存在困难。三是在土地制度改革方面，仍未出台实质性的政策。四是多元化的城市建设投融资体制机制尚未完全建立。城镇公用基础设施建设需要大量资金，特别是县级以下财政根本无法负担，仅靠单一的银行贷款模式难以支持大规模的基础设施建设。

四　新时代推进河南城乡融合发展的对策建议

中国特色社会主义进入新时代，河南省必须紧跟时代步伐，抓住我国实施城乡振兴战略的重大机遇，着力制定适合优化城乡融合发展布局规划，着力推动城乡要素自由流动，着力推进城乡产业融合发展，着力推动城市基础设施向乡村延伸，着力推进公共资源在城乡之间均衡配置，形成城乡融合发展的新格局。

（一）着力制定适合优化城乡融合发展布局规划

统筹城乡规划，提高城乡融合发展的科学规划水平，形成适合城乡融合发展的合理布局。按照“产业发展融合化、要素配置合理化、公共服务均等化”等原则，科学规划全省的城乡融合工作，探索城乡融合发展的实现途径。优化城镇化空间布局，形成以中原城市群为重点，市、县、乡（镇）协调发展的总体格局。打造郑州大都市区核心区，促进开封、新乡、焦作、许昌与郑州中心城区联动发展，形成网络化、组团式、集约型的大都市区空间体系。以50万人口以上的县城为重点，培育现代中小城市。尤其是要选择区位条件优越、基础好、潜力大的小城镇，将其打造成为宜居、宜业、宜游的新型小城镇，引领、带动一般乡镇的发展，推动全省城乡融合快速发展。按照主体功能区规划，推动人口和产业进一步向重点开发区城镇集中，推动一批有能力有意愿在城镇稳定就业和生活的农业转移人口举家进城落户。

（二）着力推动城乡要素自由流动

资本、技术、劳动力等资源要素在城乡之间的自由流动是市场经济的内在要求，要充分发挥市场作用，着力消除资源要素自由流动的制度障碍，实现城乡要素相互结合、优化配置，提高农业农村发展的质量和效率。一是进一步完善农村土地"三权分置"制度改革，稳妥推进农村土地征收、集体经营性建设用地入市、宅基地制度改革试点工作。二是建立健全由政府、企业、个人共同参与的农业转移人口市民化成本分担机制，促进农村富余劳动力有序向城镇转移。落实企业责任，依法为农业转移人口缴纳养老、医疗等社会保险和住房公积金。三是建立多元化可持续的城镇化投融资机制。综合运用地方债、政策性金融工具、资产证券化等多种举措，通过设立政府引导基金、PPP模式、政府购买等多种方式，全面拓宽融资渠道，解决城镇化建设资金难题。加快推进农村金融供给侧结构性改革，消除农业经营主体进入信贷市场的障碍，增强商业金融机构服务农业经营主体的内生动力。

（三）着力推进城乡产业融合发展

推进城乡产业融合发展，是推进城乡融合发展的前提和重要内容，要加大涉农产业发展支持力度，重点促进乡村现代农业和二、三产业深度融合发展，构建城乡融合的产业发展体系。着力推动一二三产业间产业链、供应链、价值链的"三链重构"，推进现代农业品牌化引领、园区化布局、标准化生产、社会化服务、融合化发展，并着力培育和发展多元化、创新型、全要素的"新六产"，大力促进农业增效、农民增收、农村增加新动能和活力。坚持政府引导与市场开发并重，一方面应鼓励农民参与生产经营，例如可以在合作制基础上引入股份制，吸引农民出资入股以分享农村三产融合发展产业链上的农业下游收益；另一方面，吸引工商资本进入农村三产融合发展中的适宜领域，通过市场与政府的双重力量实现利益共同体的多方共赢。通过提供具有针对性、指导性的政策支持，推动实施新型经营主体培育工程，开展信贷支农行动，加强农业灾害保险推广力度，以增强新型经营主体的经济实力、发展活力。发展多种形式适度规模经营，健全农业社会化服务体系，实现小农户和现代农业发展有机衔接。

（四）着力推动城市基础设施向乡村延伸

统筹城乡基础设施建设，是实现城乡融合发展的基础和必然要求，要主动加快推动城镇基础设施向农村的延伸，逐步消除城乡间基础设施差异，补齐乡村发展短板，让人口在城乡都能享受同等舒适生活。一是突出加强农村基础设施和公共服务设施建设，抓好村庄布局及环境卫生综合整治，优化农村人居环境，改变农村整体面貌。二是强化城市与农村设施连接。切实把城市与农村作为一个有机整体，着眼强化城市与农村设施连接，加强农村地区公路交通、供水管网、生活污水收集和集中处理设施、电网、通信网络、有线广播电视网络等的全面覆盖，改善农村基础设施条件，实现城乡共建、城乡联网、城乡共用。三是加强消除生态修复，统筹城乡生态系统，改善乡村生活生态环境。在保持乡村文化和风情的基础上，注重优化乡村功能布局，提升乡村居住品质，提升乡村生活质量。

（五）着力推进公共资源在城乡之间均衡配置

满足人们日益增长的美好生活需要，促使公共资源在城乡之间实现均衡配置，提供城乡均等化的公共服务。构建市场化配置和政府提供保障相结合、购买房屋与租赁房屋相结合的多元化住房制度体系，为融入城镇生活的新居民提供充足的住房，为其有安定的住所和城镇生活提供充分的社会保障。健全就业创业帮扶机制，搭建多层次的创新创业平台，完善覆盖城乡的公共就业创业服务体系。通过就业创业指导、职业技能培训、就业岗位推荐，帮助城乡劳动者就业。落实城区学校与农村学校“结对交流”政策，建立覆盖城乡的公共文化服务体系。推动城乡各项公共文化设施的建设，打造具有特色的公共文化项目，丰富居民的生活内容，建立“覆盖城乡、网络健全、运行有效、惠及全民”的公共文化服务网络和服务体系。进一步健全城乡社会保障体系，不断缩小城乡社会保障水平的差距。

B.15

河南特色小镇建设的思路与对策研究*

郭志远**

摘　要：“特色小镇”是经济新常态背景下新型城镇化深入发展的新生事物，是深入推进城镇化供给侧结构性改革的重要抓手，是推动河南省城乡融合发展的重要载体。本报告在深入分析河南特色小镇建设现状的基础上，指出目前河南的特色小镇建设仍存在特色产业发展不足、城镇功能不完善、政策引导作用不明显等突出问题，并从特色产业培育、加强服务设施建设、完善相关政策体系等方面提出有针对性的对策建议。

关键词：河南　特色小镇　新型城镇化

2014 年底，浙江省提出特色小镇的概念，引起全国广泛关注和高度评价，习近平总书记 2015 年 5 月在浙江考察时对浙江“特色小镇”建设给予了充分肯定，并在随后的中央经济工作会议上进行了专门的讨论。2016 年 7 月，住房和城乡建设部、国家发展改革委和财政部联合下发了《关于开展特色小镇培育工作的通知》，决定在全国范围开展特色小镇培育工作。随后，全国各地纷纷出台相关政策和规划，大力推广特色小镇建设。2016 年和 2017 年住房和城乡建设部先后公布了两批特色小镇建设名

---

* 本报告系 2016 年度河南省政府决策研究招标课题《河南特色小镇建设研究》（编号 2016B051）的阶段性成果。

** 郭志远，河南省社会科学院助理研究员，研究方向为城市经济。

单，河南共有15个小镇入选全国特色小镇。有别于传统意义上的建制镇，特色小镇是在几平方公里土地上集聚特色产业、生产生活生态空间相融合的创新创业平台。河南作为一个农业大省和人口大省，城镇化进程较为滞后，对于特色小镇建设应有正确的认识，在充分考虑各特色小镇的资源禀赋、产业基础、历史传统等要素的基础上，科学规划、量力而行，切忌一哄而上。

一　特色小镇建设的河南探索

近年来，河南积极贯彻落实中央部署和要求，坚持把特色小镇作为新型城镇化建设的重要环节，作为推进城乡融合发展的重要平台，作为服务乡村振兴的重要载体，积极推进特色小镇建设，先后有15个小镇入选全国特色小镇建设名录，取得了一定的成绩。

（一）重点培育“特色”小镇

在河南特色小镇建设过程中，坚持突出小镇“特色”的鲜明性，目前入选国家建设名录的15个特色小镇，每一个都具有独特的历史文化资源或者其他特色优势，以别具一格的“历史文化、生态资源、地域风貌、产业形态来赋予每个镇”特色。像禹州市神垕镇因钧瓷而繁荣驰名，其主要特色就是钧瓷文化及千年古镇，先后荣获“中国历史文化名镇”“中国钧瓷之都”“全国小城镇建设示范镇”“河南省特色产业镇”等荣誉称号。温县赵堡镇以太极拳而驰名中外，名扬中外的太极拳发源于该镇陈家沟，赵堡镇是当今北派武当太极拳的主要传承基地，素有“武当赵堡太极拳”的美誉；赵堡镇积极发掘太极拳发源地和“四大怀药”原产地优势，大力发展太极文化旅游和四大怀药健康养生产业，发展成效十分突出。

（二）创新发展“文化”小镇

文化是城市的灵魂，更是特色小镇的基因、特质和灵魂所在。从中外著名的特色小镇来看，特色小镇不仅是一个经济名词，更是一个文化名词。河南作为中华民族和华夏文明的发源地之一，历史文化资源星罗棋布，有历史文化遗存遗址的小镇更是数不胜数，在特色小镇的建设过程中，尤为注重历史文化资源的开发利用。在建的 15 个特色小镇，几乎每一个小镇都有上千年的历史可以追溯。像永城市芒山镇所在的芒砀山是汉高祖刘邦斩蛇起义之地，被誉为“汉兴之地”，现有汉梁王墓群、刘邦斩蛇处、大汉雄风、芒砀山地质公园、陈胜墓、夫子崖等历史遗址。灵宝市函谷关镇是道家文化的发源地，同时也是我国古代中原文化和秦晋文化的交汇地，紫气东来、鸡鸣函关等历史故事均产生于此。

（三）积极培育特色产业小镇

产业是特色小镇生存的根基，是否有经久不衰、能够经受市场考验的特色产业，是特色小镇长盛不衰的根本所在。为此，河南各地的特色小镇，都在积极培育符合自身实际的特色产业。禹州神垕镇以钧瓷为依托，大力发展陶瓷产业，已经形成集群效应，成为国内重要的陶瓷生产基地和出口基地。南阳石佛寺镇，是南阳玉雕的发源地，近年来，立足玉雕传统产业优势，大力建设玉雕专业市场。当前，石佛寺镇围绕玉雕产业聚集了几千家企业，从业人员 3 万多人。邓州市穰东镇自明清时就“商贸辐辏，商户千余家，为邓之首镇”，改革开放以来在全国服装行业更是有“南义乌、北穰东”的美名；近年来，穰东积极摆脱低端加工的模式，产品生产从“冒牌”“贴牌”逐渐转向打造自有品牌，新时代的穰东服装已经走出国门，远销韩国、日本及东南亚各国；同时吸引了来自武汉、温州等地众多商家前来创业，还带动周边 30 多个乡镇 2 万多名群众从事相关行业。

（四）加快建设“生态”美镇

河南 15 个入选建设名录的特色小镇所在的地区多数是尚未经过大规模工业化开发，自然环境优美。同时，积极践行习近平总书记“绿水青山就是金山银山”发展理念，优美的生态环境正在成为特色小镇最亮丽的名片。

林州市石板岩镇正是以优美的生态环境闻名，境内的太行大峡谷景区是国家重点风景名胜区、国家 AAAA 级旅游区，群山拱翠，流水碧潭，每年吸引几百万海内外游客到此，“青山绿水”真正成为石板岩的“金山银山”。如果说石板岩优美的风景是大自然给予的“礼物”，那么长垣县恼里镇则是努力推进生态建设的产物。恼里镇位于黄河滩区，近年来大力发展绿色观光农业，已建成 5 万亩优质麦农业园、2 万亩生态旅游示范园、2 万亩速生丰产林，先后被授予“河南省百强乡镇”“中州名镇”“河南省卫生乡镇”“河南省环境优美小城镇”“全国生态文明镇”“中国外商投资示范镇”等称号。

二　河南推进特色小镇建设存在的突出问题

虽然轰轰烈烈的特色小镇建设为河南众多小镇带来了资金、政策和发展机遇，在一定程度上改善了一些小城镇的基础设施建设水平，各小镇产业发展能力和综合经济实力也得到了提升。但总的来看，与浙江、广东等东部发达地区的特色小镇相比，河南的特色小镇建设存在产业发展依然缓慢、基础设施建设水平依然不高、建设资金短缺等问题，发展依然任重道远。

（一）特色产业发展不足

特色产业是特色小镇的灵魂，特色小镇必须有自己的特色产业才能有长久的生命力。随着中央对特色小镇建设的重视以及相关政策的出台，河南各地推进特色小镇建设的热情高涨，但也出现了一些地方不顾当地资源禀赋、发展基础、历史文脉等条件，盲目模仿照搬其他地区特色小镇建设模式的现象。受全省发展阶段和发展环境等因素的制约，河南的特色小镇发展整体上滞后于浙江、江苏、广东等发达地区，多数小镇依然处于工业化和城镇化的初级阶段，产业也多以农业等传统产业为主，像神垕镇的钧瓷产业、石佛寺镇玉雕产业这样拥有特色产业的小镇十分稀少，更不用说和以互联网、大数据、云计算为主的浙江云栖小镇，以黄酒闻名的绍兴黄酒小镇相比。有些地方甚至出现了打着特色小镇旗号搞房地产开发的现象。产业没有特色，缺乏市场竞争力，不能支撑小镇的长久发展，是河南特色小镇建设最大的短板和不足。

（二）城镇功能不完善

便捷完善的设施服务是建设特色小镇的必备条件。由于河南省城镇化进程总体滞后，过去的基础设施投资多数投在大城市，只有一少部分资金投入小城镇建设中，全省多数小城镇基础设施和公共服务设施历史欠账较多，特色小镇发展所需的供水、供电、供气、供热设施建设跟不上，垃圾回收系统和生活污水全面收集能力不足，防洪、排涝、消防等各类防灾设施缺乏。有些镇区道路还需要硬化，垃圾回收和污水处理设施更是严重短缺。即使是入选国家特色小镇建设名录的15个小镇，仍与规划目标存在较大差距，特别是对于吸引高端人才至关重要的教育、医疗、文化等公共服务水平严重滞后。基础设施和公共服务设施建设滞后，在一定程度上影响了小镇新业态的培育，制约了特色资源的开发利用，也不利于引进特色小镇发展急需的高端人才。承载能力和公共服务水平仍是制约河南特色小镇培育和发展的明显短板。

（三）政策引导作用不明显

对于河南这样一个城镇化发展滞后的内陆省份来说，特色小镇是一个新生事物，很多基层对特色小镇的概念和认识仍然模糊，建设和管理十分需要政府部门引导，而当前政府部门在这一方面所做的工作仍显不足。像特色小镇发育成熟的浙江等省份针对特色小镇建设早已出台了一系列文件和配套政策，而河南虽然也在努力推进特色小镇建设和培育，但目前相应的政策仍然不多，缺乏长远整体的规划，对全省不同类型特色小镇建设的政策引导作用明显不足。特色小镇建设是一项周期长而复杂的系统工程，涉及建设、资金、管理、项目、生态环境等方方面面的工作，而这些工作在现实推进过程中又受省发展改革委、省住房和城乡建设厅、省财政厅、省农业厅、省科技厅、省旅游局、省文化厅等不同部门的领导，部门之间交叉、分割、互不融通等现象难免存在。此外，在现行城市主导下的行政管理模式，政策、资金等要素多集中投向大城市，乡镇一级缺乏财政自主能力，建设资金被上级财政统筹使用或截留等现象时有发生。

（四）历史文化资源利用不够

近年来河南城镇化快速推进，为小城镇建设和发展带来了发展的黄金时期，但是大多数小镇都在埋头搞经济建设，而忽视了城镇文化的培育，对地域文化、风土人情等“地方性元素”利用不够，各小镇难免“千镇一面”，特色元素缺乏。虽然河南历史文化资源星罗棋布，但是在特色小镇建设过程中，对历史文化遗存遗址的保护和开发利用重视程度远远不够，甚至一些珍贵的历史文化资源成为轰轰烈烈的城镇化建设的牺牲品。与小城镇建设的“主动”相比，文物保护工作经常显得非常“被动”，导致一些历史遗产被改造得面目全非，一些小镇“盲目崇洋”，建筑物“土洋结合”，造成文化资源严重浪费。从当前已经制订出来的城镇规划以及实施的效果来看，河南的小城镇建设对历史遗产和文化元素的关注和体现还远远不够。

（五）建设资金短缺

特色小镇建设是一项周期长、耗资巨大的系统工程，而河南的小城镇本身产业发展滞后，多以农业为主，特色小镇造血功能先天不足，再加上小城镇建设投资周期长、见效慢，导致社会资本对其望而却步，即使少数有实力的企业可能有投资能力，但对政府政策的持续性缺乏信心而顾虑重重。当前，河南金融业还不够发达，金融信贷对小城镇一级很难覆盖到，特别是对于农村地区及涉农产业贷款限制较多，农产品、农机设备、加工设备价值较低，很难获得抵押贷款；而集体建设用地由于土地属性问题也难以作为抵押物获得融资。新兴的互联网金融、小微贷等金融业态虽然在有些小镇进行了一些尝试，但是也很难形成规模，效果并不明显。总体上看，河南特色小镇的投融资仍在传统体制的框架下，以政府投资为主，投融资体制尚未形成，很难满足大规模基础设施建设和产业发展的需要，资金短缺仍是制约特色小镇发展的根本性矛盾。

三　促进河南特色小镇建设的基本思路及对策

特色小镇是连接城乡的重要纽带，是完善全省城镇体系的重要节点，在今后的发展中，要深入推进城镇化供给侧结构性改革，借鉴国内外先进经验，从加强规划引导、培育特色产业等方面加快推进。

（一）培育特色产业，增强特色小镇发展新动能

产业是特色小镇发展的基础条件，特色产业是特色小镇的重要标志。随着河南城镇化的深入推进和经济发展水平的持续提升，小城镇必将成为高端产业集聚、高级人才汇聚的重要载体和平台。在特色小镇选择和培育过程中，应以拥有或者具有发展特色产业的潜力作为特色小镇的首要标准。全省层面应积极组织专家学者进一步研究特色小镇产业发展方向，特别是加强对符合地方传统特色、资源禀赋、地理条件、历史人文，充满市场活力和竞争力的新兴产业和业态的研究。应当重点培育和发展具有地方特色的产业，在差异化发展和细分市场中构建特色小镇大产业格局。推动特色产业与互联网、信息技术的融合发展，从而形成新产品和新业态。积极支持特色小镇打造产业集中、专业化强、市场影响力广的特色产业集群。支持有产业基础的小镇选择一个具有本地特色和比较优势的细分产业作为主攻方向，突出“一镇一品”“一镇一业”，使之成为支撑特色小镇未来发展的产业支柱。在发展基础好的小镇，优先发展基于大数据、云计算、物联网等新一代信息技术的网络经济新形态。

（二）加强服务设施建设，建设美丽宜居特色小镇

围绕特色小镇功能完善，在利用好中央资金的基础上，加强省、市两级层面建设资金的倾斜，加快特色小镇水、电、路、气、暖、通信等基础设施建设，尽快实现居住创业功能的全面提升。不仅要加快小城镇内部路网建设，还要尽快打通与外部连接的交通连廊。围绕特色小镇居民生活所需，加

快污水处理、垃圾回收、供水设施和环卫设施建设；积极完善电力、燃气及防洪、排涝、消防等各类设施。抓住“十三五”期间全省天然气管道“镇镇通”工程的机遇，加快推进集中供气、集中供热设施建设。深入推进“宽带中原”建设，加大特色小镇信息基础设施投资力度，尽快实现小型局域网（WiFi）镇区甚至镇域全覆盖。加强与省内知名学校、医院合作，引导教育、医疗、文化、体育、商业等公共配套设施在特色小镇合理配置，完善特色小镇公共服务体系。此外，还应创新完善劳动就业、社会保障、计划生育、医疗卫生、法律援助、社会治安等社会管理机制，提升特色小镇社会治理能力。

（三）完善相关政策体系，保障特色小镇健康发展

在河南这样一个传统农业大省建设特色小镇，离不开强有力的政策支持体系。河南省应当将“特色小镇”作为各种政策先行先试的“试验田”，创新政策供给，实现政策供给的“个性化”服务，为各种类型、不同发展阶段的特色小镇提供发展所需政策支持。充分借鉴浙江在特色小镇建设支持政策方面积累的宝贵经验，尽快出台符合河南实际的特色小镇评价、土地利用、人才引进、税收优惠等配套政策，解决好特色小镇发展所急需的创建申报、等级评定、发展扶持等难题。尤其是要创新财政、土地和商务对特色小镇的支持政策，加大财政对小镇开展社会化服务和产业融合服务平台、创新创业空间建设的支持力度。结合各地城乡规划修编和土地利用规划调整的契机，积极盘活存量建设用地，对特色小镇发展所需的用地项目，优先给予指标安排。此外，针对不同发展阶段的各类特色小镇，应当根据实际提供差异化的政策供给，并实现配套政策的动态调整。

（四）挖掘地域传统文化，为特色小镇注入文化魅力

文化是特色小镇的灵魂，特色小镇既要传承历史，又要弘扬时代精神。河南特色小镇建设无论是产业培育，还是城镇建设的全过程都应注重与地域

文化、历史文脉的融合。充分挖掘、整理、记录具有河南特色的山水文化、历史文化、红色文化，传承具有地方特色的历史文化、遗存遗址、民俗活动、特色餐饮、民间技艺、民间戏曲等传统文化。从风貌设计上考虑，每一个小镇都应当是独一无二的。像偃师二里头文化、芒山镇“汉兴文化”、函谷关镇道家文化、确山县竹沟镇红色文化，都应积极加以开发利用并发扬光大，使之成为特色小镇最独特的标识。发挥好“文化+”的内在动力，加强特色小镇传统文化与互联网、信息技术、旅游休闲的有机融合，全面提升特色小镇文化软实力和吸引力。还应加强对文保单位、历史街区、特色民居、传统建筑等历史物质文化遗存的保护工作，使之成为特色小镇最具历史魅力的所在。

（五）构建多元化的投融资机制，加强特色小镇建设资金支持

由于特色小镇建设所需资金巨大和持久，仅靠政府投资很难满足需求，要实现特色小镇的可持续发展，必须构建多元化的投融资体制，解决特色小镇建设资金缺口。首先要协调好政府与市场的关系，政府以引导和服务为主，其运行必须发挥市场的主导作用，积极构建符合市场规律的特色小镇商业模式，探索以政府为主导、以企业为主体、社会共同参与的特色小镇建设运营模式。其次要充分发挥政府资金的杠杆作用，引导银行、信托、保险等金融机构加大对特色小镇建设的支持力度。最后由省级层面牵头，设立特色小镇发展基金。加强对特色小镇建设资金整合力度，重点瞄准制约特色小镇发展的瓶颈问题，精准发力，提高资金使用效率。

参考文献

［1］王莹、江永碧：《培育更具时代性的人文特色小镇》，《浙江经济》2016 年 3 月。

［2］苏斯彬、张旭亮：《浙江特色小镇在新型城镇化中的实践模式探析》，《宏观经济管理》2016 年 10 月。
［3］张蔚文：《政府与创建特色小镇：定位、到位与补位》，《浙江社会科学》2016 年 3 月。
［4］张鸿雁：《论特色小镇建设的理论与实践创新》，《中国名城》2017 年第 1 期。
［5］朱莹莹：《浙江省特色小镇建设的现状与对策研究——以嘉兴市为例》，《嘉兴学院学报》2016 年第 2 期。
［6］韦福雷：《特色小镇发展热潮中的冷思考》，《开放导报》2016 年第 12 期。

乡风文明篇

Rural Civilization

B.16
河南推进乡风文明建设的进展与对策

毕朝杰　陈明星*

摘　要：　乡风文明建设是乡村振兴战略的重要内容。近年来，河南积极创新方式方法，扎实推进农村精神文明建设，弘扬优秀传统文化和文明风尚，唱响主旋律、培育新风尚，取得了良好成效。但面对社会转型期的复杂形势，仍然存在一些不容忽视的问题。要进一步推进乡风文明建设，必须着力加强农民思想道德建设，积极推进移风易俗，切实加强基层文化建设，不断完善乡风文明建设常态长效机制。

关键词：　乡风文明　移风易俗　常态长效

* 毕朝杰，河南省文化体制改革和发展工作领导小组办公室主任科员；陈明星，河南省社会科学院农村发展研究所研究员。

一 乡风文明建设在乡村振兴中的意义

党的十九大提出“产业兴旺、生态宜居、乡风文明、治理有效、生活富裕”这一乡村振兴战略的总要求，形象地描绘了我国农业农村现代化的灿烂前景。这五个方面相互联系、相互促进，既注重农村物质文明建设，又注重农村精神文明建设、社会文明建设和生态文明建设，是“五位一体”总布局下实现农业农村现代化的战略部署。乡风文明作为乡村振兴的关键环节，不仅体现着精神文明层面的发展境界，而且为其他层面的发展提供思想保证和精神动力，在乡村振兴战略中的位置至关重要。

从十六届五中全会提出“生产发展、生活宽裕、乡风文明、村容整洁、管理民主”这一建设社会主义新农村的总要求，到十九大提出实施乡村振兴战略的总要求，“乡风文明”是唯一保留不变的表述，但其内涵和要求则呈现根本性变化。最大的表现就是伴随着中国特色社会主义进入新时代，我国社会主要矛盾已经转化为人民日益增长的美好生活需要和不平衡不充分的发展之间的矛盾，乡风文明既是农民群众对美好生活的新期待新要求，人们期盼生活环境更加优美、生活方式更加文明、乡风民风更加醇厚、文化生活更加丰富；同时，乡风文明建设也是不平衡不充分发展的短板所在。因此，乡风文明就是要促进农村文化教育、医疗卫生等事业发展，推进移风易俗、文明进步，弘扬农耕文明和优良传统，使农民综合素质进一步提升、农村文明程度进一步提高。

推进乡风文明建设，涉及农村的政治、经济、文化、教育、习俗以及生存方式与情感心理等，是一项复杂而庞大的系统工程。从本质上讲，乡风文明就是农村精神文明建设要解决的问题，就是提高人的问题，核心就是要推进农民的知识化、科学化、文明化、现代化，提高农民综合素质特别是文明素质，把成风化俗作为贯穿始终的重要任务，淳化乡风、敦化民风、培育新风，把丰富农民文化生活、提高文化生活质量作为关键环节，充分发挥以文化人、熏陶滋养的作用。因此，乡风文明建设包括文化、风俗、法治、社会治安等诸多方面，体现了新时期党对新农村精神文明建设的本质要求和目标诉求，是实现乡村振兴的思想保证、精神动力、智力支持和文化支撑，是乡村振兴战略的灵魂工程，具有不可替代的特殊地位和作用。

二 当前河南乡风文明建设取得的创新和突破

近年来，河南坚持把乡风文明建设作为农村精神文明建设的重要内容，坚持正确导向，找准载体抓手，突出典型引领，强化群众自治，助力脱贫攻坚，扎实推进乡风文明建设深入开展，取得了良好成效。

（一）坚持以社会主义核心价值观引领乡风文明建设

一是坚持以文化人。在贫困县建立了 663 个村综合文化服务中心示范点，在全省建立了 1841 个乡村学校少年宫。开展村史文化墙、村史馆建设，全省资助各地建设村史文化墙 1150 个，带动各地自建村史文化墙 1 万多个，“村史文化墙”图文并茂，以生动活泼、群众喜闻乐见的形式，展示村史村情、传统民俗、移风易俗、脱贫攻坚等内容，传承历史文化、弘扬传统美德。郑州市建设村史馆 78 个，宁陵县在建设村史馆的同时，编印村史村训，倡导文明乡风。大力推进“百姓文化云”建设，由传统的政府“端菜”转变为让百姓“点菜”，形成“超市化”供应模式，打造了一个全省统一、覆盖城乡、共建共享的公共文化服务平台，让农村文化供给更优质、更精准、更便捷。广泛开展“我们的节日”主题活动，深入挖掘传统节日蕴含的教育资源，策划开展了“暖暖新年”“情暖端午”“浪漫七夕”“浓情中秋”“久久重阳”等主题活动，大力宣扬孝老爱亲、爱国爱家、向上向善、家庭团圆等节日内涵，引导群众传承弘扬中华民族传统美德。林州市还组织实施了“一镇一歌、一村一歌”工程，西峡县二郎坪镇连续 6 年组织开展“草根春晚”，在丰富群众文化生活的同时，凝聚了人心，弘扬了正能量。二是注重实践养成。推动“践行价值观、文明我先行”系列活动向农村延伸，组织开展了文明服务、文明执法、文明经营、文明交通、文明旅游、文明餐桌“六文明”活动。深化文明家庭、星级文明户创建活动，广泛开展“传家训立家规扬家风”和“小手拉大手”活动。各地也积极创新载体，广泛开展各种道德实践活动。如新乡市在全市开展以每天送一个微笑、每周行一件善事、每月读一本好书、每季陪一天父母、每年做一项公益为主要内容的“文明知行五个一”道德实践活动；荥阳市开展的“修身行善明礼守法”全民行动；西峡县开展的以“传家风家训、树公德美德、争先锋先进、做好人好事”为主要内容的“传树争做”活动，有力提升了社会文明程度。三是坚持典型带动。在全省组织开展道德模范、身边好人、文明家庭、乡村好媳妇、中原新乡贤等选树活动，广泛开展道德模范和身边好人“三巡六进”基层宣讲活动，并通过道德光荣榜、善行义举榜等大力宣传道德典型的先进事迹，用榜样的力量激励带动广大群众崇德向善、见贤思齐。

（二）坚持以移风易俗活动推进乡风文明建设

一是推进示范带动。组织开展了移风易俗示范乡镇和示范村建设工作，全省共建设1051个示范乡镇、12954个示范村。二是开展“一约四会”建设。按照村民自治、民主管理的原则，着力加强“一约四会”建设，即修订完善村规民约，建立红白理事会、村民议事会、道德评议会、禁毒禁赌会，将移风易俗内容纳入村规民约和协会章程，充分发挥群众的主体作用。截至2017年底，全省共有28189个行政村建立完善了“一约四会”，占全部行政村的60.9%。这些“一约四会”特别是红白理事会用民间舆论、群众评价的力量褒扬社会新风、批评不良现象，在推动移风易俗工作中发挥了重要作用，很受农民群众欢迎。柘城县还成立了22个乡级红白理事会，指导515个村级红白理事会制定了《村规民约》《红白理事会章程》，建立翔实的工作台账，实行会长负责、工作例会、公开办事三项机制。三是加强综合治理。做好对农村红娘、婚庆公司和民间演艺团体的监管和引导，杜绝哄抬高价彩礼、诱导铺张浪费的行为。如柘城县成立县乡两级红娘协会，全县659名红娘签订了不哄抬高价彩礼承诺书。同时依法整治农村“黄赌毒”、封建迷信、非法宗教等突出问题，树立了新风正气。

（三）坚持以群众性精神文明创建活动巩固乡风文明建设

一是广泛开展文明村镇创建活动。修订《河南省文明村镇测评体系》，不断丰富文明村镇创建内涵，把乡风文明的要求贯穿全过程和各方面。为调动文明村镇创建积极性，专门出台文明村镇创建激励措施，省财政列支2000万元，对获得全国文明村镇和省级文明村镇的进行奖励。一些市县也相继出台了文明村镇创建激励政策，在实践中发挥了很好的作用。如郑州市下发文件，明确市级以上文明乡（镇）可享受同级文明单位待遇，对获得市级、省级、全国文明村的，市财政分别一次性奖补10万元、15万元、20万元，并明确要求所在县区参照市级标准进行一比一配套奖补。汝州市对评选出的文明村，根据不同星级，分别奖励3万~6万元村庄建设资金，并对文明村的学生、老人分别给予发放学习用具、免除学杂费和免费乘车、免费体检等政策，真正让文明村群众政治上有荣誉、经济上得实惠、社会上受尊重，调动了创建积极性。二是开展“美丽庭院”创建活动。省文明办、省妇联、省委农办、省住建厅等四部门在全省联合开展了“美丽庭院”创建活动，以“家和院净人美”为创建标准，开展“庭院环境治理、生活垃圾分类、巾帼志愿服务、品牌活动打造、文明家风培育”五项行动，开展“美丽庭院”创建示范县（市）、示范村（社区）、示范户评选活动，不断改善农民家居环境，提升文明卫生素质，促进农村和谐和善。大力实施改院、改水、改厕、改厨、改线、增添生活用品“五改一增”行动，加强贫困户庭院的改造提升，积极推进贫困群众生活环境改善。三是广泛开展城乡共建活动。坚持以城市带农村、以机关带基层、以党员带群众，推动全面创建、全域创建、全民创建。修订《河南省文明城市测评体系》，将文明村镇创建和乡风文明建设作为重要内容，突出城乡统筹发展，推动现代文明生活理念从城市向农村延伸。连续组织开展了四批文明单位结对帮扶农村精神文明创建活动，动员各级文明单位履行社会责任，加强与农村的结对共建，既重视物质帮扶，更重视精神帮扶、文化帮扶、科技帮扶。

（四）坚持以乡风文明建设助力脱贫攻坚

制订《河南省建设美丽乡村助力脱贫攻坚行动方案》，突出抓好乡风文明、清洁家园、孝善和诚信建设，发挥乡风文明在助力脱贫攻坚中的重要作用，大力开展精神扶贫。一是推行孝善敬老扶贫活动。针对全省60周岁以上老年人，因与子女分户又缺乏劳动能力而导致贫困的现象，大力加强孝善宣传教育，广泛开展孝善理事会建设，认真制定活动章程，建立激励约束机制，对孝敬老人的子女进行表彰鼓励；对不赡养老人的子女，要求他们签订赡养承诺书，督促其履行赡养责任。建立孝善光荣榜，宣传孝善典型，大力弘扬孝老爱亲的传统美德。各地积极创新形式，大力开展孝善敬老活动。如巩义市广泛开展“孝心示范村”创建活动；临颍县开展孝亲感恩“五个一”活动（每天一个问候、每周看望一次老人、每月陪老人进行一次户外活动、每年为老人体检一次、为老人生日煮一碗长寿面），将传统的孝德具体化，以孝暖人心、提素质、淳民风。二是加强农村信用体系建设。以“诚信，让河南更出彩”为主题，大力开展诚信教育和舆论监督，建立奖惩机制。开展诚信村、诚信户、诚信之星创评活动，进一步形成了讲诚信、重诚信、守诚信的良好社会环境。在全省推广卢氏县建立农村金融扶贫信用体系的做法，采用“政府主导、人行推动、多方参与、信息共享”的方式，按照“三好三强”（遵纪守法好、家庭和睦好、邻里团结好；责任意识强、信用观念强、履约保障强），“三有三无”（有劳动能力、有致富愿望、有致富项目；无赌博、吸毒等不良习气，无拖欠贷款本息、被列入贷款黑名单的记录，无游手好闲、好吃懒做行为）的标准，为农户对标打分，评定为A级、AA级、AAA级、AAA+级四个信用等级，分别授予5万元、10万元、15万元、20万元的纯信用贷款，解决了群众贷款难问题，提高了群众的信用意识。三是开展“双扶”宣传教育活动。坚持从教育引导入手，突出思想“扶志”、教育“扶智”，实现精准扶贫与精神扶贫紧密结合、共同推进。组织文明单位深入农村地区开展文化扶贫、科技扶贫、医疗扶贫、教育扶贫等，增强农民群众自我发展能力和脱贫致富能力。光山县在每个乡镇、街区设立大型公益扶贫广告200多个，宣传党的十九大精神、社会主义核心价值观，“安贫可耻、脱贫光荣”的宣传标语随处可见；开展“扶贫之星”“脱贫之星”“文明农户”评选表彰活动，在县、乡、村组织开展脱贫攻坚先进事迹巡回报告360多场，激发了贫困群众干事创业、争当先进的热情。柘城县组织动员全体党员深入农村，开展每月进行一次扶贫政策宣讲、召开一次家庭谈心会、参加一次田间劳动，每周帮助贫困户打扫一次家庭卫生、做一次饭、洗一次衣服、叠一次被子，每年陪同一次健康体检为主要内容的“八个一”亲情帮扶活动，促进了党员干部作风转变，密切了党群干群关系。

三　当前乡风文明建设存在的问题及对策

尽管近年来全省乡风文明建设取得了很大成效，实现了农村精神文明建设工作与农村改革发展同步推进、向上向好，但仍然存在一些不容忽视的问题，主要表现在：各地工作开展不平衡，一些地方整合力量不够，资金投入不足，与广大农民日益增长的美好文化生活需求还有很大差距；农村环境卫生“脏乱差”现象在一些地方还比较突出，特别是生活垃圾、污水处理、厕所改造还没有很好解决，农民卫生意识还有待提高；一些地方婚丧嫁娶大操大办、高价彩礼、不孝敬老人、封建迷信、“黄赌毒”等现象还不同程度地存在。如果任其蔓延，不仅败坏社会风气，危害社会稳定，而且会影响脱贫攻坚的进程。

这些问题的存在，究其原因，不外乎以下三个方面：一是对乡风文明建设重视不够，有的地方开展工作还停留在号召层面，实际进展不大；有的地方工作方式方法创新不够、措施不力；有的地方虽然建立了“一约四会”，但没有切实发挥作用；有的地方统筹协调不够，还没有形成工作合力。二是农村集体经济力量薄弱，使得正面文化在基层传播缺乏有效的组织渠道。三是乡风文明建设长效机制未能真正建立，面对社会转型期乡风文明和乡村治理的复杂形势，缺乏推进乡风文明建设的良好机制和可行办法。

党的十九大从党和国家事业发展全局的高度，对新时代中国特色社会主义发展做出了战略部署，要求决胜全面建成小康社会、实现第一个百年奋斗目标，并乘势而上开启全面建设社会主义现代化国家新征程，向第二个百年奋斗目标进军。推进乡风文明建设，是贯彻落实党的十九大精神的具体举措，是实施乡村振兴战略的重要内容，是深化农村精神文明建设、助力脱贫攻坚、决胜全面小康的基础工程，需要把方方面面的作用发挥出来，把各种力量凝聚起来，形成同向同力的工作局面。

（一）以培育时代新人为着眼点，提升农民思想道德素质

一要加强理想信念教育。结合学习宣传贯彻党的十九大精神和实施乡村振兴战略、脱贫攻坚等工作，大力宣传党的惠民政策，引导农民群众坚定跟党走中国特色社会主义道路的决心和信心。二要加强文明素质教育。广泛开展道德模范、身边好人、新乡贤、好媳妇等各类先进典型选树活动，加大宣传力度，发挥先进典型示范作用。推动志愿服务向农村延伸，在农村广泛开展党员志愿服务活动。加强农村诚信建设，强化责任意识、规则意识、风险意识。三要加强科技、卫生知识教育。充分利用农民夜校、各类职业技术学院、农技推广服务站等教育培训资源，鼓励支持企业、合作社组织、民营机构等参与对农民开展种植养殖技术培训、外出务工技能培训，提升农民的科技文化素质和职业技能水平。大力开展健康卫生知识教育，引导农民群众养成健康文明的生活方式。四要加强家庭美德建设。持续深化文明家庭、星级文明户创建活动，广泛开展“传家训立家规扬家风”和“小手拉大手”活动，倡导尊老爱幼、男女平等、夫妻和睦、勤俭持家、邻里团结的传统家庭美德，以千千万万农民家庭的好家风支撑起广大农村的好风气。

（二）以推进移风易俗为着重点，树立文明乡风

一要坚持党员干部带头。农村党员干部既是移风易俗的推动者，更是践行者，在乡村事务管理中具有不可替代的示范带动作用。要把推动

移风易俗与农村党员干部的教育管理结合起来，引导党员干部带头执行移风易俗各项规定，带头抵制各种不良风气，以自己的模范行为影响身边的群众。二要充分发挥“一约四会”作用。通过建立切合当地实际的村规民约，规范和约束村民行为；通过建立村民议事会、道德评议会、红白理事会、禁毒禁赌协会等村民自治组织，使乡风文明建设有人管事、有章理事，广泛开展乡风、村风评议和村民道德评议，使健康有益文化占领农村思想阵地。三要积极创新结合点和突破口。紧密联系实际，将移风易俗工作与农村物质文明、政治文明、社会文明、生态文明建设以及脱贫攻坚等工作有机结合，实现多种措施多层面驱动移风易俗取得实实在在的效果。如与脱贫攻坚相结合，开展孝善敬老扶贫活动，通过建立孝善理事会、设立孝善基金、张贴孝善光荣榜等方式大力传承孝道文化，助力脱贫攻坚。

（三）以弘扬优秀传统文化为落脚点，加强基层文化建设

一要建好用活农村文化设施。以标准化、均等化为主攻方向，大力加强农村公共文化服务体系建设，保障农民群众看电视、听广播、上网、看戏、读书看报等文化权益。用好用活各类文化惠民设施，让农民群众真正得到文化享受。中宣部等四部门组织实施的贫困地区百县万村综合文化服务中心示范工程，效果很好，在基层很受欢迎，建议继续实施该工程，进一步扩大支持建设范围。二要广泛开展文化活动。注重内容的针对性，大力推进网络文化服务平台建设，让农村文化供给更优质、更精准、更便捷。要运用好文化科技卫生“三下乡”、送欢乐下基层、文艺志愿服务等平台载体，搭建文化传输的桥梁，送书送戏送电影下乡。三要保护弘扬优秀传统文化。立足继承、创新发展优秀传统文化，充分挖掘具有农耕特质、民族特色、区域特点的乡土文化，利用农闲和各类节日组织集市灯会，戏曲、杂技、文艺演出，劳动技能比赛等民俗文化活动，不断增强农村文化的生机和活力。开展特色文化小镇建设，加大传统村落保护，把优秀传统文化内涵更好更多地融入农村生产生活各方面。

（四）以完善工作机制为着力点，力求乡风文明建设常态长效

一要进一步完善领导体制和工作机制。通过建立联席会议制度、明确责任分工等方式，积极动员各方力量，整合各种资源，形成整体联动、齐抓共管的工作格局。二要建立健全乡风文明建设目标考核评价机制。将乡风文明建设工作的目标任务加以分解，并进行定性和定量化处理，形成便于考核的各级指标体系，完善考核办法和考核结果运用，使乡风文明建设由软变硬、由虚变实，增强乡风文明建设工作的刚度硬度。三要建立奖励机制。出台乡风文明建设的激励政策，探索实行以奖代补等方式，对乡风文明建设先进单位和个人进行奖励，调动工作积极性。

B.17

河南乡村传统文化传承发展提升路径研究

——以三门峡市地坑院景区为例

乔宇锋*

摘　要：　乡村旅游和乡村文化传承的融合发展，既是乡村文化的创新性传承，也是乡村旅游的新业态和价值链重构，为乡村振兴战略提供了新的路径选择。二者的融合发展有多重路径和模式，包含内生动力和外生动力，可通过价值链的解构和重构的方法来实现。本报告以河南省三门峡市地坑院景区为案例，在地坑院传统建筑文化与乡村旅游融合发展的基础上，对融合发展的路径、模式、动力和实现进行了系统分析，说明了融合发展的现实路径。研究结论为乡村旅游与文化传承的融合发展在市场需求驱动、政府宏观管理和多元化融合模式方面提供了启示和借鉴。

关键词：　河南　乡村传统文化　乡村振兴战略　乡村旅游　文化传承

党的十九大报告首次提出实施乡村振兴战略，并概括出产业兴旺、生态宜居、乡风文明、治理有效、生活富裕的总要求。这个总要求，呼应了时代新发展，顺应了农民新期待。文化传承是乡村振兴的必然要求，保护历史文

* 乔宇锋，河南省社会科学院助理研究员，研究方向为农村经济和创新经济。

化是乡村振兴的重要使命。河南是我国重要的农业大省，人口过亿，其中农村人口为 5171 万人，通过乡村振兴战略，促进乡村传统文化的传承发展对河南意义重大。

乡村振兴需要重新认识乡村的价值，通过深入挖掘中华优秀传统文化，结合时代要求继承创新，以内外兼修的方式，坚定文化自信，让传统文化展现出永久魅力和时代风采。乡村既是传统文化的“源头”，也是农耕文明的“载体”，乡村旅游是在乡村的景观、生态、环境、建筑和民俗等资源的基础上，以乡村的传统文化和自然景观为特色吸引游客，开发以度假、休闲、娱乐等为主的项目的新兴旅游方式。在乡村旅游产业崛起中，越来越多的人带着萦绕心间的“乡愁”，纷纷踏上穿越之旅、怀乡之旅、寻梦之旅，乡村传统文明展示了新的魅力。

“文化是旅游的灵魂，旅游是文化的载体”，乡村传统文化与乡村旅游的结合，既标志着乡土社会的文化觉醒，也是乡村传统文化传承发展的有效提升路径。在本质上，无论是旅游消费活动还是旅游经营活动，都有文化的属性。通过开展乡村特色旅游项目，挖掘村落传统文化基因，陶冶乡民生活的文化素养，实现在开发中助力农村发展。从整体来看，河南在新一轮乡建热潮中，更加重视凸显地方建筑形态特色，契合山水田园生态环境，彰显古风古韵的中州地域文化。

一　乡村文化与乡村旅游的关系

乡村是我国传统文化的发源地，蕴含着丰富的文化底蕴。乡村旅游的核心是乡村性，乡村性的关键是乡村自然环境和乡村传统文化。游客在旅游中所关注的焦点，往往是乡村的传统文化和对传统文化的切身体验。乡村传统文化是乡村旅游发展的基本构成要素，乡村旅游和乡村文化相辅相成、相得益彰，抛开乡村文化谈乡村旅游，是片面和狭隘的。

从文化结构上看，乡村文化可分为物质文化、精神文化和制度文化三个部分（如图 1 所示）。乡村物质文化，主要指通过农民所创造的物质产品所表现出来的文化，譬如用于生产、生活、耕作等的工具及其相应的生产技术和工艺。乡村物质文化体现了乡村居民的生活智慧、传统技艺和生活经验，游客可通过视觉、触觉、听觉等感官进行欣赏和体验，其主要包括的类型有田园文化、山水文化、农耕文化、饮食文化、建筑文化、手工艺文化等。乡村精神文化，主要是指民俗节日、居民生活、民间艺术和区域特色产品，能够充分体现乡村特定地域的风土人情，是长期历史和人文积淀的结果。乡村制度文化，则主要是为了保证乡村社会的结构稳定和秩序规范，由乡村居民依习惯、伦理约定而成的各种道德准则和礼仪规范，主观上易受地域、宗教和历史的影响，通常带有明显的地域色彩和历史痕迹，主要包含有乡村群落制度、礼仪文化、传统民俗、建筑布局和宗族权力等。

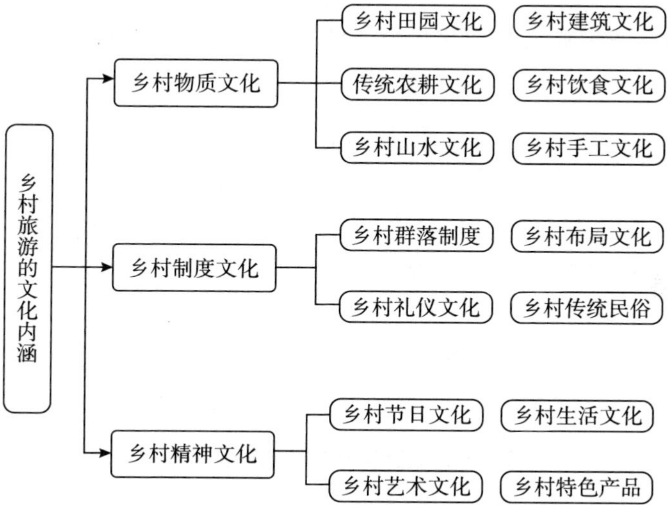

图1　乡村旅游的文化内涵

乡村文化的传承是一个动态的历史发展过程，不可能以“复制”的方式进行重复发展，而是以“再生产”的模式来维持和更新。乡村旅游作为一种具有强大力量的文化“再生产”模式，不仅有助于乡村文化的不同代际传承，也有助于乡村文化的相同代际传播和扬弃创新。因此，在文化保护、传承和创新发展过程中，无论是添加内容或改变外部环境，都会在不同程度上引起乡村文化发生变化。因此，需要用正确的导向引导乡村旅游做到科学规划，同时对文化传承所依赖的物质条件（如道路、电力、通信等基础设施）加以必要的提升改造。

二　乡村文化与乡村旅游的融合发展

乡村旅游发展和乡村文化传承二者之间互相交叉，存在很强的关联性、渗透性和共生性，具备融合发展的基本前提和必备基础。乡村文化的保护和传承，离不开物质化表现过程，也为乡村旅游提供了丰富的文化资源和文化创意产品；反之，乡村旅游的发展，离不开对文化资源的开发和利用，同时为文化传承提供物质载体和实体空间。在发展成效上，二者互动双赢，表现为共同发展。乡村旅游和文化传承间的融合发展机制可概括如图 2 所示。

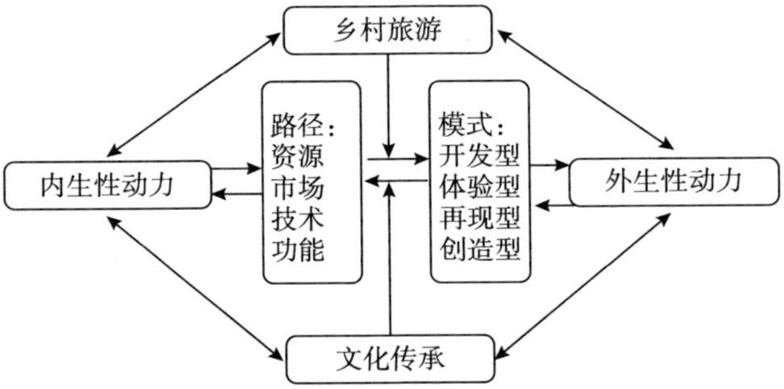

图 2　乡村旅游和文化传承融合发展机制

（一）融合发展的路径

乡村旅游根植于乡村文化是融合发展的基础。不同类型的乡村文化在功能、作用、优势、特色等方面具有各自的特点，与乡村旅游在关联方式上也各有差异，使得文化传承与乡村旅游在发展中相融合的途径也各不相同。总的来说，融合路径可分为资源融合、市场融合、创意融合和功能融合等四种方式。

首先是资源融合发展，不同类型乡村文化的传承为乡村旅游提供了取之不尽的文化元素和创意资源，乡村旅游则为文化传承和创新拓展了发展空间。因此，发展的天然属性必然会要求乡村文化在传承和创新发展过程中，从不易感知的非物质形式转换为可切身体验的物质形式，从而更好地满足游客在旅游中对文化的多样性需求。其次是市场融合发展，游客对乡村旅游的日益偏好，为发展乡村旅游提供了巨大潜力。巨大的市场潜力和广泛的创新空间，为乡村旅游和文化传承的融合发展提供了现实的实践基础。再次是创意融合发展，为了实现乡村旅游发展的可持续性，其产品结构、类型和层次需要不断提升更新。旅游产品的创新离不开文化创意的支持，乡村旅游产品的层次提升必然需要乡村建筑文化、布局文化、饮食文化和传统手工艺等所形成的文化创意。通过融合发展，能够利用乡村文化开展文化创意，优化乡村旅游产品的结构，提升乡村旅游的文化内涵。最后是功能融合发展，无论是发展乡村旅游，还是乡村文化的传承和创新，都具有现实的经济、社会和文化功能。乡村文化的传承因旅游元素的注入而显得更为生动活泼，乡村旅游因文化的体验，也更容易被游客所接受，二者的融合发展有助于提升乡村的整体社会、经济和文化功能和效益。

（二）融合发展的动力

乡村旅游和文化传承的融合发展的动力，在性质上可分为外生动力和内生动力，外生动力主要是指政府（主要是地方政府）对融合发展的宏观政策支持环境、措施和科技进步等因素，内生动力主要是指游客需求和市场竞争等因素。

乡村旅游与文化传承融合发展的根本动力来自游客的需求变化。游客对旅游的期待，希望获得更多精神上的满足和文化上的体验。这种市场需求的升级，客观上促使乡村旅游必须和文化相融合。游客的需求和乡村旅游的市场竞争，成为乡村旅游与文化传承融合发展的关键内生动力。此外，乡村旅游具有综合性特征，也决定了其与文化传承的融合发展，需要参与其中的各类市场主体（包括地方政府和景区所在地的农民）积极主动地采用多种形式进行深度合作。在各方的共同利益和长远发展期望的基础上，通过整合旅游资源，发挥不同市场主体的个体优势，基于合力形成整体优势，实现合作共赢和乡村旅游的长远发展。

乡村旅游和文化传承融合发展的外部支撑力，主要是政府（特别是地方政府）的支持及对应的宏观政策。从供给侧结构性改革的角度看，乡村旅游对“拉内需、促消费”有积极的促进作用。政府主动出台相关的政策措施，通过营造良好的外部宏观发展环境，能够增强乡村旅游对经济社会发展的综合带动能力，有利于真正实现乡村旅游与文化传承的融合。高新技术是乡村旅游与文化传承融合发展的外部助推力，特别是“互联网+”、移动互联技术和大数据技术，能够实现文化创意，创新旅游业态，通过智慧旅游、智慧景区建设和大数据分析，为文化注入旅游提供强力的技术支撑。

旅游与文化二者共同融合发展，是当下旅游发展的新业态，也是今后旅游发展的大趋势。乡村旅游健康、可持续发展，主动转型是当务之急。需要强调的是，在乡村旅游和文化传承融合发展的过程中，必须始终坚持对乡村文化资源的合理利用和充分保护，做到经济效益和社会效益并重，决不能因为单纯追求经济利益而破坏文化资源。这就要求从更长远的角度，用战略的眼光来寻找乡村旅游与文化融合发展的需求点和结合点，找出符合各自地域特色的发展策略，实现具有自己独特文化特征的发展路径。

（三）融合发展的实现方法

乡村旅游和文化传承的融合发展，二者的实现方法在本质上是互相渗透的，反映了价值链的解构与重构，具体过程如图3所示。

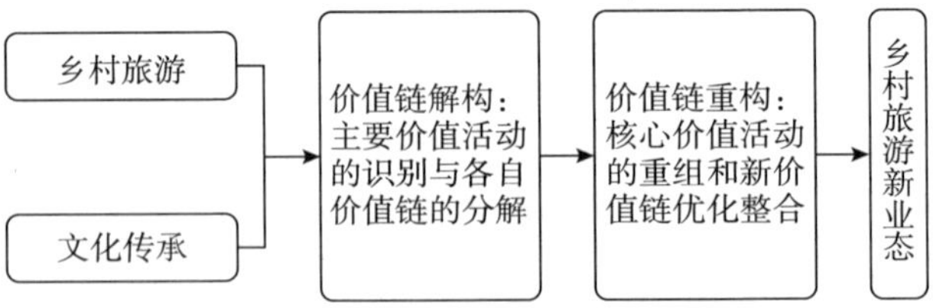

图3 乡村旅游和文化传承融合发展的实现方法

在乡村旅游和文化传承融合发展的前提下，为提升其发展动力，需要不同市场主体分别对文化传承和乡村旅游的价值链进行分解，获得各自价值链上独立的价值活动。一旦识别出能够对乡村旅游产品拓展进行互补的价值创造关键环节，依据这些关键环节，就能找出乡村旅游和乡村文化二者之间融合发展的契合点。文化传承与乡村旅游的融合发展，对乡村旅游的传统边界和发展理念是一种突破，它借助智慧旅游和大数据等新技术的助力，既有利于乡村旅游实现新型发展，也有利于乡村文化的传承和创新，从而实现跨越式发展。乡村传统文化通过增值价值链的分离，有机整合到乡村旅游的传统价值链中，使得乡村旅游的产品结构得到了优化重组和创意综合，能够以文化为核心，形成乡村旅游价值活动新的核心价值链，更好地满足游客对文化的需求。

三　案例分析

为了进一步说明乡村传统文化发展的提升路径，本报告采用案例研究法。通过对案例的实证分析和研究，能够定性地找到一些未被发现的新变量或变量之间的关系，从而达到对现实问题的深刻理解和准确把握。在案例选择上，本报告选取河南省三门峡市地坑院景区。

（一）地坑院景区现状

河南省三门峡市地坑院是一种地下民居建筑形式，蕴含着朴素的绿色建筑思想，具有浓厚的中国传统乡村文化特色，2014 年入选住房和城乡建设部首批“中国传统村落”名录。河南省地坑院旅游景区，位于三门峡市陕州区北营村，于2016 年5 月开业。在2016 年中国“互联网 +”峰会上，荣获中国“互联网 + 旅游”最具成长力景区奖。地坑院景区总体规划 5 平方公里，总建筑面积 3 万平方米，主要由民俗文化园、小吃街、五行院、百艺苑、游客广场、易苑宾馆等七个子景区组成。根据大数据显示，全国所有省份均有游客前往地坑院景区参观游览，地坑院还吸引了美国、英国等国游客。

（二）地坑院景区案例分析

地坑院景区采用政府主导的开发模式，在地坑院较为集中的北营村，对传统地坑院进行了保护性开发。当地政府与陕西马嵬驿、深圳华侨城和腾讯公司联合开发，形成了地坑院旅游景区的主体。在文化传承方面，通过挖掘地坑院建筑文化的文化内涵和精髓，以旅游景区的开发实现了对传统乡村建筑的保护和传承。在经济效益方面，景区运营前 8 个月接待游客就突破 300 万人次，直接安排当地农民 300 余人在景区就业，间接带动就业岗位 1500 多个，有力增加了农民收入，成为农村转型发展的一个亮点。

从乡村旅游和文化传承融合发展机制的角度看，地坑院景区重点对传统的乡村建筑文化、布局文化、传统民俗、饮食文化进行了开发，使得乡村物质文化、制度文化和精神文化在不同角度得以呈现在游客面前。地坑院旅游景区在实践中初步实现了乡村旅游与文化传承的融合，实现了多赢发展，从发展机制上讲，主要有以下四个方面。

第一，融合发展路径。乡村旅游与传统文化传承的融合发展，关键是相互融合，本质是系统工程。地坑院景区制定了较为符合自身特点和文化特征的发展路径，做到了资源融合和功能融合。保护和传承地坑院传统建筑文化、保持旅游开发中的乡村性、促进农村经济社会全面发展，这三者之间存在着密切的内在联系，只有统筹实施、协调经营，才能充分调动相关主体的积极性、自觉性和能动性，才能真正做到在旅游开发的同时做好地坑院文化的保护和传承。反之，也只有这样的融合发展路径，才会使乡村旅游具有更好的文化深度和广度，才会有更可靠的创新和发展基础。在规划设计过程中，地坑院景区还充分考虑了社会主义新农村建设的要求，紧紧围绕“生产、生态、生活、生命”这一主线和要求，在突出自身文化特色和地域特征的前提下进行谋划布局。在开发过程中，注重对乡村文化、地域特色、生态环境和自然资源的保护，促进了当地农村的全面发展。

第二，融合发展模式。地坑院景区乡村旅游和文化传承的融合发展，主要是开发型和体验型，目的在于解决与游客紧密相关的文化创意和文化体验等。通过优化整体布局，针对困扰游客体验的网络通信、出行交通、市场秩序等配套问题，解决了乡村旅游中常见的“住不下”“吃不上”“带不走”等几个痛点，增强了游客对乡村文化的实地体验感。在地坑院景区开发中，将美丽乡村建设与文化传承保护相结合，这是一种互补发展模式。通过与乡村改造、规划、建设相结合，做好环境美化、文化开发、生态保护等工作，从发展乡村旅游的同时，也提升了农民的居住环境和生态环境质量，为乡村文化的传承和创新创造了更有利的外部发展条件。从发展成果方面看，地坑院景区开发既保护了传统乡村建筑群落，也提升了农民的生活水平和收入，保证了农民能够共享旅游的发展成果，这一点也是地坑院景区的经验价值所在。

第三，融合发展动力。地坑院景区开发建设是由地方政府以自上而下的方式和路径所主导的，乡村旅游与文化传承融合发展的动力主要是外生性动力。在地坑院景区的开发过程中，地方政府不断规范管理，坚持科学开发，合理规划地坑院景区开发的范围、规模、形式和接待容量，注重旅游开发与文化传承的有机结合，严格按照规划进行开发，尽量消除对自然资源、生态环境和乡村文化所造成的二次破坏。从外部动力和内生动力相结合的角度看，地方政府还需要注重引导不同市场主体的多元化投入，通过财税和金融手段，激励投资主体和从业者有意识地主动保护地坑院文化的传统面貌，把地坑院景区的旅游开发、市场管理、品牌建设、农民创业纳入地方政府视野，做好旅游规范与市场监督，全面引导地坑院乡村旅游与文化旅游基地建设和优化经营，逐步探索出一条具有自身文化特色的发展之路。

第四，融合发展方法。在价值链解构和重构的开发原则下，地坑院景区在与文化传承融合发展的过程中，以智慧旅游为方法指导，注重利用“互联网＋”、大数据和物联网等高新技术。现代科学技术的进步为旅游和文化的融合发展提供了创新基础和创意扩散条件，尤其是在旅游信息化的助推作用下，乡村旅游的构成要素得到重组、范围得到延伸、组织形态得到优化、运行模式得到创新，加快了旅游与文化之间的融合与结构优化的步伐，使旅游业态与时俱进。

四 政策启示

通过乡村旅游与文化传承之间的融合发展，是传统乡村文化传承、发展和提升的有效途径。从地坑院开发和运营中，可以观察到的基本经验是，在宏观上要充分发挥市场的导向作用和地方政府的引导作用，在微观上要根据游客的文化需求找准契合点，通过多元化的融合发展路径，构建形式多样的融合模式。乡村旅游与文化传承的融合发展，地坑院景区案例的成功经验提供了有益的启示。

启示之一：积极借助市场需求所产生的内生性动力促进乡村旅游与文化传承融合发展。充分发挥市场的导向作用，在乡村旅游规划和开发过程中，坚持根据市场的需要变化来配置文化资源。在地坑院景区案例中，其通过以传统乡村建筑文化为主题，进行深度发掘和提炼，不断创新运营机制，充分发挥了文化资源的整体效能，以乡村旅游与文化传承的共同价值链重构为手段，找到了具有自身特色的融合发展路径，增强了景区的市场竞争力。为了让旅游和文化融合后新产品的核心价值能够为市场所接受，就需要主动适应市场，以创新的思路和方法，将新业态、新产品推介给广大游客。

启示之二：积极强化政府的宏观政策支持以形成乡村旅游与文化传承融合发展的外部支撑动力。发挥市场导向作用的前提是规范的旅游市场监管体系，乡村旅游和文化融合发展是新业态、新模式，地方政府要建立适应融合发展需求的宏观管理机制，摒弃部门管理的传统做法，积极向旅游目的地整体管理方向转变。无论是在乡村旅游与文化传承融合发展的起步阶段、发展阶段还是成熟阶段，适当的宏观政策都是重要的保障手段。尤其是在起步阶段，制定合理有效的政策、制度和规划，可以避免因纯粹追求经济利益而破坏乡村传统文化的行为，有利于形成符合融合发展需要的市场运行机制。

启示之三：积极构建多样化融合模式以实现乡村旅游与文化传承的融合发展的多元价值创造能力。构建和实现融合发展模式，既要充分考虑乡村旅游的地域特色优势、功能作用，又要兼顾与乡村传统文化的可融合度，在二者间的关联性的基础上，实现乡村旅游的业态创新、资源协同整合、优势互补和区域经济联动发展。在“互联网+”时代，乡村旅游和文化传承的融合发展，只有积极利用智慧旅游等现代先进信息技术，才可能实现多元化融合路径，从而构建多样化、有地域特色的融合模式，实现乡村旅游的发展新业态。

参考文献

［1］李佳：《乡土社会变局与乡村文化再生产》，《中国农村观察》2012年第4期。
［2］赵保佑、毛兵、卫绍生：《建设华夏历史文明重要传承区刍议》，《中州学刊》2011年第1期。
［3］赵华、于静：《新常态下乡村旅游与文化创意产业融合发展研究》，《经济问题》2015年第4期。
［4］林秀治、黄秀娟、陈秋华：《休闲农业经营组织环境行为影响因素分析——以福建省为例》，《中国农村观察》2016年第2期。

治理有效篇

Effective Governance

B.18

以农村基层党建引领乡村治理的思考与建议

马建新*

摘　要：　农村基层党建在乡村治理中的引领作用主要体现在政治方向、经济发展、公共服务和利益整合等诸多方面。当前，一些农村基层党组织还存在引领地位弱化、引领能力不足、引领机制不健全、引领制度不完善等问题，要以农村基层党建引领乡村治理，必须不断巩固引领地位，提高引领能力，改进引领方式和工作机制，完善保障机制。

关键词：　农村　基层党建　乡村治理　河南

* 马建新，河南省社会科学院党建与政治研究所副研究员。

党的十九大报告提出，农业农村农民问题是关系国计民生的根本性问题，必须始终把解决好“三农”问题作为全党工作的重中之重。加强农村基层基础工作，健全乡村治理体系，是解决好“三农”问题的必然要求。党的基层组织是确保党的路线方针政策和决策部署贯彻落实的基础，充分发挥农村基层党建在乡村治理中的引领作用，是一项迫切而重要的现实课题。

一　深刻把握农村基层党建在乡村治理中的引领作用

认识是行动的先导。深刻把握农村基层党建在乡村治理中的引领作用是充分发挥其作用的前提。农村基层党建在乡村治理中的引领作用主要体现在政治方向、经济发展、公共服务和利益整合等诸多方面。

第一，引领政治方向。中国特色社会主义道路是历史和人民的选择，只有这条道路才能够使中国发展进步、实现中国人民的幸福，这条道路最本质的特征是中国共产党的领导。中国既不能走改旗易帜的邪路，也不能走封闭僵化的老路。乡村治理作为中国特色社会主义道路的有机组成部分，必须坚持正确的政治方向。乡村治理涉及广大农村地区亿万农民，规模之大、范围之广，世所罕见，是一件带有全局性、根本性的大事，必须在党的领导下有计划、有步骤、有秩序地进行，才能够沿着正确的政治方向前进。中国共产党的性质、地位和我国农村的实际情况决定了农村基层党组织是农村各种组织和各项工作的领导核心，这既是在历史发展中形成的，为广大农民群众所公认，也是在党章、党内法规和国家法律中明文规定的。推进乡村治理必须坚持和加强党的领导，充分发挥农村基层党组织的领导核心作用，才能够激发亿万农民作为治理主体的责任感和政治热情，使乡村治理始终沿着正确的方向前进。

第二，引领经济发展。习近平总书记强调，以经济建设为中心是兴国之要，发展仍是解决我国所有问题的关键。只有经济持续健康发展，才能够带来国家的繁荣富强、人民的幸福安康与社会的和谐稳定。因此，经济发展是影响乡村治理的重要变量，为乡村治理奠定坚实的物质基础。经济不发展，一切都无从谈起。没有农业农村扎实的发展，没有农民的收入增长和生活不断改善，空谈党的领导，空谈社会主义制度优越性，空谈理想信念、思想道德建设，都难以取得好的成效。改革开放40年来，中国共产党带领全国人民聚精会神搞建设、一心一意谋发展，取得了举世瞩目的成就。今天，在全面建成小康社会的决胜阶段，中国共产党仍然把发展作为第一要务，并努力践行新的发展理念，使发展达到一个新水平。农村基层党组织作为党的路线方针政策在广大农村贯彻落实的组织者、推动者和实践者，始终坚持把发展作为第一要务，着眼于农村发展全局抓党建，通过发展绩效检验党建成效，在农村经济发展中起到引领作用。

第三，引领公共服务。党的十九大报告提出，进入中国特色社会主义新时代，我国社会主要矛盾已经转化为人民日益增长的美好生活需要和不平衡不充分的发展之间的矛盾。这一矛盾转化在农业农村农民工作中的突出表现就是农村公共服务不足，与广大农民群众日益增长的美好生活需要不相适应。推进乡村治理，必须下大力气解决这一问题，在构建现代农业产业体系、生产体系、经营体系，健全农业社会化服务体系，拓宽农民增收渠道等方面取得长足进步。农村基层党组织牢记宗旨、心系群众，坚持把服务群众、凝聚人心作为工作职责，不断拓宽党员服务群众渠道，积极构建党员联系和服务群众工作体系；特别是近年来，在领导方式上，实现了从行政命令型到服务指导型的转变；在工作方法上，更加注重采用示范引导、说服教育和典型引路的方法，使各项工作更加贴近实际，更加贴近基层，克服以往工作中组织、协调、服务方面相对薄弱的环节，为搞好农村公共服务，做了大量的组织、协调、服务工作，发挥了重要引领作用。

第四，引领利益整合。推进乡村治理面临利益整合的压力。改革开放以来，随着经济体制改革的深化和市场经济的发展，广大农村地区和全国一样，多种所有制经济得到共同发展，农民的劳动方式和谋生手段出现多样化，农民收入水平提高程度出现差异化，从而导致农民群体内部呈现比较明显的阶层分化，各个阶层的生产生活方式、经济状况、政治态度也呈现明显的不同特点。面对分化而产生的不同利益群体，如何进行有效整合是推进乡村治理所面临的重要任务。中国共产党作为无产阶级政党，任何时候党都把群众利益放在第一位，因为，党除了工人阶级和最广大人民群众的利益，没有自己特殊的利益，能够把权为民所用、情为民所系、利为民所谋作为追求，真正重视人民最关心、最直接、最现实的利益，真正做到密切联系群众，与人民同呼吸共命运，与他们同甘共苦，准确把握各个阶层的特点，正确反映他们的利益和诉求，在农村各阶层利益整合过程中发挥引领作用。

二　当前农村基层党建在引领乡村治理中存在的主要问题

近年来特别是党的十八大以来，以农村基层党建引领乡村治理取得了显著成效，但也存在一些短板和问题，主要表现在以下几个方面。

第一，一些农村基层党组织的引领地位弱化。党的十一届三中全会以来，我国在乡村治理方面取得的巨大成绩，与农村基层党组织在乡村治理中的引领地位密不可分。在取得巨大成绩的同时，也存在着一些农村基层党组织引领地位弱化的现象。改革开放之前，农村基层党组织的主要职能是管理村里的资产和组织生产和分配，这也是其重要的权力来源。改革开放之后，随着包产到户和市场经济的发展，特别是在以家庭承包经营为基础、统分结合的双层经营体制下，村民的经济支配权逐渐扩大，一家一户的独立经营取得强势地位，严重淡化了村民的集体观念和大局意识；同时，村集体方面对重要生产资料分配管理的参与及实际作用越来越小，一些农村基层党组织在乡村治理中的引领地位遭到弱化：村级党组织只是负责一些日常事务，较少直接参与生产经营，农民作为相对独立的经营主体，对农村基层党组织的依赖程度下降，很少就生产经营方面的问题来找党组织；很多地方村级集体经济薄弱，一些村级集体经济为“空壳村”，缺少服务农民的实力和手段，农民对党组织的感情逐步削弱。

第二，一些农村基层党组织的引领能力不足。一方面，一些地方农村党员干部队伍后继乏人，缺少高素质群体支撑。改革开放 40 年来，由于农业劳动生产率的不断提高，农村的富余劳动力越来越多；与此同时，伴随着工业化的大力推进，服务业、建筑业的迅速发展，非公有制企业异军突起，使农村富余劳动力有了广阔的转移空间，我国出现了劳动力从农村向城市、从中西部向沿海规模空前的大转移，进城务工、经商、办企业。在这一过程中，头脑相对灵活、有一定文化知识和技能的中青年农民及农民党员大批从农村流失，使得农村基层党组织建设缺少高素质人才群体的支撑，不少农村基层党组织存在着村干部难选，党员后继乏人的问题。另一方面，在经济社会转型时期，各种利益关系日趋复杂，我国正处于社会矛盾的多发期，这在广大农村地区表现得尤为突出。近年来，农民上访、农村群体性事件呈现增加趋势，特别是由征地拆迁、土地承包等引发的矛盾时有发生，而一些农村基层党组织干部领导方式和工作方法滞后，甚至束手无策，“老办法不管用，新办法不会用”，导致一些地方党群、干群关系紧张，影响农村社会稳定，制约农村发展。

第三，一些地方农村基层党组织的引领机制不健全。一是领导工作机制在一些领域“缺位”。对于非公有制经济组织、社会组织党建工作，力量相对薄弱，尚未建立专门的、相对稳定成熟的组织领导机构。对于一些新出现的经济组织、社会组织中的党员以及企业改制回归社会的党员，往往不能及时成立组织加强管理；对已经成立党组织的，由于这些组织性质上的社会性及运行上的独立性，隶属关系不明确，党组织对如何处理与业主的关系，如何找准角色灵活有效地开展活动、发挥作用存在一定困惑；对跨市、跨省流动的党员联管不够，管理存在漏洞。二是农村基层民主有待深化。党内民主方面，党员的主体地位还没有得到应有的尊重，《党章》赋予党员的民主权利往往难以行使。社会民主方面，村民自治在一些地方流于形式。作为一项伟大的民主政治实践，民主选举践行了民主程序，提升了广大农民的民主意识，但选举之后由于缺少有效的民主管理、民主决策和民主监督机制，虽然通过民主选举选出了村干部，民主决策、民主管理和民主监督等方面的民主内容还难以有效落实，村民自治有流于形式的危险。

第四，一些地方农村基层党组织的引领制度不完善。农村基层党建引领乡村治理需要严格完整的制度保障。但长期以来，相关制度在规范性、操作性、程序性方面还不够完善，导致缺乏严格的制度保障，难以得到很好落实。一是相应的法律法规缺位。以“四议两公开”工作法为例，作为农村基层党建引领乡村治理的重要工作载体和制度，《村民委员会组织法》和《中国共产党农村基层组织工作条例》是其主要的法律法规依据，但这两部法律法规中还没有关于“四议两公开”工作法具体而明确的规定。二是相关制度科学性不足。在村民自治推行过程中，对农村“两委”职责缺少科学划分，导致一些地方的“两委”分别片面强调自身的合法性，“两委”关系不融洽，工作不配合，甚至相互拆台。三是相关制度的权威性不足。制度的权威性来自制度的执行力。有些制度看起来比较规范，但缺少对违反制度者的惩戒性条款，一些基层干部习惯于“命令式”工作作风，无视制度，使相关制度往往变成一纸空文。

三 以农村基层党建引领乡村治理的对策与建议

党的十九大报告提出实施乡村振兴战略，健全乡村治理体系。以农村基层党建引领乡村治理，必须适应这一要求，从多方面做出努力。

第一，巩固农村基层党组织在乡村治理中的引领地位。加强农村基层党组织的政治建设，农村基层党组织要坚决服从中央集中统一领导，维持中央权威，在政治立场、政治方向、政治原则、政治道路上始终同党中央保持高度一致，坚定执行党的政治路线，严格遵守政治纪律和政治规矩。当前，乡村治理主体具有多元化的特点，既有行政组织、经济组织及群众自治组织，还有各类社会组织和服务组织等，这些组织都要在农村基层党组织领导下，按照法律和各自章程去开展工作。所有农村重大事项的决策实施，都要把农村基层党组织置于决策链的第一环，由农村基层党组织首先提出初步的意见和方案，在党组织内部进行讨论和表决，使其引领地位在制度层面上得到确保，成为农村重大事务决策的主导者和控制者，这样才能决策有底气，工作有抓手。要使农村基层党组织真正肩负起教育群众、引导群众、动员群众、组织群众的责任，在改善群众生产生活、维护群众合法权益等方面真正发挥凝聚群众的主心骨作用。

第二，不断提高农村基层党组织的引领能力。一要提高发展党员质量。普遍建立优秀村民数据库、入党积极分子数据库和重点培养对象数据库，注重从青年农民、新型农民中发展党员；推广公示制、票决制等做法和经验，确保发展新党员的质量。同时，疏通“出口”，根据党章和有关规定及时处理不合格党员，形成党的肌体的自我纯洁机制。二要拓宽来源，引入竞争性机制，建立以提高素质为核心的农村基层党组织干部新的选用机制。对村党支部书记的产生要采取“两推一选”的办法，改变传统的以委任制为主的做法；深化“大学生村官”计划，使他们留得下、干得好，有出路、有前程，解决农村基层干部年龄老化、后继乏人的问题；通过“派、调、引、选、培”等方法，多层面、多渠道地拓宽农村基层党组织选人用人的视野，使更多懂农业、爱农村、爱农民的人到农村来工作。三要加强教育培训。深入开展农村党员干部现代远程教育，建立以针对性、实用性、开放式为重点的教育培训机制。四要积极构建党员联系和服务群众工作体系，使广大农村党员干部在服务群众中增长本领。

第三，不断改进农村基层党组织的引领方式。在全面依法治国的背景下，农村基层党组织的引领方式必须法治化，在深化改革、推动发展、化解矛盾、维护稳定等方面自觉运用法治思维和法治方式。一要增强农村基层党员干部的法治观念，教育他们树立正确的权力观，确立“法”高于“权”的认识，形成制度思维、规则思维、权利思维、责任思维，牢固树立依法办事的观念。二要增强农村基层党员干部的依法办事能力。党支部的领导核心作用，不能通过发号施令来实现，而是主要通过提出议案和建议、党员代表在村代会中发挥主导作用的方式来体现。按照法律规定的权限和程序处理村级重大事务和与农民群众切身利益相关的事项。在遇到矛盾和纠纷时，更多地采用民主方式和法律手段来化解。同时，完善农村基层党组织的考核指标体系，把法治建设成效纳入其中，把遵守法律、依法办事作为考察农村基层党员干部的重要内容。三要进一步落实农民群众的民主权利，使他们真正地参与到管理和决策中来，并切实行使对农村基层干部的监督权利。

第四，不断改进农村基层党组织引领乡村治理的工作机制。一要进一步规范乡村关系和“两委”关系。对乡村关系进行规范，完善《村民委员会组织法》等相关法律，明确乡镇党委与村民委员会之间是领导与被领导的关系，乡镇党委对村级民主自治决策行使监督权，确保其不违反党和国家的大政方针。规范“两委”关系，使“两委”关系制度化，增强可操作性。明确村级党组织在支持和保障村民自治中承担的责任及履行责任的方式，村民自治组织要自觉接受村级党组织的领导；村级党组织在行使村中大事的决策权时，要充分发扬民主，不能随意侵犯村民自治权利。合理划分村级党组织与村委会的职权范围，避免二者在工作中产生扯皮、推诿等不良现象。二要完善“四议两公开”工作法等重要工作载体。要增强议事规则的针对性，突出问题导向，如优先保障农民群众的生命、安全、健康、财产等方面的权利；适应劳动力转移和流动人口增加的趋势，增加外来人口代表。要一切从实际出发，增强议事规则的灵活性，提高议事效率，如某项决议遇到比较大的分歧时，可以单独表决其中的一项条款。

第五，进一步完善农村基层党组织引领乡村治理的保障机制。一是建立健全农村基层党员干部的激励机制。政治上要关心爱护，大力宣传和表彰他们当中的优秀分子；选拔乡镇党政领导班子或在公务员招录时，符合条件的可优先录用。物质上激励、保障。加大财政转移支付力度，使农村基层党组织干部的工资能够按时足额发放；报酬低于乡镇一般干部工资的，上级政府财政应给予适当补贴。二是加强阵地建设。把农村基层党组织活动场所进行合理规划，纳入“美丽乡村”建设规划范畴，切实解决用地、用水、用电、通信等具体问题。三是建立健全农村基层党建经常性投入机制。农村基层党建经常性投入，是开展党建工作的必要物质保障。要把农村基层党建工作经费纳入财政预算，并逐年提高标准。四是建立健全农村基层党建的责任机制。各级各部门党委要把抓好党建作为最大的政绩，党委书记要切实履行第一责任人的责任，把农村基层党建工作和中心工作一起谋划、一起部署、一起考核。同时，加强督促检查，对切实履责者予以激励，对失职者进行追究。

参考文献

［1］《习近平谈治国理政》（第二卷），外文出版社，2017。

［2］《中国共产党第十九次全国代表大会文件汇编》，人民出版社，2017。

［3］徐勇：《中国农村村民自治》，华中师范大学出版社，1997。

［4］肖纯柏：《农村基层党组织功能实现途径研究》，人民出版社，2011。

［5］王习明：《城乡统筹进程中的乡村治理变革研究》，人民出版社，2012。

［6］俞可平：《论国家治理现代化》（修订版），社会科学文献出版社，2015。

［7］郑云天：《国外中国特色社会主义研究评析》，人民出版社，2016。

B.19

河南推进乡村振兴的实践探索与对策建议

陈东辉*

摘 要： 近年来，河南省坚持把“三农”工作作为重中之重，不断加大强农惠农富农力度，推动农村经济转型发展，加强农村精神文明建设，着力农村基层基础建设，持续推动美丽乡村建设，打好农村全面脱贫攻坚战，积累了农村发展的经验，夯实了实施乡村振兴战略的基础。但必须清醒地看到，发展中仍然面临着“空心化”、农业转型升级、生产要素流动、文化发展滞后等亟须解决的问题。必须坚持问题导向，找准制约乡村振兴的症结所在，夯实经济这个基础，扭住文化这个灵魂，抓住人才这个关键，着力制度这个根本，采取有针对性的举措促进农民增收，让农村成为具有现代气息的美丽家园。

关键词： 河南　乡村振兴　“三农”问题

一　河南推进乡村振兴的实践探索

河南是全国重要的农业大省。截至2017年底，河南城镇化率首次突破

* 陈东辉，河南省社会科学院研究员。

50%，达到50.16%。这同我国58.52%的城镇化率仍然相差8个多百分点，全省农村人口仍然高达5000多万，这就意味着河南推进乡村振兴的任务十分繁重。近年来，河南省坚持把“三农”工作作为重中之重，不断加大强农惠农富农力度，积累了农村发展的经验，夯实了实施乡村振兴战略的基础。

（一）推动农村经济转型发展

农业是国民经济的“稳压器”和“压舱石”，没有农业现代化就没有国家现代化。近年来，在农村经济转型发展方面，河南各地做了一系列扎实有效的工作。一是优化农村经济发展结构。坚定不移地走技术先进、产品安全、规模适度、资源节约、竞争力强的现代农业发展道路。济源市按照城乡居民的消费需求，大力发展现代畜牧业，使结构、产业、产品、业态不断适应市场消费需求。坚持以产业兴旺为重点推进农业现代化，探索“互联网+现代农业”，积极培育农村新产业新业态，实现了一二三产业融合发展。二是补齐农业发展短板。科技支撑不足是河南省农业发展的短板和薄弱环节。2015年以来，河南着力搭建合作平台，积极构建科研院校、农牧企业、地方政府合作机制，为农业发展注入了科技创新的源头活力。周口市扶沟县蔬菜局与河南农业大学联合成立河南农大蔬菜研究院，建立了集无公害蔬菜生产研究、蔬菜种子研发、新品种实验、大学生实习、农民培训于一体的产业基地。通过补齐科技短板，扶沟县引进了农业先进技术和优良品种，蔬菜大棚亩均增收400余元。三是培育农业发展新动能。坚持发展农村新产业新业态，为农业发展提供新的生机活力。许昌襄城县大力发展农业创业园、产业园、科技园，建设集创意农业、循环农业、农事体验于一体的田园综合体。焦作孟州市按照“产业+合作社+农户”“公司+合作社+农户”“能人+合作社+农户”“区+合作社+农户”等发展模式，立足实际创新合作社经营机制，提升了合作层次，增强了农业综合发展能力，推动农村经济不断向现代化转型发展。

（二）加强农村精神文明建设

精神文明建设是农村发展的铸魂工程。加强精神文明建设能够为乡村振兴提供良好文化条件、丰润道德滋养和强大精神动力。近年来，河南省高度重视农村精神文明建设，采取具有针对性的举措着力提升农民精神风貌，培育文明乡风、良好家风、淳朴民风，为实现乡村振兴提供了坚强思想保证。一是加强农村思想道德建设。坚持以培育和践行社会主义核心价值观为引领，把思想道德建设融入生产生活，注重实践养成，强化先进典型的引领作用，收到良好效果。信阳光山县晏河乡利用“三八”妇女节和“六一”儿童节等节日，开展“五好家庭户”“好婆婆”“好妻子”“最美孝心少年”评选活动，大力弘扬家庭美德，引导教育群众保持高尚的道德情操，促进了人际关系和谐，形成了讲文明礼仪的良好风尚。二是弘扬农村优秀传统文化。坚持把优秀传统文化融入农村精神文明建设全过程。驻马店西平县在示范村建娱乐广场、绘制文化墙和二十四孝图等，成立广场舞队、大铜器队、秧歌队、小剧团等文艺团队，丰富了群众文化生活。平顶山市湛河区大力扶持农村业余剧团这些“草根”基层文化团体，让他们把优秀传统文化的精髓融入群众喜闻乐见的节目中，送到田间地头，传承优秀文化，繁荣乡村文艺，满足了农民的精神文化生活需求。三是推进农村移风易俗。坚持把破除陈规陋习作为农村精神文明建设的突破口。一些农村盛行红白事大操大办、铺张浪费等陋习，让许多还没有富起来的村民不堪重负。为破除这些陋习，新乡封丘县李庄镇在辖区 22 个行政村都成立了红白理事会，凡有红白事，理事会便派人上门宣传婚事新办、丧事俭办、厚养薄葬、勤俭节约的新风尚，并制定了《村规民约》，开展农村婚丧新风专题讲座，使村民逐步树立起崇尚节俭的新理念，渐渐形成了文明健康的乡风民风。

（三）着力农村基层基础建设

东南西北中，党领导一切。推进乡村振兴，必须有效发挥基层党组织的战斗堡垒作用。近年来，河南按照中央要求，坚持把加强基层基础建设作为固本之策，在党的坚强领导下推进自治、法治、德治有机结合，夯实了建设充满活力、和谐有序的新时代社会主义乡村的坚实基础。一是加强农村基层党组织建设。大力实施支部建设工程，为实施乡村振兴战略提供了坚强领导核心。周口市鹿邑县着力优化基层队伍，选派乡镇正职5名、班子成员97名担任驻村第一书记。按照“多室一站一中心”标准，推进村级活动场所升级改造50个，修缮改扩建村室35个。2015年以来，在基层组织的领导下，鹿邑县共发展致富项目233个，修建村级公路300余千米，打机井1266眼，改建桥梁218座，安装路灯6076盏，新建村室47个。二是深化村民自治实践。坚持发挥村民的主体作用，在全省深化拓展“四议两公开”工作法，推动村级重大事项民主决策。南阳邓州市裴营乡胡丁村运用“四议两公开”工作法，建了1个养牛场、2个养鸡养鸭场，打了12眼机井，修了5条道路，完善了基础设施建设，切实改善了村里的生产生活条件。新乡市着力发挥新乡贤示范引领作用，传承创新乡贤文化，涵育了农村的文明风气。三是坚持法治德治并举。把依法治村和以德治村紧密结合起来，引导村民树立法治理念，形成崇德向善的风尚。平顶山汝州市着力推进乡村法治和德治建设，在农村大力推进普法教育的同时，组建了“德治汝州”讲师团，实现了德治讲堂全覆盖，将“德治大讲堂”“新时代讲习所”“道德讲堂”“党员学习日”“法治普及日”等有机结合，既增强了村民的尊法学法守法用法意识，又弘扬了向善向好的道德风尚。

（四）持续推动美丽乡村建设

建设美丽乡村是满足人民日益增长的美好生活的客观要求。在经济快速发展的今天，人们更加渴望水净天蓝地绿景美的人居环境。2013年河南启动美丽乡村建设试点以来，目前形成了“以点带面”效应，取得突破性进展。一是加强农村生态保护。坚持把生态保护作为推进美丽乡村建设的根本之策，从源头上防止出现生态恶化现象。洛阳市印发了《“美丽乡村”建设提升实施方案》，出台了生态保护的具体措施。该市新安县按照“绿水青山就是金山银山”的发展理念实施生态保护工程，全面开展植树造林、荒山绿化活动，全县森林面积达47万亩，森林覆盖率达29.1%，森林活立木蓄积量达125万立方米，城区绿化率达38.2%，人均公共绿地面积达14.8平方米。二是治理农村突出环境问题。坚持问题导向，着眼解决突出问题，大力实施乡村清洁工程，开展农业面源、畜禽养殖等污染治理。全省划定乡镇饮用水源保护区1209个，建成农村生活污水垃圾处理项目924个，完成2800个村庄环境综合整治任务，农村环境面貌得到显著改善。济源市着力改善农村生产生活条件，出动专车专人对环境问题整治工作进行全天候督导，对各村工作严格标准，确保整治效果，全面扭转各村的脏乱差局面，收到了美化家园的效果。三是持续改善农村人居环境。鹤壁浚县白寺乡切实增强改善农村人居环境的责任感和紧迫感，对农村各类垃圾进行全面清理，解决好垃圾围村、围田、围路问题。各村按照统一规划，明确柴草堆放地点，清除村道和村内街路边建筑废料，清除废弃的农用车和木头疙瘩，清除庭院外乱搭乱建多余的建筑物，拆除废弃的棚架、圈舍和仓房等，使农村人居环境得到有效改善。

（五）打好农村全面脱贫攻坚战

小康不小康，关键看老乡。如果有许多农村人口生活在贫困线以下，就谈不上乡村振兴。为坚决打赢脱贫攻坚战，实现贫困人口与全省人民一道迈入全面小康社会，河南多次研究部署脱贫攻坚问题，并出台《关于打赢脱贫攻坚战的实施意见》，下大力气打赢这场输不起的战争，取得了显著效果。一是聚焦精准扶贫、精准脱贫。落实精准扶贫方略，健全精准扶贫工作机制，确保精准到户、精准到人。兰考把脱贫攻坚作为头等大事和第一民生工程，围绕“六个精准”，综合施策，实现了扶真贫、真扶贫、真脱贫，2017年成功脱贫摘帽。洛阳伊川县通过“政府+金融+公司（农场）+贫困户”的模式帮助贫困群众精准脱贫。2017年，该县针对建档立卡贫困户，发放各项扶贫贷款1125笔，惠及贫困人口4170余人。二是推进产业扶贫。坚持把扶贫攻坚与发展农村特色优势产业结合起来。信阳息县包信镇积极推进产业脱贫工作，该镇以四通面业有限责任公司等为依托，组织3个贫困村35户贫困户进场务工，增加贫困户工资性收入。他们还将土地等生产要素托管于各种养殖大户、农民专业合作社，通过发展蔬菜、甘蔗、弱筋小麦等特色农业，采取合作帮扶的形式帮助无劳力贫困户脱贫。三是激发脱贫致富内生动力。坚持扶贫和扶志相结合，既授人以鱼又授人以渔，不断增强贫困人口的发家致富能力。信阳涉外职业技术学院不断探索和创新教学方法，注重提高实际操作能力的教学和训练，加大对贫困群众的技能培训力度，培养更多熟练工人和高技能实用人才，推动贫困人口实现自强自立、脱贫致富。

二 河南推进乡村振兴面临的问题

近年来河南农村发展取得了显著成效，农业转型发展有力，农村环境持续改善，农民的获得感和幸福感明显增强。但也要清醒地看到，发展中仍然存在着许多亟须解决的问题。这些问题已经成为推进乡村振兴的现实制约，需要认真对待并采取有力举措予以破解。

（一）农村“空心化”问题

“空心化”问题是农村发展面临的老问题，也是实施乡村振兴战略必须破解的第一道难题。河南农村“空心化”问题尤为严重。一方面是人的“空心化”。据统计，河南农村户籍人口5171万人，是我国农村人口唯一突破5000万人的省份。然而，其中外出务工的农民工高达2876万人，超过农村户籍人口的1/2。这些外出务工人员大多是青壮年，而留守农村的则是妇女、儿童和老年人。还有部分家庭举家外出谋生，仅逢年过节才回到村里，可以说是人去屋空。另一方面是村的“空心化”。改革开放以来，许多村子住宅用地规模急剧扩张。不少农民把新房建在了村外临近公路等较为便利的可耕地中，原有的住宅和房屋被抛弃成荒。这就导致一户多宅、村庄布局混乱，村中原有宅基地大量闲置，土地资源严重浪费。

（二）农业转型升级问题

推进乡村振兴，必须转变农业发展方式，推进农业转型升级。在由传统农业大省向现代农业强省迈进的过程中，河南仍然面临着农业转型升级方面的问题。一是农业结构调整问题。河南是国家粮食生产核心区，粮食总产量占全国的1/10，小麦产量占全国的1/4。但优势从另一个侧面看也是劣势，“一粮独大”意味着经济作物种植面积相对较小，农民增收乏力。如何在打好粮食这张“王牌”的同时优化农业结构，已经成为必须正视的问题。二是农业机械化问题。河南耕地有12288万亩，在全国居第3位，但人均耕地仅为1.23亩，低于全国水平。考虑到位置、肥力等因素，土地承包经营时每户都分得几小块土地。这就使全省耕地处于“碎块化”状态，不利于大型农机具进行机械化作业。三是农技支撑问题。河南农业科技的研发处于先进水平，但在将农业技术转化为实实在在的生产力方面缺少有力举措。基层农技推广管理体制老化、农技资金支持不足，农科教协同推广缺少有效路径。

（三）生产要素流动问题

乡村振兴，经济是基础。农村经济健康持续发展，必须遵循经济发展规律，让市场在资源配置中起决定性作用。“三农”问题的出现，同城乡二元管理体制的存在不无关系。实施乡村振兴战略，河南农村同全国各地一样存在着要素流动问题。一是土地。土地实际上肩负着农民的社会保障功能，土地性质问题一直是争论的热点问题。尽管目前出台了农村土地所有权、承包权、经营权三权分置政策，促进了土地流转。但是仍需要探索既能保护农民利益又能激发农业发展活力的土地制度。二是劳动力。改革开放以来，农村劳动力呈现持续性流出状态。这是农业生产低收益带来的必然结果。乡村振兴，关键在人。如何建立农村发展必需的高素质劳动力蓄水池，是亟须提到日程的课题。三是资本。资本天生具有逐利性。近年来河南在农村金融支撑方面做了一些工作，但是从乡村振兴的视角看，资本向农村流动还远远不够。

（四）文化发展滞后问题

文化对人们的思维方式和行为习惯具有持久影响。从省级层面看，河南对农村文化建设高度重视。但是由于各种因素的交互作用，农村文化发展呈现出不尽如人意的状态。一是优秀传统文化断层现象。中原地区是中华文明的发祥地，有很多优秀文化资源。但是一个时期以来，传统文化被一股脑地作为封建糟粕抛进历史的垃圾堆。当下的农民尤其是年青一代对家风家训家规等传统文化的精髓知之甚少。二是社会主义先进文化辐射力和影响力有待提高。农村基层存在经济社会和精神文明建设“一条腿长，一条腿短”的现象。农村文化工作队伍建设得不到应有重视，公共文化活动匮乏，社会主义先进文化传播不力，封建迷信活动有所抬头，宗教势力影响扩大。三是利己主义等庸俗文化影响不容小觑。一些农民文化素质不高，具有根深蒂固的小农意识。面对城镇化和现代化这场千年未有之大变局，不少农民茫然失措、价值观扭曲，以致利己主义、拜金主义大行其道，因利益而父子兄弟反目成仇的现象时有发生，农村老人生存状况堪忧。

三　河南推进乡村振兴的对策建议

改革开放以来，尤其是党的十八大以来，河南全面贯彻中央决策部署，着力解决农业农村农民问题，全省农村经济取得长足发展，农民的获得感、幸福感、安全感显著增强。但必须清醒地看到，与全国同类地区相比，河南农业还不强、农民还不富、农村还不美，推动乡村全面振兴的困难挑战仍然较大。必须牢固树立问题意识，始终坚持问题导向，找准制约乡村振兴的症结所在，采取有针对性的举措优化农业结构，促进农民增收，让农村成为具有现代气息的美丽家园。

（一）推进乡村振兴必须夯实经济这个基础

实施乡村振兴战略是一个涵盖经济、政治、社会、文化、生态文明建设等的系统工程，经济在这个工程中处于基础地位。必须始终坚持以经济建设为中心，推进现代农业经济体系建设，为乡村振兴提供丰厚物质保障。一是深化农业供给侧结构性改革。坚持以提高农业供给体系质量和效率为主攻方向，从河南农业生产实际出发，把增加绿色优质农产品供给放在突出位置，加快调高产业结构、调优产品结构、调精品质结构。全面推进农业绿色化、优质化、特色化、品牌化发展，加快绿色食品业转型升级，培育农产品品牌，不断满足多层次、高质量、个性化需求。二是积极发展现代农业。坚持以新的发展理念引领新时代的农业发展，大力发展绿色有机无公害农产品，积极推广循环发展模式，增强农业可持续发展能力。健全农业支持补贴制度，鼓励农民和社会力量投资现代农业，推进农业科技进村入户，推广资源节约型农业技术，调动农民现代化生产的积极性主动性，把小农生产引入现代农业发展轨道。三是推进农村产业融合发展。坚持以产业兴旺为重点，大力开发农业多种功能，加快农业种植、养殖、加工、销售、服务一体化进程，延长农业产业链条，推动农村一二三产业融合发展。发挥龙头企业在农村产业融合发展中的资金、技术、管理优势，努力形成资源整合和市场开拓的示范效应，引领农民把“小生产”与“大市场”对接起来。

（二）推进乡村振兴必须扭住文化这个灵魂

文化建设是铸魂工程，能够对人们的思想产生持久影响。推进乡村振兴，必须在打牢经济这个基础的同时，紧紧扭住文化这个灵魂，不断提高乡村社会文明程度，凝聚起乡村振兴的精气神。一是推进社会主义先进文化深入人心。坚持以社会主义核心价值观为引领，大力弘扬红船精神和焦裕禄精神、红旗渠精神、愚公移山精神。深入实施公民道德建设工程，加强社会公德、职业道德、家庭美德、个人品德建设。坚持以文化人，注重潜移默化，推进诚信建设，培育诚实守信、负责担当的新农民。二是传承农村优秀传统文化。建立优秀传统文化传承和发展体系，不断赋予传统文化新的时代内涵，在保护和传承中创新优秀农耕文化的载体和形式，使人们在不知不觉中受到优秀传统文化的影响。有效利用春节、清明节、端午节、中秋节、重阳节等传统节日传承优秀文化，引导农民群众崇尚科学，破除迷信，形成文明健康的生活方式和社会风尚。三是开展形式多样的群众性文化活动。坚持以相声、小品、戏曲等群众喜闻乐见的表现形式为抓手，努力创作接地气、传得开、留得下的优秀作品，切实发挥“红色文艺轻骑兵”的作用。把“传家训、立家规、扬家风”与“移风易俗、弘扬时代新风行动”有机结合起来开展系列性活动，引导群众参与，陶冶群众情操，推动形成孝老爱亲的传统美德。

（三）推进乡村振兴必须抓住人才这个关键

马克思主义认为，“生产力是最活跃、最革命的因素，是推动社会发展的最终决定力量”。在生产力各要素中，人具有决定性作用。实施乡村振兴战略，需要一大批人才，包括农村管理人才、农业科技人才，以及有文化有技术的新型农业劳动者。在当下快速城镇化背景下，推进乡村振兴尤其需要在培育人才、利用人才、引进人才上下功夫。一是建立有效的人才培育机制。坚持课堂授课教育与生产实践教育相结合，开展常态化的岗位培训、技术指导以及农业实用技术交流活动，形成农村实用人才培育长效机制。准确把握农村实用人才成长规律，根据河南农村人才年龄结构和知识层次呈现的不同特点，精确培训对象，制订具有针对性的培训方案，做到因材施教，不断提升人才培育的实际效果。二是探索健康的人才储备路径。在人才持续向城市流动的形势下，农村人才和劳动力总体上处于短缺状态。大学生村官和“三支一扶”人员无疑给农村发展注入了新的活力。要根据实际需要，建立乡村振兴人才评价制度，采取灵活多样的形式，打造事业发展平台，开辟多种渠道培养新型职业农民，使这些受过高等教育的群体成为乡村振兴的中坚力量。三是出台符合实际的人才引进办法。流水不腐，户枢不蠹。只有让人才流动起来，创新创造的活力才能充分涌流。仅仅是由农村向城市的单向流动是不利于乡村振兴的。必须打破城乡二元壁垒，改革现有户籍制度，让有意愿到农村创业的人员举家、稳定、长久地进入农村，使他们在这片广阔天地里看到希望、有美好预期，进而自觉自愿地为乡村振兴贡献力量。

（四）推进乡村振兴必须着力制度这个根本

制度建设具有根本性、全局性、稳定性和长期性。符合时代要求和农民意愿的制度，能够极大地调动农民群众的创造性和积极性，加快乡村振兴步伐。三十多年前，土地承包制度使曾经凋敝衰败的农村焕发出生机和活力，农村经济实现了持续快速发展。“世易时移，变法宜矣。”制度本身的稳固性决定了其滞后性。新时代新形势对制度建设提出新的更高要求。一是治理制度。必须加强和改善党对乡村振兴的领导，坚持以人民为中心的工作导向，不断完善党的领导与村民自治有机统一的治理制度。推广和深化“四议两公开”工作法，确保村民在乡村振兴中的选择权、参与权、管理权、监督权。通过正当程序将“本人致富能力强、带领群众致富能力强”的乡村能人选拔到村支部书记和村委会主任岗位，充分发挥他们的聪明才智。二是土地制度。尽管城镇化和现代化的推进使农民对土地的依附性大大降低，但土地依然是农民最关心的根本性利益问题。探索建立更加符合新时代要求的土地制度，既出台土地经营权有序流转的相关制度，引导发展适度规模经营，鼓励利用大型农机具推动现代农业发展；又要稳定土地承包关系，落实好土地承包经营权登记制度，真正让农民吃上“定心丸”。三是公共服务制度。推进公共服务均等化，建立健全实施乡村振兴战略财政投入保障制度，真正落实农业农村优先发展的原则。强化农田水利、农村道路等基础设施建设，优化农村教育、医疗、环境、社会保障、公共文化服务，努力缩小农村与城市的差距，使人们愿意居住在农村，进而把事业和项目拓展到农村。

B.20

农业大数据服务河南乡村振兴的路径及对策

张 鹰　张文波*

摘　要： 农业大数据是河南推进乡村振兴的重要抓手，可广泛应用在农业精准生产、农产品追溯、食品安全、精准扶贫、互联网+政务、信用体系建设、宏观经济及绿色环保等领域。农业大数据发展迅速，也存在缺乏平台、应用较初步、市场化不够等问题，建议政府有力支持、重视人才建设，并保障应用安全。

关键词： 农业大数据　乡村振兴　“互联网+”　河南

农业大数据，就是运用大数据的理念、方法和技术，解决农业或涉农领域的数据采集、存储、处理与应用等一系列问题。河南是农业大省，以全国1/16的耕地，生产了全国1/4的小麦、1/10的粮食，是全国粮仓、“国人厨房”，因此河南省的农业大数据非常重要，也极具代表性。随着河南信息化深入快速推进，大数据正在与农业农村全面深度融合，日益成为推进河南农业现代化和乡村振兴的核心要素和重要力量。

* 张鹰，副研究员，河南省现代农业大数据应用产业技术研究院执行院长；张文波，农艺师，博士。

一　农业大数据发展状况

（一）国家农业大数据发展情况

近年来，我国陆续出台了一系列重要文件，都把农业大数据摆在了突出位置。国务院制定《促进大数据发展行动纲要》，将“发展农业农村大数据”作为三农发展的重要任务。特别是原农业部分别于2015年12月和2016年10月出台的《关于推进农业农村大数据发展的实施意见》和《农业农村大数据试点方案》，强调要切实推进农业农村大数据发展，并提出了明确具体的实施路线图和时间表。原农业部规划建设国家农业数据中心，建设国家农业数据云平台。在此基础上，整合涉农大数据平台和相关数据资源，构建国家涉农大数据中心。为进一步强化“菜篮子”市长负责制，计划打通相关部门数据资源，发展全产业链大数据，实现资源统筹和生产流通的全面管理。原国家粮食局以粮食大数据为基础，以粮油质量追溯体系建设为主线推进优质粮油工程建设，实施“中国好粮油”行动计划。通过国家品牌来背书的优质优价行动，实现粮油供给侧改革。以上措施中，“中国好粮油”行动覆盖农村的主产粮食与油料作物区，“菜篮子”工程覆盖为保障城市蔬菜、水产、果品供应城市周边区域。各自的功能定位虽然不一样，但都是采用农业大数据的手段来实现优质优价，调顺调优农业供给侧。

（二）河南省农业大数据发展情况

经过近年来的不懈努力，河南省农业农村信息体系建设已经有了长足进步，2012年河南省获得国家批准，建设国家农村信息化示范省，在18个省辖市和142个县级部门建立农业农村信息网，建成农业农村信息网站162个，初步形成了省、市、县三级健全的农业农村信息网络，这些为大数据发展和应用奠定了较为坚实的基础。在应用层面，信息化技术不断应用于农业生产和管理，农业科学决策水平和农业生产设施装备的自动化、智能化不断提高。实施了精准施肥、智能灌溉、农情监测、病虫草监测与防治等一批农业信息化示范项目，信息化技术在河南农业农村领域迅速普及推广，为农业大数据发展创造了良好氛围。

紧跟国际大数据发展浪潮，河南也敢为人先，紧抓大数据发展机遇。2016年10月，河南省获批建设国家大数据综合试验区，计划建成国家交通物流大数据创新应用示范区、国家农业粮食大数据创新应用先行区、国家中部数据汇聚交互基地和全国重要的大数据创新创业基地。在实现路径上，将实施“4111”战略，即打造4大主导大数据产业集群，建设10大特色大数据产业园，建设10大双创孵化器或双创综合体，引进培育100家行业龙头企业，构筑世界一流的大数据产业体系、创新体系、企业梯队和产业基地。为此，河南省出台《关于推进云计算大数据开放合作的指导意见》和《河南省“互联网+”行动实施方案》等一系列文件，出台了一系列有力政策措施，初步形成了良好的社会氛围和发展环境。中原大地，网络经济强省驾“数”腾“云”，未来发展正呈现蓬勃之势。农业方面是河南大数据发展的重点领域和重要突破口，目标是达到国际一流、全国领先，率先形成优势引领示范效应。目前河南已经建立了以河南省农业大数据应用产业技术研究院为代表的一批涉农大数据研究和技术开发机构，实现实体化运营，以项目为载体，以市场化机制推进大数据技术在三农领域的示范和应用。

（三）河南农业大数据存在的主要问题

1. 缺乏统一的农业大数据平台

目前，河南农业信息化基础设施相对还比较落后，农业大数据交换共享的基础和制度尚未形成。涉农数据资源条块分割严重，碎片化明显，尚未形成统一的数据管理平台，数据采集、融合、交换、共享、利用、开发等机制体制尚未健全。

2. 尚未建立农业大数据标准体系

亟须构建涉农大数据开发利用的标准体系，要涵盖涉农产品、农业资源要素、农产品交易、农业技术、农村政府管理等重要内容和领域，同时建立数据指标、样本标准、采集方法、分析模型、发布制度等系列农业大数据标准体系。

3. 尚未形成农业大数据采集体系

拓展物联网数据采集渠道，加强和利用遥感、传感器、智能终端等技术装备，实时采集农业资源环境、生产过程、加工流通等数据，支撑农业精准化生产和销售。开辟互联网数据采集渠道，开展互联网数据挖掘。需要采集农产品生产、消费、库存、贸易、价格、成本收益“六大核心数据”，建立重要农产品供需平衡表制度。

4. 亟待推进全产业链大数据应用

围绕农业特色产业，尚未形成覆盖全产业链的大数据应用。针对种植、加工、生产、流通、供需等各个环节，数据采集机制不完善。责任不明确，已有资源数据不系统、内容分散，难以形成翔实准确权威全面的全产业链大数据资源，不能满足服务农业全产业链的需要。全局性数据分析和数据服务能力欠缺，无法有力支撑生产经营的科学决策，没有形成高附加值智能化行业应用服务于农业产业链各生产经营管理主体。

5. 亟待探索农业大数据市场化机制

已有的系统建设项目仍以政府投入为主，企业仅承担建设、运行维护和技术支持的工作，数据资源价值没有得到充分开发利用，数据资产增值模式、服务模式、盈利模式不明确。农业大数据建设、开发利用的长效机制和运营模式亟待探索，政府引导、社会众筹、市场参与的格局尚未形成。

6. 亟待创新农业大数据应用

农业大数据发展面临着数据复杂度高、开发利用难度大的问题，加之之前河南在农业大数据领域的应用存在低水平重复建设情况，没有纳入统一发展规划和技术框架，没有形成标志性应用成果，农业大数据资源价值深度挖掘和开发利用能力欠缺，各类专业技术人才严重缺乏。这些问题都严重制约了大数据在河南三农领域的应用和发展。

二　农业大数据在河南乡村振兴中大有可为

党的十九大明确提出实施乡村振兴战略，并作为七大战略之一写入党章。中央经济工作会议、中央农村工作会议对实施乡村振兴战略做出了全面部署，强调要落实高质量发展的要求，坚持农业农村优先发展，坚持质量兴农、绿色兴农，加快推进农业转向提质导向，加快推进农业农村的现代化，走中国特色社会主义乡村振兴道路。河南深入贯彻落实党中央、国务院决策部署，以实施乡村振兴战略为总抓手，履职尽责抓落实，不断开创河南农业农村经济发展新局面。这其中，作为先导产业的大数据，在如下乡村振兴相关领域，都有广泛而实际的应用。

（一）农业精准生产与管理

河南作为中国粮食产业的中坚，应该向世界一流水平看齐，依托农业大数据理念、技术和手段，构建全面、实时、精准、高效的现代农业生产与管理信息体系，塑造有国际竞争力的现代农业产业体系。现阶段可结合高标准粮田等农业建设工程，建立大田种植全程智能监测分析系统，实现农田环境远程感知、智慧灌溉、高通量测土、智能配方、变量施肥等精准化作业，提高省域农田环境、病虫危害、水旱灾情等异常情况的实时监测和及时预警能力。结合现代农业产业化集群培育工程，建立农业实时视频远程诊断及智能管理信息系统，推行农业精准管理和畜禽、水产标准化规模养殖。采用大数据、云计算和物联网技术，加强农机作业的远程实时监测监控，实现智能化调度。协同遥感技术提高对农作物种植面积、生产作业进度、农产品产量与品质的协同监测能力。探索农业大数据在自然灾害预测预警、耕地质量监测、重大动植物疫情防控、农产品市场波动预测等方面的深度精准应用，为农业生产经营决策提供精准高效的信息服务。

（二）农产品流通与交易

综合运用大数据、物联网、移动互联网等适用信息技术，覆盖农产品生产、加工、销售、流通等各环节，实现生产环境、生产资料、生产过程、市场流通、加工储藏、检验检测等产业全流程数据的自动化实时采集。当前要联合农产品生产者、物流、电商平台等，加快完善农产品生产流通数据的标识、质量、存储、服务、安全等数据应用标准，建立生产流通全过程数据共享机制，构建农业大数据资源中心。

开展农业大数据在农产品大宗商品交易主要业务流程中的应用，提高业务科学性、精准性和针对性，完善粮油价格指数，探索以农业大数据作为期货合约标的，探索“订单+期货+保险”模式，有效化解农业风险，稳定生产供应。

（三）农业与食品的追溯与安全监管

以现代农业示范区等农业先行区为重点，以农业龙头企业等农业规模化生产经营者为载体，政企协同，在粮食、蔬菜、牧业等重点领域和垂直行业，以大数据理念、技术和手段强化农产品生产、收购、贮藏、加工、运输等关键环节的追溯管理，有效支撑农产品品质呈现和价值变现。

积极响应社会对食品安全的高度关切，搭建大数据平台，汇聚相关政府部门及食品生产、加工和流通企业的相关数据，开展高通量数据处理和自动化综合性分析，确保食品安全，不发生系统性、区域性食品安全事件。

（四）涉农电子商务

加强大数据技术应用，动态分析农村和农产品市场变化，助力企业精准定位，推进个性化定制、柔性化生产，满足消费者差异化需求，为进一步开展农产品流通服务创新和商业模式创新提供支撑，探索高效运营模式。以农业大数据、互联网、云计算等信息技术支持农机、农宅等涉农资源共享，促进共享农场模式探索。积极探索涉农电子商务平台与消费者紧密对接，农场与学校、企业等集团消费客户对接。

（五）盘活土地资源

通过大数据、人工智能、深度学习等技术，建立区域社会和产业发展模型，根据客观的地理测绘、地理国情、土地规划利用、土地确权、遥感、土壤、作物生长、农业气象等数据，为土地流转、土地整治、土壤修复治理等盘活农村土地资源的手段提供客观准确的数据支撑，实现农业农村的社会和产业的精准规划。在符合土地利用总体规划前提下，服务县级政府调整优化村庄用地布局，有效利用农村零星分散的存量建设用地，盘活预留部分规划建设用地用于农业设施和休闲旅游设施等建设。

（六）农村精准扶贫

在扶贫开发的建档立卡工作中，应用大数据技术建立全面、实时、多维的扶贫数据库，实现政府相关部门的数据互通共享，并与扶贫数据库全面对接，通过数据的及时更新和动态管理，推进贫困人口量化识别、立体多维度画像、可视化呈现，开发算法和模型支撑精准确定致贫原因，应用人工智能技术实现智能匹配、高效对接贫困人口的实际需求与扶贫资源，以大数据驱动扶贫开发精准高效。

（七）“互联网+政务”

以大数据理念建设省、市、县、乡多级联动的网上政务综合服务平台，推进实体大厅、网上大厅、移动终端等多种渠道的结合，推动政府公共服务业务下沉延伸到乡村，让农民少跑路，就近办理，全流程监督。运用大数据推动乡村行政审批流程优化，加快在线审批进程，提高行政审批效率。在有条件的地市和部门率先开展“一号申请、一窗受理、一网通办”的试点建设，重点在农村推广应用，在重点领域取得突破。

（八）涉农信用体系建设

以大数据平台汇总信用相关数据，建设涉农信用信息基础数据库，实现乡村各级政府、各类信用主体基础信用信息全覆盖，建设面向乡村中小企业、广大农民及各类农业经营主体的信用评价平台，为广大农民及各类经营主体提供快捷、高效的信用信息服务，支撑乡村经济和社会健康发展。

（九）乡村宏观经济

加强对农业农村的产业、交通、电力、财税、土地、不动产等宏观经济运行数据的采集和汇聚，加强与政府统计数据平台、产业园区信息服务平台、工业经济运行监测平台、公共信用信息平台、投资项目审批平台、公共资源交易平台、价格监测预警系统等的对接和数据共享，建设农村经济大数据分析、处理和可视化展示平台，构建基于大数据的乡村宏观经济综合评估体系，为农村经济监测、区域经济画像、优势产业分析、结构特征判定及发展趋势分析等提供精准服务，提高乡村产业振兴中宏观经济决策的科学性和及时性。

（十）乡村绿色环保

推进乡村环境保护的大数据平台与物联网建设，开展卫星遥感与飞行器遥测等先进适用技术的应用，对农村水、大气、土壤等环境要素进行全方位实时在线监测与分析。整合省、市、县三级多源环保数据，结合气象、农业、交通、人口等数据，开展乡村环境污染成因与时空分布的分析，实现农村环境保护与治理的现代化和精准化。

三　农业大数据促进河南乡村振兴的举措与建议

当前大数据对乡村振兴的重要性逐渐凸显，河南大数据平台正在搭建，产业生态初步形成，大数据应用技术开发如火如荼。为了有效促进涉农大数据应用于河南乡村振兴，建议从以下几个方面着手。

（一）政府全方位支持

鉴于农业的基础性、公益性和社会性特点，同时大数据尚属新生事物，亟须政府从产业生态培育、技术平台搭建、数据资源共享、重点项目示范、多途径资金筹措等多方面予以强有力支持。

1. 特殊政策支持

抓住国家大数据综合试验区建设契机，充分利用郑州航空港区、郑洛新国家自主创新示范区等政策优势，对涉农大数据项目，在项目核准、财税减免、低成本用地、人才引进、投融资、研发等方面出台特殊支持政策，予以叠加支持。

2. 加大财税金融支持

积极争取国家专项资金/基金，充分利用现有涉农财政资金，向农业大数据重点倾斜，将农业大数据产品和服务列入政府采购目录。积极利用政府引导资金，吸引社会资本设立农业大数据发展基金，支持农业大数据核心关键技术攻关、重大工程实施、重要应用示范和高端人才培养等。

3. 健全市场发展机制

大力营造数据资源共享开放氛围，除涉密数据外原则上必须开放。加快建立市场化的数据应用机制，以政府项目引导和资金后补贴鼓励产业链各环节的市场主体开展数据交换和交易，营造活跃有序的数据市场环境。大力支持社会资本参与涉农大数据公共服务体系建设，鼓励政府与企业、社会机构合作，通过政府采购、服务外包、社会众包等多种方式，开展政府涉农大数据应用，降低社会管理成本。

4. 多途径资金保障

探索市场化可持续发展机制，支持采用政府购买服务、政府与企业合作（PPP）等方式，积极引导社会资本进入涉农大数据领域。支持相关单位搭建大数据双创平台，以灵活机制、充足资金支持市场主体和社会公众开展农业农村大数据增值性、公益性开发和创新应用，引导培育农业农村大数据交易市场，促进涉农大数据蓬勃发展。

（二）重视涉农大数据人才建设

人才紧缺是目前制约农业大数据发展的关键因素，加强农业大数据人才培养是未来工作的重中之重，必须以超常规强有力措施，切实加强人才队伍建设。

1. 加快高层次人才引进

把农业大数据作为全省高层次创新创业人才及团队的重要引进方向，以国内一流的引才力度实施国家千人计划、省百人计划等，广泛吸引海外高层次人才来豫创新创业。制定完善农业大数据高层次人才认定和评价办法，创新柔性引才政策机制。

2. 加强基础性人才建设

鼓励省内高校与农业大数据研究开发和应用单位紧密合作，开设涉农大数据相关专业；支持职业院校加强职业技能人才实践培养。依托省内农业大数据研究院等科研开发机构，积极培育、储备涉农大数据应用型人才；支持高等院校与科研院所和企事业单位合作设立涉农大数据研究机构，在协同创新开发中培养涉农大数据行业人才。

3. 提升公务人员大数据素养

提高河南各级领导干部对大数据的认识，加强相关人员培训，尽快形成大数据应用氛围。建立专门的政务涉农大数据采集管理和分析挖掘队伍，重点培养业务骨干的大数据知识素养，着力提高一线业务人员的大数据技能。

（三）搭建涉农大数据应用综合平台

针对大数据产业关键业务链条，尽快建设数据采集平台和数据共享交换平台、数据加工处理平台和数据分析应用平台。在此基础上，着力强化农业大数据平台的服务系统和能力建设，更快更好地提供信息服务给社会公众、组织和农业生产经营单位。

（四）提升科技支撑能力

统筹考虑现有农业信息化布局，在充分利用现有资源的基础上，重点加强涉农大数据科研创新基地和实验室建设。鼓励科研力量联合攻关，重点加强涉数据获取技术、海量数据存储、数据清洗、数据挖掘和分析、数据可视化、信息安全与隐私保护等领域关键技术的研发，形成实用高效、安全可靠的大数据技术体系。

（五）保障涉农大数据应用安全可靠

建议以河南涉农电子政务外网、互联网等开放性系统为基础，对现有的移动智能终端、物联网设备等进行创新，进一步落实逻辑安全和物理安全，保证数据采集凭条、加工平台、共享平台和缝隙平台功能齐全，以此为基础构建河南农业大数据的安全阀门。同时还需要对相关法律进行完善，为农业大数据提供有力的法律保障。各级农业管理部门需要规范行为，保证涉农信息可靠、真实。

参考文献

[1]《农业部关于推进农业农村大数据发展的实施意见》，http：//jiuban. moa. gov. cn/zwllm/tzgg/tz/201512/t20151231_ 4972005. htm。

[2]《2017 年河南省国民经济和社会发展统计公报》，http：//www. henan. gov. cn/jrhn/system/2018/02/28/010769695. shtml。

[3]《2018 年河南省政府工作报告》，http：//www. henan. gov. cn/zwgk/system/2018/01/31/010764471. shtml。

[4]《河南省推进国家大数据综合试验区建设实施方案》，http：//www. henan. gov. cn/zwgk/system/2017/04/25/010716449. shtml。

[5]《河南省推进国家大数据综合试验区建设实施方案和若干意见》，http：//www. henan. gov. cn/jrhn/system/2017/05/25/010721250. shtml。

[6]《关于推进乡村振兴战略的实施意见》，http：//www. henan. gov. cn/jrhn/system/2018/03/28/010774675. shtml，2018 年 03 月 28 日。

[7] 张克平、陈曙东等：《大数据与智慧社会》，人民邮电出版社，2017。

生活富裕篇

Affluent Life

B.21 河南省脱贫攻坚形势分析与政策展望

刘　刚*

摘　要： 党的十八大以来，河南省把脱贫攻坚作为重大政治任务和第一民生工程，深入推进精准扶贫、精准脱贫，脱贫攻坚取得阶段性成效、呈现良好态势。当前，河南脱贫攻坚已进入啃硬骨头、攻坚拔寨的冲刺期，要深入贯彻习近平总书记关于扶贫开发重要论述，在肯定成绩总结经验的同时，高度重视脱贫攻坚过程中存在的突出问题和薄弱环节，切实提高脱贫质量和可持续性，坚决打赢脱贫攻坚战，确保贫困人口同全省人民一道迈进全面小康社会。

关键词： 河南　精准扶贫　脱贫攻坚　全面小康

* 刘刚，河南省社会科学院政治与党建研究所助理研究员，主要研究方向为基层党建与乡村治理等。

党的十八大以来，在以习近平同志为核心的党中央坚强领导下，河南把精准扶贫、精准脱贫作为头等民生大事和“四大攻坚战”之首，吹响了脱贫攻坚集结号，打出了精准扶贫组合拳，河南脱贫攻坚工作取得了扎实成效，呈现出良好态势。与此同时，作为全国脱贫任务较重的省份之一，河南脱贫攻坚形势依然严峻、任务依然艰巨。实现2020年贫困人口和贫困地区同全省人民一道进入全面小康社会的庄严承诺，需要河南各级党委政府和全体党员干部深入贯彻习近平总书记关于扶贫开发重要论述，以背水一战的勇气和坚韧不拔的斗志，坚决啃下精准扶贫这块硬骨头，坚决打赢脱贫攻坚这场硬仗。

一　河南省推进精准扶贫精准脱贫的主要做法

党中央发出打赢脱贫攻坚战的动员令后，河南省各级党委、政府把推进精准扶贫、精准脱贫作为同以习近平同志为核心的党中央保持高度一致的政治任务，贯彻精准扶贫、精准脱贫基本方略，紧盯“两不愁、三保障”目标，完善脱贫攻坚责任体系，聚焦重点片区、重点县村、重点人群，抓好产业扶贫、易地搬迁等关键环节，强化教育、交通、医疗、水利、电力等专项扶贫，持续深入推进脱贫攻坚战，有力地推动了党中央精准扶贫战略部署在河南的落地施行。

（一）提升政治站位，把脱贫攻坚作为重大政治任务和第一民生工程

河南要求各级党委政府和党员干部提升思想站位，制定实施《关于打赢脱贫攻坚战的实施意见》，先后召开五次全省脱贫攻坚推进会议，专题安排部署脱贫攻坚工作。同时，河南认真落实“省负总责、市县抓落实、乡村组织实施”的管理体制，成立了脱贫攻坚领导小组，各级党组织书记和行政首长任“双组长”；建立了省级领导干部和省直单位联系贫困县工作制度；选派优秀机关干部担任驻村第一书记，实现了对全省建档立卡贫困村和

基层党组织软弱涣散村的全覆盖。通过层层立下军令状，逐级夯实落实责任，形成了“五级书记抓扶贫、全党动员促攻坚”的格局。2017 年，省级领导干部到所联系贫困县调研指导工作累计百次以上，有效发挥了示范引领作用，带动各级党员干部真正把扶贫职责扛在肩上、抓在手上。

（二）坚持条块结合、上下联动，凝聚脱贫攻坚强大合力

加大财政支持，在全国率先将所有贫困县一次性纳入财政涉农资金整合试点，2017 年贫困县财政扶贫资金普遍增加 10 倍以上。加大金融扶持力度，拓宽金融扶贫渠道，引导各类金融机构开发“助保贷”“惠民贷”等产品，努力破解贫困户小额贷款难的问题。大力改善贫困地区办学条件、完善贫困家庭学生接受教育保障和资助相关制度；充分发挥交通运输系统的基础支撑作用；不断完善困难群众大病医疗保险和大病补充医疗保险等制度，着力破解因病致贫和因病返贫难题；积极推进农田水利和饮水安全工程建设；优先实施贫困地区电网改造升级；24 个中央直属单位对口帮扶河南 31 个国定贫困县；近万个省内机关事业单位参与对口定点扶贫；工商联“千企帮千村”、妇联“巧媳妇工程”等行业特色活动带动大批群众走上脱贫之路；各级新闻媒体积极营造了脱贫攻坚的浓厚氛围。

（三）抓住关键环节，推动脱贫政策精准落地

围绕精准扶贫、精准脱贫的关键环节，为努力实现贫困户识别、退出和扶贫资金使用“三个零差错”，做到精准度、认同度、满意度“三个明显提高”，河南出台了精准识别、财政涉农资金整合、扶贫资金管理、脱贫成效考核、贫困退出等五个管理办法。在精准识别上，河南推广实行“一进二看三算四比五议六定”工作法，连续开展建档立卡“回头看”和贫困户信息比对工作，及时剔除识别不准人口，补录新的或返贫的人口，实现有进有出、动态管理。在精准施策上，河南按照“五个一批”的思路，扎实做好转移就业、产业扶持、易地搬迁、社会保障、特殊救助各项工作，坚持因地制宜、因人因户因村施策，不断提高扶贫措施的有效性。在精准退出上，河

南严格按照“统计摸底、民主评议、核实认可、公告公示、脱贫销号”等规范程序，以“两不愁三保障”为标准，以家庭人均纯收入稳定超过国家扶贫标准线为基础，确保退出结果让群众认可。通过精准识别、精准帮扶和精准退出等一系列机制，有效解决了“扶持谁、谁来扶、怎么扶”的问题，切实提高了贫困群众的获得感和扶贫成果的可持续性。

（四）坚持抓党建促脱贫，夯实筑牢基层基础

河南各级组织部门把加强农村基层党建同脱贫攻坚有机结合起来，把脱贫攻坚一线作为培养和锻炼干部的重要平台，把作风治理作为推进脱贫攻坚的重要保障，深入开展抓党建促脱贫工作，充分发挥了基层党组织在精准扶贫、精准脱贫中的政治优势和组织优势。河南陆续选派1.2万余名优秀党员干部到农村任村党支部第一书记，在所有贫困村和扶贫任务较重的非贫困村建立了村级脱贫责任组，选优配强农村党组织书记，建好村“两委”班子，打造“不走的扶贫工作队”，通过开展软弱涣散村基层党组织整顿、落实基层四项基础制度、推进村级集体经济发展试点、推动基层党建人财物资源向贫困农村倾斜等措施，推动了一批“软、散、乱、穷”贫困村面貌发生了整体性变化，提升了村级党组织带领群众脱贫致富的能力和本领。农村基层党组织建设全面进步、全面过硬，为打赢脱贫攻坚战提供了组织保证。

（五）严格督导考核，层层传导压力，推动责任落实

2017年，河南出台多项措施，明确省负总责、市县主体、部门协调、乡村实施、驻村帮扶、督查巡查责任，建立横向到边、纵向到底的责任体系。一是开展常态化督查巡查，成立10个脱贫攻坚督查巡查组进行督查巡查。二是出台市县党政正职履行脱贫攻坚责任考评办法，通过考核“指挥棒”来树导向、严规矩。三是强化激励和惩戒，对扶贫实绩突出的6个省辖市和3个省直管县给予通报表扬和扶贫资金奖励，对部分工作不力的部门进行约谈或诫勉谈话，对个别问题突出的市县党政主要负责同志进行责任追究。2017年前三季度，全省对脱贫攻坚中存在不严不实、弄虚作假问题的

1828 名干部进行了责任追究。四是坚持把转作风、抓落实贯彻于全年脱贫攻坚工作始终，严肃查处扶贫领域违纪违法问题，强化脱贫攻坚的纪律和作风保障。

二 河南省脱贫攻坚的阶段性成效

据统计，2013～2017 年，河南省共有 577.7 万农村贫困人口稳定脱贫，平均每年保持 100 万人以上；国定贫困县兰考县在全国率先脱贫摘帽，贫困地区农民人均可支配收入增幅高于全省平均水平，贫困群众生活水平明显提高，贫困地区基础设施和公共服务水平明显改善。

（一）脱贫力度不断加大

2018 年河南省政府工作报告指出，全省贫困发生率从 9.28% 下降到 2.57%，兰考、滑县脱贫摘帽，5514 个贫困村退出贫困序列，37.3 万贫困群众搬出深石山区，黄河滩区居民迁建规划启动实施。中央领导对河南省探索的金融扶贫新路子、兰考县巩固脱贫成果的新探索等作出批示。全国扶贫开发信息系统统计结果显示，河南省超额完成 100 万农村贫困人口脱贫的年度目标任务；实现 3 个国定贫困县和 1 个省定贫困县摘帽；10 万贫困人口顺利实施易地扶贫搬迁。资金投入加大，支持力度空前。2017 年，河南全省投入各级专项扶贫资金 132.63 亿元，较 2016 年增长 240.3%。全省贫困县统筹整合使用财政涉农资金 235 亿元，较 2016 年增长 87.3%。截至 2017 年 11 月底，全省扶贫再贷款余额 125.7 亿元，使用量居全国第三位。

（二）脱贫政策稳步落实

就业方面，截至 2017 年 11 月底，河南全省 135.8 万名贫困劳动力中，转移就业 101.1 万人。产业方面，全省实施产业扶贫项目 1.4 万个，覆盖贫困人口 71.3 万人。教育方面，累计投入 8 亿元，资助贫困家庭学生 113.5 万人次。医疗方面，在全国率先建立困难群众大病补充医疗保险制度，实际报销比例提高 10.89 个百分点；“先诊疗后付费”和“一站式”就医结算服务，惠及贫困患者 138 万人次。住房保障上，全年改造农村贫困家庭危房 8 万多户，超额完成国家下达的 5.21 万户危房改造任务。农村低保标准 2017 年提高到年人均不低于 3210 元，实现低保与扶贫“两线合一”，惠及 320 万农村低保对象。

（三）脱贫动能持续增强

通过以上率下、常抓严管，崇严尚实、真抓实干的作风在河南全省脱贫战线得以弘扬，陈召起、陶曼希、原玉容、郭存等帮扶干部中的先进典型不断涌现，“以作风攻坚促脱贫攻坚”日益成为扶贫干部的行动自觉。在力促党员干部作风转变的同时，河南省坚持扶贫与扶志、扶智相结合，充分激发群众内生动力。各地广泛开展“脱贫之星”等评选活动，鼓励群众“我要干”；开办“田间课堂”1.87 万场次、开展贫困劳动力职业技能培训 14 万人次，教会群众“怎么干”。经过各方的共同努力，“等靠要”“宁愿熬，不愿干”的思想逐渐消除，光山县“脱贫爷爷”周家喜、荥阳市“无臂羊倌”曹建新等自力更生摆脱贫困的群众越来越多。在脱贫攻坚的战场上，干部群众心连心、肩并肩，战贫困奔小康的喜人局面正在形成。

（四）脱贫合力日益巩固

2017 年，河南举全省之力、汇各方之智，形成了共同给力的扶贫工作大格局。省人大常委会审议通过了《河南省扶贫开发条例》，为脱贫攻坚工作提供了法治保障；省政协积极建言献策，助力脱贫攻坚；省纪委强力治理扶贫领域侵害群众利益的腐败问题；省检察院深入开展集中整治和加强预防扶贫领域职务犯罪专项工作。同时，河南省积极落实“干部当代表、单位做后盾、领导负总责”工作机制，把定点扶贫作为政治责任抓实抓好。中央办公厅、中国证监会等 24 个中直单位定点扶贫河南省 31 个贫困县，做了大量卓有成效的工作；各民主党派对口 6 个脱贫攻坚任务重的省辖市，扎实开展民主监督；工商联系统大力开展“千企帮千村”行动，累计投入帮扶资金133.4亿元，帮扶贫困人口24万多人；妇联系统组织实施“巧媳妇”工程，带动80多万名农村妇女就业。宣传报道方面，省级媒体刊播脱贫宣传报道稿件6500余篇（条），营造了全社会参与脱贫攻坚的浓厚氛围。

（五）脱贫经验全国推广

2017年初，在省政府主要领导的推动下，河南贫困发生率最高、贫困程度最深的豫西伏牛山区卢氏县，开展了致力于破解扶贫小额贷款“落地难”问题的金融扶贫试点工作，经过近一年的探索和实践，按照“政银联动、风险共担、多方参与、合作共赢”的工作思路，通过构建“金融服务、信用评价、风险防控、产业支撑”四大体系，形成了金融扶贫“卢氏模式”。2017年11月16日，全国金融扶贫现场观摩会在三门峡市召开，全国28个省、自治区、直辖市扶贫和金融部门的200多名代表参加了会议，并到卢氏县现场参观学习。会上，国务院扶贫办领导充分肯定了河南在金融扶贫方面的做法和成绩，指出河南在金融扶贫方面创新出“卢氏模式”，得到了中央领导的肯定，为全国金融扶贫工作探索了路子、提供了示范。2017年9月，全国扶贫车间现场会在台前举行观摩活动，濮阳“车间进村”扶贫模式叫响全国。濮阳是河南省“三山一滩”扶贫开发重点区域，近年来，该市积极探索贫困劳动力转移就业新机制，在河南率先实现“扶贫车间”进村和贫困人口就地就近就业，有效加快了贫困群众的脱贫致富步伐。

三　深入推进精准扶贫精准脱贫的政策建议

尽管河南脱贫攻坚取得了显著成效，但面临的形势和任务依然艰巨。截至目前，河南全省还有将近300万建档立卡贫困人口，卢氏县、台前县、淅川县、嵩县等4个深度贫困县，贫困发生率超过20%的1235个深度贫困村。这些贫困地区和贫困群众，大多是贫中之贫、困中之困，脱贫成本高、难度大、见效慢，是脱贫攻坚难啃的“硬骨头”。做好河南当前和今后一个时期的脱贫攻坚工作，要以党的十九大精神为指引，深入贯彻落实习近平新时代中国特色社会主义思想，进一步增强打赢脱贫攻坚战的责任感、使命感和紧迫感，坚定信心决心，保持清醒头脑，坚持扶真贫、真扶贫、真脱贫，确保真实可靠、保证质量，通过多措并举、合力攻坚，确保如期实现脱贫攻坚目标。

（一）着力攻克深度贫困堡垒

要以习近平总书记在全国深度贫困地区脱贫攻坚座谈会上的重要讲话精神为指引，深刻认识河南深度贫困地区脱贫攻坚的艰巨性、重要性和紧迫性，聚焦坚中之坚，通过科学制订脱贫摘帽计划，稳步开展黄河滩区居民迁建试点，加大政策、资金、项目等支持力度，注重激发贫困地区和贫困群众脱贫内生动力等举措，用更加集中的支持、更加有效的举措、更加扎实的工作，集中优势兵力坚决打好深度贫困地区脱贫攻坚战，确保脱贫攻坚不落一村、不落一人。

（二）突出抓好产业扶贫

发展产业是实现稳定脱贫的根本之策。当前，有的地方扶贫产业特色优势不突出、产业扶贫成效不太明显，导致脱贫基础不牢固、可持续性不强。要依托当地基础和资源优势，培育特色主导产业和新型经营主体，完善利益联结机制，带动更多贫困群众参与产业发展。要推广扶贫就业基地和扶贫车间建设，提高就业培训针对性，同时积极推动贫困地区一二三产业融合发展，发展农村电子商务，鼓励发展乡村旅游，引导和吸纳贫困群众就近就业脱贫致富。要推进脱贫攻坚与乡村振兴战略的对接，通过积极推进农村土地和集体产权制度改革，大力发展村级集体经济，探索资产收益扶贫模式，确保贫困人口优先受益。

（三）持续加强基层基础

基础不牢，地动山摇。要以 2018 年河南村级“两委”换届选举工作为契机，抓好农村基层党组织建设。通过选优配强村级“两委”班子，加强农村党员积分制管理，继续开展农村软弱涣散党组织整顿，培养农村致富带头人，促进乡村本土人才回流，打造“不走的扶贫工作队”。要做好第一书记选派和管理，加强贫困村驻村工作队管理。通过针对性选派和动态管理，做到按需选人、精准对接、悉心关爱，确保帮扶工作的稳定性、连续性，让第一书记和广大驻村队员们下得去、待得住、干得好，切实发挥脱贫攻坚先锋作用。要加强对村“两委”干部、驻村工作队员和第一书记的业务和政策培训，继续推进村务公开和民主管理工作，推广“4+2”工作法，成立村务监督委员会，带头落实基层四项基础制度，提升基层服务和治理水平。

（四）激发贫困地区群众内生动力

贫困群众是扶贫攻坚的对象，更是脱贫致富的主体。要激发贫困地区、贫困人口内生动力，通过开展移风易俗、破除陈规陋习活动，弘扬中华民族劳动光荣、勤俭持家、邻里和睦、孝亲敬老等传统美德，教育和引导贫困群众用自己的双手早日实现脱贫致富。要注重扶贫同扶志、扶智相结合，扶村同扶人相结合，加强对贫困地区干部群众的宣传、教育、培训、组织工作，把贫困群众的积极性、主动性和创造性激发出来，形成持续推进脱贫致富的新动能。要强化全社会共同参与的大格局。发挥行业扶贫的重点支持作用、社会扶贫的协同帮扶作用和扶贫对象的主体作用，鼓励支持民营企业、慈善公益组织、公民个人参与扶贫开发，充分调动一切积极因素和力量资源协力脱贫攻坚。

（五）加强扶贫领域作风治理

脱贫攻坚需要一个过程，不可急功近利和一刀切。要加强扶贫领域作风建设，深入开展专项治理，改进工作方式方法，改进督查方式，完善追查追责制度，建立查实曝光机制，以作风建设的成果促进脱贫攻坚政策措施落实到位。要根据中央《关于建立贫困退出机制的意见》要求，制定贫困县、贫困村、贫困户退出的实施细则，严禁层层加码，搞数字脱贫。要减少填表报数，除填报一次建档立卡信息系统数据外，不得以任何理由要求村级填报扶贫数据。要发挥绩效考核的引导作用。督导考核要注重绩效而非过程，关注脱贫的稳定性和可持续性。第三方评估体系要不断完善，更要严格执行，目的在于发现问题、以评促改，而不能陷入量化指标的迷信，误导基层围绕数字做文章。对地方考核评估中不严不实、弄虚作假的行为要严肃问责，确保脱贫攻坚成效经得起实践和历史的检验。

参考文献

[1]《中共河南省委河南省人民政府关于打赢脱贫攻坚战的实施意见》，《河南日报》2016 年 2 月 29 日。

[2]《关于支持深度贫困地区脱贫攻坚的实施意见》，河南省脱贫攻坚领导小组办公室，2017 年 12 月 10 日。

[3] 谢伏瞻：《精准发力　再接再厉　坚决打赢脱贫攻坚这场硬仗》，《河南日报》2017 年 10 月 16 日。

[4] 归欣：《脱贫攻坚潮涌中原——2017 年河南脱贫攻坚工作综述》，《河南日报》2018 年 1 月 5 日。

[5] 刘刚：《脱贫攻坚考核要谨防形式主义》，《农民日报》2018 年 1 月 10 日。

[6] 刘刚：《谨防精准扶贫异化为精准填表》，《农民日报》2017 年 6 月 14 日。

[7] 刘刚：《农村基层党建　加快脱贫攻坚》，《河南日报》2017 年 7 月 5 日。

B.22

河南促进农民增收的态势及对策研究

王元亮 *

摘　要：　促进农民增收是实施乡村振兴战略的重要发力点。本报告从年度、季度趋势，区域、要素结构的角度，整体判断了河南居民人居可支配收入以及农村居民人均可支配收入的情况，未来一段时期，河南农村居民人均可支配收入将保持持续增长的态势，在此基础上深入分析了进一步影响河南农民增收的主要制约因素，提出了建设农产品全产业综合体、加强技能培训、深化农村改革和继续加大财政支农力度等促进新时期河南农民增收的对策建议。

关键词：　河南　农民增收　乡村振兴战略

随着经济全球化、一体化的影响不断加深，农民增收日益受到国内国际资源、市场的制约，开始进入“多轮驱动”的新阶段。农民增收关乎农民的生存和发展，事关农民安居乐业和农村的和谐稳定。党的十九大提出实施乡村振兴战略，促进农村一二三产业融合发展，支持和鼓励农民就业创业，拓宽增收渠道。河南作为我国传统的农业大省，为贯彻落实国家实施乡村振兴战略的精神，2018 年河南“一号文件”要求，到 2020 年农民增收渠道进一步拓宽，城乡居民生活水平差距持续缩小；到 2035 年农民就业质量显著提高，相对贫困进一步缓解，共同富裕迈出坚实步伐；到 2050 年乡村全面振兴，农业

---

* 王元亮，河南省社会科学院科研处助理研究员，研究方向为农村经济。

强、农村美、农民富全面实现。研究新形势下河南农民持续增收问题，对坚决打赢精准脱贫攻坚战和实施乡村振兴战略具有重要的现实意义。

一 2015～2017年河南农民增收的发展态势

（一）年度趋势

随着稳增长、促改革、调结构、惠民生政策效应进一步凸显，以及城镇就业渠道拓展，河南农业人口持续下降，农村劳动力转移就业稳步上升，农村居民人均可支配收入不断提升。2017年底，全省常住人口9559.13万人，其中，乡村人口4764.27万人，占常住人口的比重由2015年的53.5%下降为49.84%；新增农村劳动力转移就业63万人，农村劳动力转移就业总量2939万人，其中，省内转移1762万人，省外转移1177万人，较2015年的2814万人提高4.44%。全省居民人均可支配收入20170.03元，比2015年增长17.78%，低于全国平均水平0.46个百分点；其中，农村居民人均可支配收入12719.18元，比2015年增长17.19%，低于全国平均水平0.41个百分点。

（二）季度情况

全省农村居民人均可支配收入实现持续增长，增长速度高于城镇居民可支配收入，低于全省居民可支配收入，城乡居民收入差距呈缩小态势。2017年第一季度，农村居民人均可支配收入3198.33元，同比增长8.41%，低于全省居民可支配收入0.46个百分点，高于城镇居民可支配收入0.07个百分点；前两季度，农村居民人均可支配收入5477.41元，同比增长8.54%，低于全省居民可支配收入0.4个百分点，高于城镇居民可支配收入0.22个百分点；前三季度，农村居民人均可支配收入8742.84元，同比增长8.67%，低于全省居民可支配收入0.36个百分点，高于城镇居民可支配收入0.23个百分点；前四季度，农村居民人均可支配收入12719.18元，同比增长8.74%，低于全省居民可支配收入0.62个百分点，高于城镇居民可支配收入0.2个百分点。（见图1）

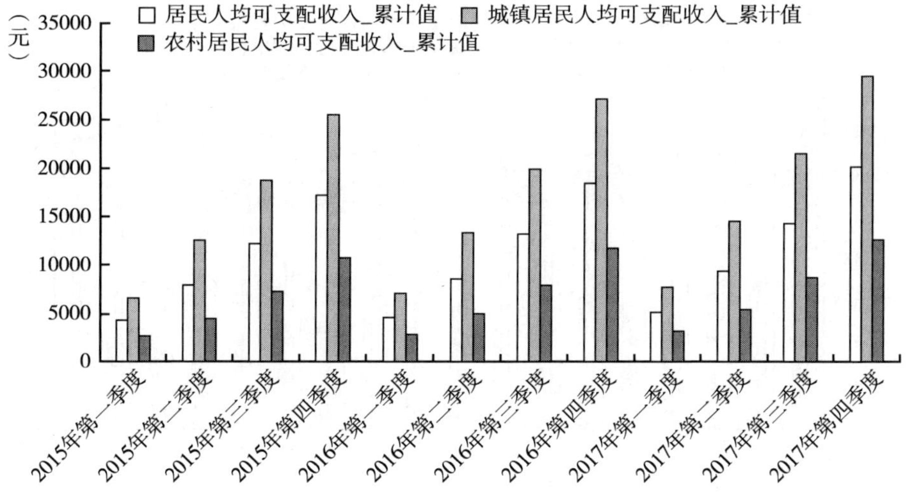

图1　2015～2017年河南城乡居民可支配收入季度累计情况

（三）结构特点

从地区结构来看，2017年，郑州、济源、焦作和洛阳的居民人均可支配收入排在全省前四位，分别为30556元、24479元、22953元和22835元，周口、驻马店、商丘、信阳位列最后四位，居民人均可支配收入分别为15226元、16433元、16684元和17480元，但其增速均在10%以上，处在全省前列。其中，郑州、济源、焦作和许昌的农村居民人均可支配收入排在全省前四位，分别为19974元、16939元、16218元和15591元，周口、商丘、驻马店和濮阳排在最后四位，农村居民人均可支配收入分别为10170元、10517元、10869元和11652元，其增速分别为9.6%、9.5%、9.4%和9.7%，均处在全省前列。（见图2）

从组成要素结构来看，河南农民经营性收入保持平稳增长，工资性收入增幅趋缓，转移性收入增长面临挑战，财产性收入增长潜力较大。2016年河南农村居民人均可支配收入达到11696.7元；其中，经营性收入4643.2元，占比为39.7%，工资性收入4228元，占比为36.1%，转移性收入2657.6元，占比为22.7%，财产性收入168元，占比为1.4%。经营性收入

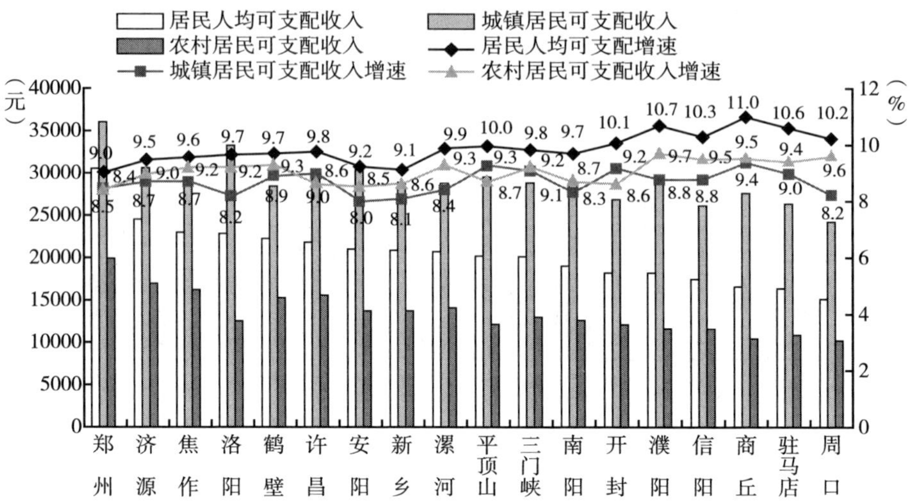

图 2　2017 年河南省辖市居民可支配收入及其增速情况

比重最大，其次是工资性收入、转移性收入，财产性收入占比最小。随着老年人口比例的逐步提高和农村社会保障逐步完善，转移性收入逐渐成为农村居民收入的后援保障。（见图 3）

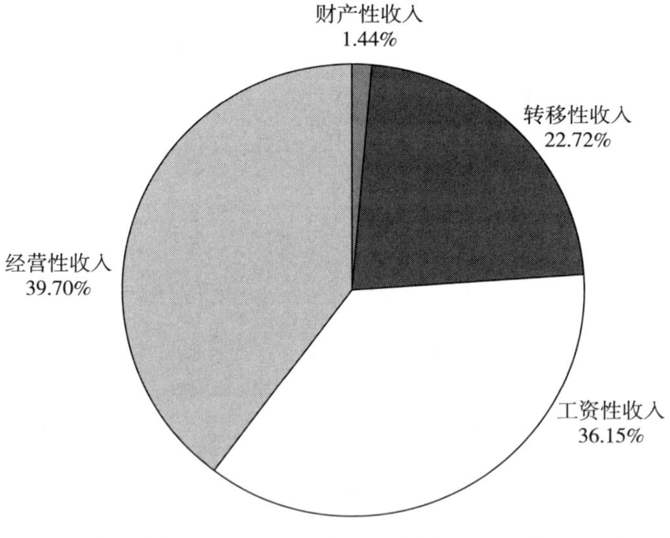

图 3　2016 年河南省农村居民可支配收入要素结构占比情况

二　近年来河南促进农民增收的主要举措

近年来，河南坚持稳中求进总基调，以推进农业供给侧结构性改革为主线，以“四优四化”为突破口，加快一二三产业融合发展，发展区域特色主导产业，拉长农产品产业链条，开展“互联网+”现代农业行动，加快发展农村电商等新业态、新模式，深化农村制度改革，激发农村经济活力，增添农民增收新动能。

（一）推进“四优四化”，深化农业供给侧结构性改革

通过优质小麦、优质花生、优质草畜、优质果蔬供给区域化、经营规模化、生产标准化、发展产业化布局的“四优四化”措施，推动农业供给侧结构性改革，提升农业综合效益和竞争力。对于优质小麦进行集中连片，加快建立地理信息系统，把到村到户的地块上图入库，逐步实现网上实时查询管理。对于优质花生重点建设沿黄及黄河故道32个县（市、区）优质大果花生区、豫南豫西豫西南40个县（市、区）优质小果花生区。对于优质草畜围绕扩大“两牛”生产，发展优质饲草。黄河滩区推广紫花苜蓿等牧草规模化种植，以“粮改饲”试点县发展青贮玉米。对于优质果蔬优化品种结构，扩大设施种植规模。蔬菜重点县建设早春、晚秋、越冬蔬菜生产示范基地，提高淡季供给水平。西瓜甜瓜产业发展重点县发展设施瓜果，发展休闲采摘，调剂瓜果供应。此外，把现有的产业集群、秸秆综合利用、农业支持保护补贴等各类项目资金，重点集中向“四优四化”倾斜。

（二）因地制宜，发展区域特色农产品主导产业

对于种植业，在稳步提高粮食产量的基础上，探索农业由粮食作物和经济作物二元种植结构向粮食作物、经济作物和饲料作物三元种植结构调整。采用有机种植模式、原生态古法种植模式等多种生态立体种植模式，

提升粮食内在品质。推动发展玉米、小麦、花生等农作物秸秆资源订单生产，开展粮改饲试点，发展饲草料生产企业。对于农产品加工业，采用“政府引导、龙头带动、农户参与”的模式，加快一二三产业融合发展，改进生产工艺，做深做精农产品产业链，实现储藏、加工、外销一条龙服务。依托一乡一业、一村一品产业支撑，加大特色产品、扶贫车间建设，积极探索产业扶贫模式。对于农村生态文化旅游业，依托非物质文化遗产、传统工艺、民俗文化、中医药文化、乡村生态资源等，充分发挥旅游扶贫综合优势，不断加大生态文化旅游的开发力度，建设生态文化旅游基础设施。

（三）开展“互联网+”现代农业行动，发展农村电商等新业态、新模式

印发了《河南省开展信息进村入户工程整省推进示范加快“互联网+”现代农业发展实施方案》，申报成为第一批全国信息进村入户“整省推进”试点省，“互联网+”现代农业综合服务平台和农业大数据三年行动方案规划编制基本完成，开通上线综合信息服务平台；培育新型农业经营主体，加快发展农村电商等新业态、新模式，联合农民专业合作社创办电商销售平台和商城，拓宽了农产品销售渠道；落实电商扶贫政策，通过电商扶贫，提供线上与线下产业融合，为农村贫困群众创造更多创业就业机会。

（四）深化推进农村改革，建立农民增收内生机制

截至2017年，农村承包地确权登记颁证工作基本完成，农村土地承包经营权证书基本完成颁发，出台了“三权分置”实施意见，为进一步放活承包地经营权、发展适度规模经营奠定基础。因地制宜发展了土地集中型、服务带动型农业适度规模经营，土地资源在流转中实现增值。农村集体产权制度改革稳步推进，第一批国家级改革试点全面完成，第二批6个国家级和18个省级试点进展顺利。

三　影响河南农民进一步增收的制约因素

当前，我国农业发展的环境和条件都发生了深刻变化，农民增收越来越受到全球化和国民经济发展的深刻影响。农业农村经济运行中的主要矛盾逐渐集中到农民增收这个焦点上。但是，河南农民增收的主要来源出现了放缓趋势，农民增收幅度下降且上涨难度较大，农民收入持续增长乏力的问题日益突出。

（一）种植业占农业产业的比重依然偏高

合理的产业结构对农民增收具有重要的意义。目前，河南农业产业结构仍然存在种植业比重偏高，林业、牧业、渔业比重偏低，服务业比重更低的局面，这就使得虽然整体上农业发展很快，但是农产品的附加值过低，表现出增产不增收的现象。此外，农业产业集约化程度偏低，农业生产普遍是家庭经营的小规模分散方式，农业生产的机械化及其现代化程度较低，农产品大多处于粗加工阶段。农业产业化骨干企业数量偏少，实力不强，没有形成生产、加工、销售的全产业链条。农业产业化服务体系缺乏，还没有建立集咨询服务、技术服务、流转服务等于一体的农业产业化服务体系，农业产业集聚区的建设还处于雏形阶段。此外，农业科技和基础设施建设投入不够，也在一定程度上影响了农业生产和产业结构的调整步伐。

（二）农民增收主要渠道的环境发生了变化

目前，河南农民增收的主要渠道来自务工的工资性收入和农业的经营性收入。但是，河南农民的劳动力素质和技能培训跟不上城镇化进程的需要，随着经济发展对劳动者的素质和技能要求越来越高，原有的收入增长方式难以快速转变，农民工资性收入增长形势不容乐观。农民的经营性收入主要来自粮食种植。由于近年来化肥、农药、种子价格上升，生产成本持续上涨，粮食种植比较效益偏低，粮农收入增长乏力。由于农业本身具有季节性，农民放弃市场导向性的农产品，选择耕种“懒庄稼”，投入产出低的窘况难以改变。受地域、经济、交通、媒体传播范围等限制，农民缺乏准确、及时的种养殖信息，加之农产品销售渠道有限，一定程度上影响农民增收。

（三）与全国平均水平相比城镇化相对落后

城镇化对农民收入的影响不可忽视。城镇化可以带动巨大的消费需求和投资动力，创造更多的就业机会，其直接作用是富裕农民、造福人民，让城乡居民共享公共资源和服务，提升农民生活水平。2017 年河南省常住人口城镇化率首次突破 50%，达到 50.16%，但仍然低于全国 58.52% 的平均水平。河南城镇化水平与新时代整体经济社会发展需求不相适应，三产服务业产值上不去，农民无法从服务业中获取更高的收入，影响了农民收入的持续稳定提高。

四　进一步促进河南农民增收的对策建议

面对当前实施乡村振兴战略提出的新形势、新特点和新要求，解决河南农民持续增收问题，必须充分挖掘增收潜力，努力拓宽增收空间。一方面，可以通过农业投入、农产品价格、农业补贴、农村金融、农业保险以及城镇化等政策创新，但更重要的是，要深化农村土地制度、农业经营制度、农村产权制度、农村税费制度和人力资本创新等制度创新，建立有利于农民增收的制度环境。

（一）建设农产品全产业综合体，提高农民经营性收入

注重拓展农业内部增收空间，提高农业产业效益。充分利用区域优势资源，促进优势农产品和特色农产品的合理空间布局，形成优势产业带和产业区域，大力发展农产品加工业，强化农业产业化和工业化的链接作用，加快融合一二三产业，做强农产品精深加工，壮大乡镇龙头企业在农民与市场之

间的桥梁作用，坚持分散经营与健全社会化服务相结合，采取“企业+专业合作社+基地+农户”的模式，连小家成大家，变小规模为大规模，打造特色农产品全产业综合体，让农民融入农业全产业链条，合理分享各个环节的增值收益，更多享受到产业兴旺的成果。

（二）加强科学技能培训，提高农民工资性收入

一是支持农业实践教育。根据地方农业特色设置农业技能实践课程，借助函授和广播电视大学，建立配套的实践基地，在取得显著效果的前提下，考虑设立“农民大学”。鼓励社会资源创办农业科技教育培训机构。二是培养职业化农民。培养一批有文化、懂科技、会管理的综合性高素质农民。三是支持外出务工人员返乡创业。坚持普惠性与扶持性政策兼顾、政府引导与市场主导协同等方式，不断优化创业环境，在财政、土地、税费、金融等方面出台一系列鼓励支持外出务工人员返乡创业的优惠政策。

（三）深化农村改革，增加农民财产性收入

尊重农民主体地位，发挥市场机制基础作用，着力强化制度创新，建立有利于农民财产性收入的制度环境和机制。深入推进农村改革，持续推进农村承包地制度、农村集体产权制度、农垦、农药管理体制改革，充分鼓励引导宅基地、农房、承包土地经营权、林权、集体股权等多种产权进入平台交易，股份经济合作社集体资产、资源发包、租赁、转让等统一纳入农村产权交易中心交易管理。积极发展村集体经济，鼓励支持农民以土地承包权等折价入股企业和合作社等。

（四）加大财政支农力度，增加农民转移性收入

加大公共财政对“三农”投入力度。一是继续加大农业补贴力度。坚持对种粮农民实行直接补贴，扩大良种补贴范围；进一步增加农机具购置补贴实施力度，探索建立农民增收财政转移支付支持补偿机制。二是提升公共服务水平。推进新农合与城镇居民医疗保险制度并轨，促进城乡公共资源均衡配置和基本

公共服务均等化、均衡化。三是推进城乡基础设施共建共享、互联互通。推动农村基础设施建设提档升级，尤其是加快道路、水利设施建设，实施农村电网改造升级，推进光网全覆盖。四是健全农村救助体系。逐步扩大低保覆盖人群，突出农村低收入群体帮扶，落实精准帮扶举措，促进低收入农户持续增收。

参考文献

[1] 李景初：《河南省农民增收问题及建议》，《合作经济与科技》2018 年第 3 期。

[2] 徐翔：《息县新型农业经营主体发展情况调查报告》，《河南农业》2018 年第 1 期。

[3] 鲁玉秀：《河南省新型城镇化发展中提升农民工资性收入研究》，《合作经济与科技》2018 年第 5 期。

[4] 曲奕威、王桂芳：《河南省经济作物生产与农村居民收入关系的探讨》，《河南农业》2017 年第 1 期。

[5] 魏国强：《发展休闲农业　建设美丽乡村——关于河南省休闲农业发展的思考》，《种业导刊》2017 年第 10 期。

[6] 农民日报：《河南围绕供给侧改革促小麦增产增效》，《农业工程技术》2017 年第 18 期。

[7] 王飞、何丽丽：《湖北省新型城镇化条件下农民收入增长研究》，《中国农业资源与区划》2016 年第 2 期。

[8] 孙晓然、蔡军、苏跃辉：《新常态下河南省农民收入提高路径分析》，《经济研究参考》2015 年第 57 期。

[9] 唐建成、肖成刚、宋洁：《农民增收的影响因素及实现途径——以四川省为例》，《调研世界》2015 年第 2 期。

[10] 蒋彩娜：《浅谈农民收入的结构、影响因素和增收途径》，《经济研究导刊》2013 年第 25 期。

[11] 佟光霁、张林：《农民增收的核心影响因素分析——河南省为例》，《统计与决策》2013 年第 13 期。

[12] 胡振华、宋姗姗：《农民收入现状及增收对策分析——以河南省为例》，《贵州大学学报》（社会科学版）2012 年第 4 期。

[13] 农业部经管司、经管总站研究课题组：《发展壮大农村集体经济增加农民财产性收入》，《毛泽东邓小平理论研究》2012 年第 3 期。

[14] 杨灿明、郭慧芳：《从农民收入来源构成看农民增收》，《中南财经政法大学学报》2006 年第 4 期。

B.23
河南促进农民返乡创业的现状与对策

李兴民*

摘　要： 乡村振兴迎来了很好的契机，在新的历史起点上应以返乡创业为抓手，将人口优势充分发挥，为中国步入新时代贡献出河南力量。河南省作为传统劳动力输出地，正在迎来返乡创业的热潮。为了巩固前一时期返乡创业成果，进一步促进返乡创业，要在理清思路的基础上，紧紧围绕提升返创企业的成活率，推动企业规模化、特色化发展这条主线，在完善政策激励，强化集体经济，提升智力支撑和搭建返乡创业交流平台上下功夫。

关键词： 乡村振兴　返乡创业　三产融合

自2011年以来，河南省内农村劳动力转移就业人数已连续6年高于向省外输出的农村劳动力人数，农村劳动力向省内净回流已成常态；并且随着国家区域协调发展战略稳步推进，产业发展逐步梯度转移，东部各类加工企业大举西迁，中西部投资环境不断改善，都给河南省实现乡村振兴带来了很好的契机。河南省是农业大省和农村人口大省，回流人员众多，以返乡创业为主抓手将会产生巨大的效应，促进河南省乡村振兴。一方面，返乡创业形成的各类市场主体可以在农村建立起以市场需求为导向的创业生态，发展农村新产业新业态，促进三产深度融合，有利于提升农业的市场性；另一方

* 李兴民，河南省政府发展研究中心农村处。

面，返乡创业兴办的实体可以就近就地吸纳安置大量农村剩余劳动力，可以解决长期存在的农村留守儿童、老人等社会问题。

一 河南省返乡创业的主要做法

河南积极推进返乡创业工作，加快返创服务，使“输出一人、致富一家”的打工效应加快向“一人创业、带富一方”的创业效应转变。河南省创业人数、创业实体数量近几年不断增长，创业平台不断扩大，创业服务不断增强。截至2017年底，全省农民工返乡创业累计达98.9万人，带动就业590.6万人，返乡创办企业50.5万个。各地通过宣传、试点示范、对成果督查奖励等办法推动返创工作的开展，目前已经出现许多亮点。

（一）搭建高标准载体引领返创

创业指数与区域经济发展水平高度相关，返创的县乡属于经济发展比较弱势的地区，创业环境不佳。部分返乡大县通过高标准高规格建设特色小镇或者返乡创业园等载体，大力度进行返创引领，强势吸引搭建本地产业框架，不但推动返乡人员的创业和就业，而且承接了沿海产业转移，取得了良好的返创效果。如，汝州市打造云绣纺织特色小镇、汝瓷小镇、云绣农民工返乡创业园，提升基础设施建设，并且通过商会招商，承接浙江、广东等沿海地区纺织产业整产业链转移，吸引汝州籍在外机绣纺织和配套企业回乡创业，已有浙江、绍兴返乡的百家企业的千余台设备入驻园区并投入生产。

（二）召唤能人回归带动返创

能人回乡是返创的一大特色和重要途径，县域丰富的乡村资源需要能人回归带动挖掘。通过吸引热爱家乡、有经济实力的乡村贤达、社会名人等返乡创业兴业，不但能有效提升集体组织和农民收入，还能为农业农村发展带来新理念、新业态和新动能，快速重塑农村经济。目前，河南省不少地方注重亲情召唤能人回乡创业，通过联系乡情、优化创业服务、成立商会等办法吸引能人回乡办实业。如鹿邑县明新集团的创办者梁庆之此前在深圳从事化妆刷加工生意，受到家乡的感召，他把在深圳的企业整个搬回来。目前，鹿邑县用类似的方式共引回化妆刷企业 83 家，带动 6 万多人就业，形成了规模效应。

（三）依托新型经营主体返创

返乡农民工通过创办领办家庭农场、农民合作社、农业产业化龙头企业、农村专业技术协会和社会化服务组织等新型农业经营主体带动返创，发展现代农业。2012 年，虞城县的褚献委投资 2000 多万元成立幸福种植专业合作社，发展现代农业生态产业园。园区占地近千亩，有温室大棚 80 座，免费转包给村民并对农产品统一组织收购，承诺每座大棚每年保本收入 1.5 万元。在经营过程中注重提高产品质量，注重品牌培育和技术投入，从山东寿光聘请了技术人员进行统一技术指导，园区实现年产蔬菜 4000 多吨，土鸡年出栏量 2 万余只，合作社成员年人均增收 8036 元。

（四）借助电商发展集群返创

借力农村电商深度开发地方特色优势资源，更容易将产品和市场端、消费端紧密连接。目前，全省农村小微创业大部分都是依托农村电商从事本地农特产开发。在此基础上引导返创人员发展具有区域特色的农业产业集群，更容易集聚规模，形成品牌，产生巨大的产品吸引力、号召力。焦作博爱马营村利用网络，创建自己的澡巾品牌，将本村内原来一户户零散的澡巾作坊整合，通过专业化经营打开销路，实现当地澡巾年产值 2 亿元。河南省兰考县堌阳镇徐场村利用本地生产桐木的资源优势，村民外出学习制琴技术后回乡，抱团大力发展乐器制造业，利用电子商务更提高了产品知名度，打造出兰考品牌。

（五）农村三产融合发展返创

发展现代农业、休闲农业和乡村旅游等，能够促进一二三产业融合发展，快速形成一条产业链，提高农业产业化水平和效益。商丘饮之健企业从事农产品深加工，利用“公司+基地+农户”模式签约了近8万亩的种植基地，并且带动1万多农户种植。特别是通过打造新兴支柱产业进行产业引领，创新发展模式，如农业与旅游、教育、文化、健康养老等产业深度融合开启返创。信阳郝堂建立稻草艺术文化园，吸引游客参观体验，承接订单，通过把稻草变成稻草人等草编工艺品，带动当地群众从事稻草编绳、骨架焊接等。

二　河南省返乡创业存在的主要问题与成因

（一）创业的产业生态不佳

多数县乡产业基础薄弱，没有形成自己的主导产业，使返创缺乏应有的产业生态，从而使得产业链无法打开，返创小微企业成活率不高。一是政策过于普惠对龙头激励不足。返创主要集中在农业大县，这些地方大多工业基础薄弱，企业规模小、效益差、层次低。龙头企业决定着整个地区发展的大生态，目前返乡创业的金融支持大多是普惠性的，对于急需资金的龙头企业或规模经营主体来说融资难、融资贵、融资慢的老问题没有得到有效解决，缺少专门针对返乡创业产业化龙头企业的专项贷款。国家发展改革委、中国农业发展银行联合印发《关于开展农业政策性金融支持返乡创业有关工作的通知》，结合返乡创业特点设立返乡创业专项贷款，其中就加大了对龙头企业的专项扶持。二是部分地区对新兴产业没有充分重视。目前农村电商、休闲农业、乡村旅游是返创的重要领域，也符合消费需求升级、农业供给侧结构性改革和农村一二三产业融合发展的方向，部分县乡的成功经验也表明这条路子是可行的，但大部分县乡发展思路并没有打开，对新兴产业重视不足。

（二）返创服务不到位

返创企业不少还是“小打小闹”，创业小规模、低效益，一定程度上还是由于返创服务不到位。一是返创风险分担不足。农业生产周期长，面临的各种自然风险等非可抗因素多，而返创业政策多以扶持鼓励为主，风险分担方面少，创业者不敢轻易扩大规模。四川在全国率先探索设立返乡创业风险分担基金，对金融机构发放返乡创业贷款发生的损失按照一定比例给予分担，提升了返创企业做大规模的信心。二是农村集体经济组织不强，不能提供良好的返创服务。返创政策上鼓励返乡下乡人员以入股、合作、租赁、承包等形式使用农村集体土地发展农业产业，这需要当地有强大的组织力给予服务支持。可大部分村级集体经济薄弱，组织涣散，村组织缺乏公共组织协调能力，不能提供有力的服务支撑，影响返创企业做大做强。三是政策过于集中在创业前期，后期服务少。为促进返创企业的发展，政府和相关行业主管部门往往出台财政补贴等多项行政扶持政策，但是目前政府的创业扶持政策大多集中在创业初期，政策缺乏持续性。虽然在初期能快速取得成效，形成导向性的返创氛围，但后期缺乏政策服务跟进，致使返创企业扩大规模受挫。

（三）低端同质返创项目多

目前，不少返乡创业项目准入门槛低，缺乏特色，低端、同质化严重，没有将先进科学技术和生产方式、现代经营理念和产业发展模式引入，导致后期产业竞争力大，不可持续。一是成熟科技成果转化慢。科学技术转化为生产力需要资本，还需要农民的配合，很多成熟技术缺少示范引领，缺少农民认可，无法顺利复制。通过示范和联盟推动技术下乡是不错的方法，河南省成立“河南省稻米精加工产业技术创新战略联盟”和“河南省家禽产业技术创新战略联盟”，促进技术创新成果得到更快捷、更有效的转化。二是特色化品牌化经营理念淡薄。不少返创项目没有特色，缺乏核心竞争力，项目面对巨大市场出现结构性过剩产能，继而造成项目严重的同质化和低水平发展，根本没有生命力。

（四）人才吸纳和培训不足

一是吸引人才下乡难。由于河南高校稀缺，河南高层次人力资源历来不丰富，并且由于返乡创业的地点多位于县城或者村镇地区，招聘人才难度加大，普遍存在吸引人才下乡难的问题。但也有部分地区开阔思路，开展多样化的引智行动，通过提升生活配套服务、项目引智、平台交流引智等方式来开展全方位多模式的引智下乡。二是本地人才培训针对性不强。对于本地现有的人力资源开发，一般采用培训的方式提升效率。但是现有培训制度大多是授课式的，没有与企业需要紧密结合，往往造成返创人员接受了培训但是效果不好，实用性不强。一些地方出现了更有效的方法可以大力推广，例如采取订单式培训，企业负责培训，政府给予补贴；一些地区还鼓励外地企业紧密与熟悉本地资源的人建立长期合作关系，培养“农村创业合伙人”；还有部分地区鼓励本地人员成长为本地代理人，将本地的可开发资源与外界进行更好的对接和推广。

（五）返创合作协作平台少

一是缺少反映现实问题的交流平台。在返创工作的推动过程中，基层政府服务中存在现实困难多，并且交流不足、对接不畅的问题。政府提供的服务和创新企业的需求之间仍存在差异。返创项目数量多、类型多，遇到的问题也各式各样，尤其是农村三产融合发展项目涉及农工商多领域，需要协调的管理部门多。二是产业链上下游企业之间缺乏合作平台。返创企业做大做强，要在全国形成有影响力有竞争力的产业集群，需要众多返创企业之间深化合作，构建地方有竞争力的产业集群。但各地类似产业和产业链上下游之间的企业间的协作平台还没有形成，没有形成良性的合作机制。三是缺少区域返创产业发展合作平台。县乡需要依据自身的产业基础和工业基础，发展支柱产业，但是部分县乡资源禀赋、发展阶段都比较相似，并且由于存在信息不对称，在现实发展过程中在产业选择上就很容易出现撞车现象，需要在更高层次上构建区域产业发展的协作交流平台。

三　对策和建议

据调查，创业后的4～8年为生存瓶颈期，容易面临经营状况不佳、融资困难、技术落后等问题从而陷入退出高发期。目前河南省作为传统劳动力输出地，正在迎来返乡创业的热潮。为了巩固前一时期返创成果，进一步促进返乡创业，要在理清思路的基础上，紧紧围绕提升返创成功率、推动企业规模化特色化发展这条主线，在完善政策激励、强化集体经济、提升智力支撑和搭建返创交流平台上下功夫。

（一）理清发展思路塑造良好返创氛围

一是返创需要系统性开展。县乡本身存在产业基础薄弱，单独进行返创很难取得实效，返创需要系统性地开展，要结合扶贫、众创、城镇化、农业供给侧改革等工作，使其和返创形成良性互动。二是发展新兴产业为引领。返创需要鼓励依托农村电商发展农业产销一体化，休闲农业、乡村旅游的发展，并以此带动农村资源的释放，增强农村活力。三是注重特色农业发展。坚持走差异化创业，鼓励返创特色化经营。要坚持以市场为导向，逐步形成区域化布局、规模化生产的集群式发展格局，使产品在规模、质量、价格上有独特优势。四是支柱企业带动发展。返乡创业需要当地强有力的支柱企业的带动。返创需要大小的结合，只有小微返创没有大型龙头企业带动发展不开，各地需要对支柱产业给予针对性、导向性的激励。

（二）完善政策激励形成良好返创生态

一是增强对集群、支柱产业政策针对性。对于地方优势支柱产业和产业集群给予更具针对性和导向性的激励政策。在返乡创业较为集中、产业特色突出的地区，探索发行专项中小微企业集合债券、公司债券，开展股权众筹融资试点，扩大直接融资规模。二是加快农村金融创新提升服务。积极探索通过财政贴息等方式支持返乡创业信贷工作，确保专项贷款高效、规范、安全运转；加大农村土地承包权、经营权和林权抵押贷款试点力度，鼓励试点地区创新业务模式，探索可复制、可推广的成功经验；加快建设农村产权交易平台。三是建立返创长效扶持机制。建立创业保障体系，增强对返创后期的保姆式服务，提升返创服务水平，加强政策支持力度，提升企业返创信心。

（三）强化农村集体经济夯实组织基础

一是将集体经济股权量化到农户，让农民获得股权收益。通过集体资产折股量化确权，引导农民入股集体经济，实行保底分红，引进和培育新型经营主体。引导村民企业建立有效的利益联结模式，为农民分享产业增值效益提供制度保障。探索土地托管、入股等各种利益联结模式。二是选取有带动能力的村党组书记加强带动。注重把农村创业致富能手、农业经纪人、复员转业军人、大学毕业生等具有创业带富能力的党员选为村党组织书记，提升带动作用。三是鼓励依托本地资源或区位优势创办村级实体企业。以项目入股分红的形式扶持带动效应强的产旅融合和特色种养项目，并组织项目业主与有关村签订联村帮扶协议，带动村集体经济发展壮大和贫困户增收。

（四）提升智力支撑增加返创技术含量

一是加大激励力度，出台调动科研人员转化科技成果积极性的政策。加大科技成果转化净收益向科研人员倾斜；试行科研项目牵头人先行自主融资办法，政府全额担保贴息，并宽容失败、风险共担；选定适合的地方作为试验区，推进农业科技成果转化。优先考虑辐射和带动能力强的科技成果，最大限度地提高农民群众的参与度。二是开辟智力下乡的多种通道。开阔思路，采取与项目结合、打造引智平台、全员下乡等多种模式引导智力下乡，实现智力与县乡资源相结合。三是多元化开发本地人才。结合本地特点和需求制订人才培训计划，增强培训的针对性；鼓励本地人才广泛收集市场信息，争当本村经纪人和创业合伙人。

（五）搭建各类返创平台协调服务返创

一是积极开放多样服务平台。开通政策咨询、市场信息等公共服务通道，为返创企业提供高效便捷服务；建立返创项目库，为返创提供创业建议，一些好的成功经验、好的返创扶持方法都可以在项目库共享。二是构建集群合作交流平台。将产业集群中各链条上的企业纳入成立合作平台，促进企业间交流合作，增强产业的凝聚力和竞争力。三是构建升级区域的产业分享平台。利用信息化及时分享产业发展现状，给政府和企业更多的信息参考，加强区域间产业合作，避免产业撞车。

参考文献

[1]《河南省大众创业分析报告（2016）》，河南省工商局。

[2] 郭铖、何安华：《社会资本、创业环境与农民涉农创业绩效》，《上海财经大学学报》2017 年 4 月。

[3] 叶晓欢、周宇飞：《农民工返乡创业金融支持体系研究综述》，《时代金融》2016 年第 9 期。

B.24

破解农业增效难题的新野探索

秦小玲*

摘　要： 农业供给侧结构性改革背景下，农业的提质增效成为主要任务。河南南阳新野县，立足于自身优势，按照“一二三产融合”的思路和“全链条、全循环、高质量、高效益”的理念，全产业链招商，深入调整农业结构，转变农业发展方式，在农业提质增效上取得了明显成效，其做法对于全省尤其是传统农区有很好的借鉴意义。

关键词： 三产融合　生态循环农业　提质增效

当前，我国农业进入一个非常关键时期，农业的发展面临质量、效益、竞争力和可持续发展等一系列问题。一方面不少产粮大县资源环境逼近红线；另一方面通过透支生态产得的农产品却由于价格、质量等问题销路不畅，供需错配，农民收入持续增长后劲不足，农业的提质增效和提高竞争力成为农业发展的主要任务。农业供给侧结构性改革旨在解决当前农业面临的这些问题，实现农业的转型升级和可持续发展。作为平原农业县，新野在破解农业增效难题上取得了明显成效，其经验做法对全省尤其是传统农区的农业转型升级和提质增效具有很好的借鉴意义。

* 秦小玲，河南省政府发展研究中心农村处。

一　整体印象

通过对新野的调研，我们整体感受到作为典型的农业县，新野在农业形势比较严峻的情况下，仍然保持了较好的农业发展态势，整体经济运行协调性比较好、韧性强。

（一）农业基础生产条件具有代表性

新野地处河南西南南阳盆地中心，地势平坦，土地肥沃，气候适宜，农业生产条件较好。全县共有耕地107万亩，其中有效灌溉面积将近80万亩，高标准粮田将近65万亩；总人口83万人，其中农村人口65万人；人均耕地面积1.3亩，土地流转面积占承包地的30%左右，仍以小农分散经营为主；主要农作物耕种收基本实现全程机械化。

（二）经济结构及运行具有协调性

在调研中深刻感受到，作为全国粮食生产先进县，新野农业并非种植业和粮食独大，种植和养殖齐头并进，并且实现了比较好的对接；种植结构中粮食、经济作物等结构比较协调；从三产情况来看，一二三产业融合协调发展的局面初步形成，农业催生了加工业的发展，加工业的带动又反向把农业发展向纵深推进，并进一步带动了服务业的发展，产业间联系紧密；走访的乡村与县城之间整体差距不太明显，城乡间发展比较协调。

（三）整体经济发展具有较强的韧性

得益于新野整体经济的协调性较好，在当前严峻的农业形势下，很多地区出现的种粮大户退地、粮食加工企业举步维艰等情况，在新野的感受都不是很明显，农业生产及加工形势整体运行较好。从新野县一些主要经济指标增速来看，增长幅度明显，尤其是农民人均纯收入，在同期全省平均水平增速下降的时期，新野农民人均纯收入增速保持了较好的势头，特殊时期表现出较强的经济韧性。

二 主要做法

近年来，新野县按照“一二三产融合，粮经饲统筹，政商农结合”的思路和“全链条、全循环、高质量、高效益”的理念，深入调整农业结构，转变农业发展方式，在农业提质增效上取得了明显成效，主要做法如下。

（一）一二三产融合，拉长农业产业链

农业在三次产业中属于较为弱势产业，农业的增效很大程度上需要外部先进生产要素的引进与带动。为了加快现代农业发展，新野县立足本地农业资源优势，引进龙头加工企业，以工促农，接二连三，延链补链，三产贯通，融合发展，形成了几个典型的现代农业产业化集群，如肉牛产业化集群、蔬菜产业化集群、小麦产业化集群等。新野在一二三产融合，拉长农业产业链上有以下明显特点。一是明晰发展思路。着眼于本地的农业资源优势，按照产城一体、融合发展的思路，围绕肉牛、蔬菜、棉纺织、林果等特色产业，根据产业空间布局，引进相关加工企业，通过加工企业进一步带动农业的纵深发展，并延伸出相关的生产性服务业、物流、旅游、互联网等相关第三产业的发展，最终形成一二三产相互促进的过程。二是明晰龙头企业的融合主体地位。在一二三产融合、拉长农业产业链的过程中，龙头企业由于管理先进、销售渠道稳定，在产业融合中具有至关重要的作用。围绕全链条发展，新野县大力开展产业链招商，先后引进了内蒙古科尔沁牛业公司、台湾华宏食品公司、河南可喜食品有限公司、河南金正佳肥业公司、南阳黄牛科技中心等大型知名企业，通过发挥龙头企业优势来整合整条产业链。三是培育集群、块状发展。在一二三产融合的过程中，新野对不同的资源优势农产品采取了集群发展的路子，在肉牛、蔬菜、小麦等领域通过龙头企业整合产业链，形成集群。如在养殖领域，逐渐形成了一条以肉牛养殖加工为基础，集良种繁育、饲草饲料种植、肉牛育肥、电子拍卖交易、屠宰加工、冷链物流、产品销售于一体的上下游贯通的产业增值链，实现了养殖业的

"接二连三"；在蔬菜领域，以康师傅嘉元脱水食品公司为龙头，构建起蔬菜生产、市场营销、脱水加工、冷链物流等为一体的蔬菜产业化集群。

（二）粮经饲统筹，优化农业种植结构

从传统种植农业来讲，通过其内部的结构调整及优化可以有效地提升农业的种植效益。新野县在粮食连续稳定增产、保持了全国粮食生产先进县荣誉的基础上，积极探索粮、经、饲"三元种植结构"协调发展。为解决肉牛产业的饲料来源及农产品加工企业的加工原料问题，新野集中流转土地，鼓励种植高秆小麦、青贮玉米、甜玉米、豌豆等经济作物和饲料粮。原来种植小麦一亩地一年的收益不计人工为700～800元，种植高秆小麦后，单种植这块收益一亩地一年可达到1800～2000元，这还不算与养殖等结合产生的综合效益。下一步，新野将积极探索"两茬甜玉米＋蔬菜"一年三熟的套种模式，单种植环节每亩地净效益可达5000元以上，比传统"小麦＋玉米"种植模式的效益提高5倍左右。通过粮经饲统筹、创新种植模式，一是直接提高了种植收益，直接促进了农民增收；二是解决了养殖业的专用高效饲料问题，增加了养殖环节的转化收益；三是探索出一条藏粮于地的路子，既适当控制了粮食产量，缓解了当前粮食库存压力，又保住了粮食生产能力，收到了很好的效果。

（三）农牧工一体，打通资源循环利用链

新野积极探索把传统种植业和畜牧养殖联结，并进一步和加工连接起来，极大地增加了农业的综合效益。具体为，以肉牛产业集群为基础，流转土地种植经济作物和饲料粮，如甜玉米，玉米粒用来加工熟食品，秸秆用来供应养殖肉牛的饲料，养牛产生的粪便一部分直接还田改良土壤，另一部分销售给有机化肥厂加工成复合肥，形成了流转土地、规模种植甜玉米、秸秆养牛、牛粪制肥、生产食用菌、肥料还田、沼气发电、沼液还田的生态循环链。在这个过程中，一是种植部分，除去由粮改饲产生的直接种植收益，实现了一亩地养一头牛，转化效益就达到3000元。二是提高了养殖效益。创

新一年三熟的种植模式，可实现一亩地养一头牛，18～20个月出栏。而草原地区需要50亩地养一头牛，两年才出栏。三是生态效益，全县65%的农作物秸秆通过养牛过腹转化，万头牛场年产8万吨牛粪，生产有机肥5万吨，覆盖了10万亩有机良田。粪尿通过沼气处理，沼液利用管道浇灌农田，实现了土地消纳，把整个区域排放降到最低。

（四）政商农结合，完善农业质量控制体系

质量控制体系是农业增效的关键，无论是农业内部的粮经饲统筹、农牧结合还是农业外部的一二三产融合，都需要标准化的高质量农畜产品作为依托。为此，在新野县政府的协调、指导下，新野肉牛产业集群科尔沁牛业公司在全县基地村统一建设了10个标准化千头肉牛育肥场，免费让基地农户使用，公司采用“五统一”：统一规划设计、统一疫病防治、统一技术指导、统一饲料供应、统一育成牛收购，推行标准化生产。并引进质量安全管理技术，建立“养殖生产—屠宰加工—物流运输—产品销售—餐桌消费”的食品安全全程可追溯体系，确保了农产品质量。对于肉牛的饲料甜玉米的种植，也是统一甜玉米种子采购标准、统一甜玉米田间管理方案、对甜玉米种植技术培训指导，逐步建立了“田间地头—产品加工—物流运输—超市经营”等质量全程监控链，建成了全省领先的高效生态循环经济示范园区。标准化的种植，保证了养殖业的高质量发展，从而提升了整个产业链的价值。

三　启示与建议

（一）非价格竞争路径是农业增效的主要选择

农业增效，一是要降成本，二是要提收益。从降成本来看，我国农业生产成本近几年不断攀升，一方面是我国人多地少的资源禀赋条件所决定的，这是农业生产成本比较高的基本原因。而且可以预见，这种小农分散经营的

格局短期内不会改变，即便我国城镇化率达到70%以上的水平，人均耕地面积仍在一个很低的水平。另一方面农业生产成本不断上升是我国经济社会发展到一定阶段的必然结果。随着城镇化、工业化的不断推进，劳动力、土地等生产要素价格处于一个不可逆的上升阶段。综合来看，面对当前两板挤压的农业严峻形势，降成本是一个有效途径，但是结合我国实际条件，降成本的空间很有限。而通过农业结构性调整、三产融合以及新产业新业态的发展等非价格竞争，增加有效供给，提高产品的附加值，从而提高农业的比较收益，潜力比较大，也是我们这样一个人多地少的国家应对当前农业严峻形势的必由之路。

（二）内外联动是农业增效的主要途径

从新野的实践来看，农业作为一个产业，既可以通过优化产业内部结构如粮经饲统筹优化种植结构、农牧一体优化大农业内部结构等，实现农业的增效，也可以与外部先进要素结合实现农业增值增效，如与加工业结合，与第三产业结合，实现一二三产的融合联动发展，拉长农业产业链，打通加工增值链。进一步，农业还可以与市场充分结合、与互联网等新技术结合，拓宽农业增值增效的空间。一直以来，自给自足的农业传统深刻影响着我国的农业发展，农业普遍存在着与市场结合不够充分的问题，如粮食三量齐增等农业的结构性矛盾，其根本原因在于市场化程度不够。而互联网作为一种工具正深刻地改变着各行各业，各种新业态不断出现，农业和互联网的结合必将推动农业的纵深发展，挖掘农业增效的潜力。在新野调研中，我们已经看到了“互联网＋农业”的星星之火，如云农场，通过对小麦、蔬菜产前的测土配肥、农资供应，产中的农业技术服务，产后的产品销售，给农民带来了许多好处。互联网可以有效盘活农业资源，尤其是新时期，城市消费结构升级背景下，农业农村的多功能价值凸显，“互联网＋农业”潜力巨大。此外，在这个过程中，农产品的质量控制是基本，我国农业已经从论产量过渡到拼质量的新阶段，必须认清这一基本形势，这也是农业能够通过对外联动实现增效的基础。

（三）绿色循环是农业增效的直接体现

长期以来，粗放的农业发展方式给生态环境带来了相当的损害，化肥、农药使用效率低，农业废弃物有效利用率不高，农业面源污染严重，生态环境负荷接近极限，农业可持续发展后劲不足。而传统观念往往把绿色和发展对立起来，尤其是在增产导向思路下，认为减少化肥、农药等投入品的使用，会降低粮食产量，这也是发展中省份特别是像河南这样肩负国家粮食安全责任的产粮大省，在绿色农业发展方面难以取得实质性成效的重要原因。随着经济发展水平的提高，消费结构的升级促使市场对于绿色健康产品和良好的生态环境需求明朗化，消费者愿意为此买单，绿色产品已经由过去的战略需求演变成现实市场需求，变成一种切切实实的生产力。新野探索的绿色循环发展路子，是一个极具代表性的典型，实现了农业生产系统内循环，资源利用不断最大化，并努力实现区域内零排放。这种循环农业的模式，不仅直接增加了种植、养殖效益，还增加了转化效益，更为重要的是增加了生态效益。一方面竭泽而渔的农业生产方式使生态环境的承载达到了极限，另一方面随着经济发展水平的提高，人们在基本的物质需求得到满足后，对良好的生态环境需求更高了。新野循环农业的探索，可以说运用了现代的生产方式和工具，在更好地满足人们物质需求的同时，又恰当地使农业的生态体现回到了最初时期，很好地把生产效益和生态融合到一起。

（四）农民增收是农业增效的主要目的

坚持农民主体地位、增进农民福祉，是农村一切工作的出发点和落脚点。农业增效，最根本的途径还是要和外部先进生产要素相结合才能产生更大的效益。而外部先进的生产要素通常掌握在资本手里。在结合的过程中，由于资本与农民的地位不对等，资本很容易侵占农民的利益，或者说增加的效益由资本独占或多占。所以，在推进农业产加销结合、农村一二三产业融合的过程中，要让农民最大限度地共享产业融合发展的增值收益。在新野的调研中发现，农民通过流转土地给科尔沁肉牛公司等，得到了地租还有务工收入，相比之前收入有所提高。科尔沁等公司也采取了“合作社 + 农户”“公司 + 合作社 + 基地 + 农户”等方式把部分农户纳入公司的生产体系。下一步如何把更多的农户纳入整个产业体系，以及在产业提升的过程中，如何使农民的收入随着公司的盈利而水涨船高来代替地租、保护价收购农产品等买断性质的结合方式，是新野乃至很多传统农区需要进一步探索的。

（五）完善服务体系是农业增效的重要支撑

当前的农业社会化服务体系仍然建立在原有生产体系和生产结构上，与新型经营主体和当前的提质增效是不相适应的，尤其是金融、保险社会化服务的滞后，已经成为新时期农业提质增效的瓶颈因素。以养牛为例，养牛需要的资金投入大，收益回报周期长，很多农户虽然有养殖技术和经验，但缺少启动资金，只好出外打散工。龙头企业、农民合作社、家庭农场、种养大户等新型农业经营主体是农业提质增效的主力军，发挥它们的主动性和积极性至关重要，它们的带动和辐射作用最直接、最关键、最给力。发挥新型农业经营主体的作用，既需要强化产业集群支撑，也要创新土地流转管理服务及农村金融支持等机制。南阳市和新野县针对这些问题也做了一些探索，在帮助农户争取银行贷款的问题上，成立中牧联合担保公司，由南阳市财政、新野县财政和企业分别出资，注册资金 1 亿元，专门向农业专业合作社、家庭农场、种植大户、养牛大户提供担保贷款，充分发挥投资的杠杆作用，使企业和政府形成合力，促进肉牛产业发展。新野县还联合科尔沁牛业公司，与互联网平台合作，积极探索创建“互联网 +”融资模式，着力打通上下游资金链。既帮助经纪人解决购牛资金难题，充分拉动原料牛供应；也帮助下游经销商解决购买牛肉产品的资金问题，有效促进了牛肉销售。促进产业的进一步深度融合，还需要进一步加大扶持力度，充分调动和建立农村三产融合发展基金，整合涉农项目资金，创新农村三产融合土地使用政策，大力发展“互联网 + 新业态”等，促进融合发展。其中，要重点支持参与三产融合发展的龙头企业做大做强，提升融合发展的带动能力。

Abstract

The book was edited by the Henan Academy of Social Sciences and focused on the theme of "proactively implementing the strategy of village rejuvenation". It systematically analyzed the situation and characteristics of Henan's agricultural and rural development in 2017. It looked forward to 2018, and empirically measured the jurisdiction of various provinces in Henan. The city implemented the realistic basis for the strategy of rural revitalization, and researched and discussed the main ideas and countermeasures for the solid promotion of rural revitalization strategy in Henan in an all-round and multi-angle manner.

One of the book's general reports analyzed and looked forward to the situation of Henan's agricultural and rural development from 2017 to 2018. According to the report, in 2017, the province's agricultural and rural development showed a steady overall trend, a stable and steady progress, and a good trend of quality improvement. The output of major agricultural products grew steadily, the optimization and upgrading of agricultural structure accelerated, the income of peasants continued to increase, and rural reforms deepened in an all-round manner. Rural development has entered a new stage, but at the same time it also faces outstanding problems such as low efficiency, poor production structure, weak market competitiveness, and unbalanced urban and rural development. In 2018, despite the superposition of various traditional and non-traditional challenges, the favorable conditions are gradually accumulating. The province's agricultural and rural development as a whole will show the trend of "stable production increase, increase revenue, improve quality and promote fusion", and agricultural production will Overall stability, the agricultural structure will continue to be optimized, farmers' income will continue to grow, and urban-rural integration will further accelerate. The report recommended that we must seize opportunities, take advantage of opportunities, strengthen planning and guidance, highlight quality-oriented, promote agricultural and rural priority development, innovation and development, green development, implement a high starting point, high-quality implementation of rural rejuvenation strategy, and solidly promote the construction of a strong province of modern agriculture.

The second main report of this book measures and evaluates the realistic basis of the rural revitalization of each provincial city in Henan. The report believes that the research and evaluation of the basic conditions of rural revitalization in Henan Province is of great value for the targeted high-quality implementation of the strategy for rural revitalization. The report comprehensively measures, evaluates, and analyzes the realistic basis for the rural revitalization of the 18 provincial cities in Henan by constructing a basic evaluation index system for rural revitalization in Henan Province and comprehensively using statistical yearbooks, statistical bulletins, and other data. The report suggests that there should be targeted and focused policy measures to increase the pertinence and accuracy of policy design, highlight key areas, focus on weak links, and unswervingly advance implementation.

The sub-report of this book mainly focuses on the five aspects of the general requirements for rural revitalization, namely, "industrial prosperity, ecological livability, rural civilization, effective governance, and affluent life" to strive to fully reflect the development of agricultural and rural areas in Henan in these five aspects. Based on the actual foundation, facing problems, development advantages, and strategic opportunities, we will look forward to the promotion of the strategy for rural development for a longer period of time in 2018 and even the future, and put forward specific ideas and suggestions.

The Industrial Prosperity Article tries to analyze and forecast the transformation and upgrading of agriculture in rural areas in Henan, the structural reform in the agricultural supply side, the building of a modern agricultural strong province, the opening up of agricultural development, and the development of rural secondary and tertiary industries, from different perspectives and areas. Explore ideas and countermeasures for promoting the rejuvenation of rural industries.

The Ecological Livability Article attempts to analyze and prospect the problems of the integration of urban and rural development in Henan, the construction of characteristic towns, and the development of traditional village tourism, and discusses the key points, focus, ideas, and countermeasures for promoting rural ecological development.

The Rural Civilization Article attempts to analyze and look forward to the issues such as the construction of rural wind civilization in Henan Province and the inheritance and development of rural traditional culture, and discusses the key points, paths and countermeasures for promoting rural culture revitalization.

The Effective Governance Article attempted to analyze and prospect rural basic party construction, grassroots governance, and informationization in rural governance in Henan Province, and discussed ideas and countermeasures for promoting the rejuvenation of rural organizations and improving the modernization of rural governance systems and governance capabilities.

The Affluent Life Article tries to analyze and look forward to Henan's poverty alleviation, farmers' income increase, return to their hometowns, and agricultural efficiency. From the aspects of the revitalization of rural talents and the equalization of basic public services, we will explore ideas and strategies for improving farmers' sense of well-being and happiness.

Keywords: Henan; Agricultural and Rural Area; The Rural Revitalization Strategy

Contents

I General Report

Abstract: The development of agricultural and rural areas in Henan shows a good situation of overall stability and stable quality in 2017. The production of major agricultural products got stable growth. The agricultural structure was upgrading and optimizing. The farmers' income got continuous growth. The rural reform was comprehensive deepening. The development of agricultural and rural areas was into a new stage. At the same time, there are still some prominent problems, such as low efficiency, poor production structure, low market competitiveness and imbalance between urban and rural development. Whatever the traditional and non-traditional challenges are superposition and more prominence in 2018, favorable conditions are also gradually accumulating. It can ne concluded that the overall development of agricultural and rural areas in the whole Henan province will show a trend of "steadily increasing production, expanding and increasing income, improving quality and promoting integration". The production of agricultural products will remain stable in general. The agricultural structure will continue to be optimized. The income of farmers will continue to grow. And the integration of urban and rural areas will be further accelerated.

Keywords: Henan; The Strategy of Rural Revitalization; Modern Strong Agricultural Province

Abstract: Researching and assessing the basic situation of Rural Revitalization in Henan province, is of great value for Henan to carry out the strategy of Rural Revitalization. This study is based on the data of statistical yearbook, the rural Revitalization foundation of 18 provincial cities in Henan province has been comprehensively measured and evaluated. According to this,

Accordingly, we must enhance the accuracy of policy design, focus on the weak link, highlight the key points, unswervingly push forward the implementation.

Keywords: Henan; Countryside; Rural Revitalization; Agriculture

Ⅱ Industrial Prosperity

Abstract: Building a strong province of modern agriculture is a strategic measure to improve the quality and efficiency of Henan's agriculture, and it is also an important manifestation of the station's position in the country and its overall service. It is necessary to fully understand the good opportunities for building a strong province of modern agriculture, and to build a strong province of modern agriculture to promote rural revitalization in Henan. It is necessary to clarify the goal of building a strong province of modern agriculture in Henan, and to promote the structural reform of the agricultural supply side as the main line, optimize the industrial structure of agricultural products, accelerate the pace of innovation in agricultural science and technology, vigorously promote green production methods, and improve the policy system of supporting agriculture and benefiting agriculture and build Modern agricultural management system, deepening the reform of rural property rights system, and strengthening rural infrastructure construction.

Keywords: Modern Agriculture; Improve Quality and Efficiency; Rural Revitalization; Enriching People and Developing Province

B. 4 Research on the Transformation and Upgrading of Henan's Agriculture and Countermeasures

Sheng Xiudong / 046

Abstract: Speeding up the transformation and upgrading of agriculture in Henan is an important measure to implement the strategy of Rural Revitalization and promote the prosperity of rural industry. Facing the structural contradiction between the supply and demand of agricultural products, and the prominent problems of the aging of agricultural labor, the sideline industrialization of agricultural household management and the fragmentation of agricultural operation scale. Accelerate the transformation and upgrading of agriculture. We should take the structural reform of the agricultural supply side as the main line. Speed up the adjustment of agricultural structure. We should develop a variety of forms and moderate scale management. Improve agricultural innovation, competitiveness and TFP.

Keywords: Henan; Agricultural Transformation and Upgrading; The Rural Revitalization Strategy

B. 5 Research on the Development Path of Henan Agricultural Industry Under the Background of Rural Vitalization Strategy

Li Guoying / 055

Abstract: The strategy of rural revitalization will be the core strategy affecting the development of agriculture and rural economy in the future . For a long time, China's development has focused on industries and towns. The long-term development of agriculture and rural areas has lags behind. At present, it has become a major obstacle to building a well-off society in China. The Ninth National Congress and the Central Economic Work Conference pushed for rural revitalization, which meant that the revitalization of rural areas had risen to the national strategy. This meant that the focus of national development was tilting towards agriculture and the countryside. Behind this was a major strategic shift in the relationship between urban and rural areas. It was based on the rural industry. On the basis of endowments such as population, culture, and culture, it stimulates enthusiasm and initiative from the bottom up. It can be said that reliance on exogenous growth to establish a sustainable rural endogenous growth model is a great change in the concept of governance. In recent years, the middle and low-end manufacturing industries in Henan's first- and second-tier cities have accelerated their transfer to third-tier cities and even villages and towns, bringing about localized employment opportunities accordingly; relying on characteristic resources to develop characteristic industries for leisure agriculture and sightseeing agriculture, opened cities. Consumer demand, the development of agricultural tourism integration of new industries and new industries; At the same time, based on the reality of Henan's large population of agriculture, Henan's rural revitalization also gradually explored a small farmer and modern agriculture organic convergence of characteristic development model.

Keywords: The Rural Vitalization Strategy; Rural-Urban Reconciled Development; The Developing Route of Industry

Abstract: In the past two years, Henan has promoted the structural reform of the agricultural supply side with "four excellent and four modernizations" . Various measures have been steadily advancing, and some pilots have achieved remarkable results, but there are still a series of outstanding problems. Henan also needs to further promote "four excellent and four modernizations" from the following aspects, including building quality agricultural product demonstration counties (districts), implementing combined planting and breeding, promoting industry convergence, strengthening the connection of production and sales,

Improving the purchasing and storage system and cold storage facilities, strengthening investment and compensation mechanisms, in order to speed up the transformation and upgrading of agriculture and the prosperity of rural industries.

Keywords: Four Excellent and four Modernizations; Agricultural Supply side Structural Reform; Rural Industry Booming

B.7 Research on the Current Situation, Development and Measures of Animal Husbandry in Henan Province

Abstract: The development level of animal husbandry is one of the important signs to measure the level of agricultural modernization. In recent years, animal husbandry in Henan has been quickening its transformation and structure adjustment. The comprehensive production capacity of animal husbandry has been steadily improved, and the quality of development continues to be good. That provides a strong support for the agricultural modernization of Henan. Under the background of vigorously implementing the strategy of Rural Revitalization, aiming for accelerating modernization of animal husbandry Henan's animal husbandry should further deepen structural adjustment and transformation, to promote the industry to high-end, green, intelligent and converging.

Keywords: Animal Husbandry; Rural Revitalization; High Quality Development

B.8 The Reform and Development Path of State-owned Farms in Henan Province

Abstract: The state-owned farms play the demonstration and leading role in changing the way of agricultural development, new model area of modern agriculture and the frontier of agriculture "going out" in Henan Province recently. How to speed up the construction of new modern state-owned farm for giving full play to the demonstration and leading role of state farms? It's a real question with an urgent need for further study, especially in the new history era of strategy of Rural Revitalization. So, the reforming of state-owned farms must be further deepened and increase investment in farm infrastructure in order to make a big and strong leading agriculture. Improving the ecological environment and cultivating the talent team are also important in this process.

Keywords: State-owned Farm; New Modern Farm; Rural Revitalization

Abstract: As an important agricultural province and food production province, Henan has a bearing on the implementation of the country's rural rejuvenation strategy and the promotion of the entire agricultural and rural modernization process. At present, the development of the modern agricultural industrial system in Henan Province is manifested in the steady growth of agricultural product output, the rapid development of modern agricultural industrialization management organizations, the significant increase in the integration of rural and tertiary industries, and the beginning of the scale of socialized service systems. At the same time, China's modern agricultural industry system still faces many problems. We must profoundly grasp the guiding ideology of implementing the strategy for rural revitalization, further increase the level of agricultural industrialization, accelerate the promotion of agricultural technological innovation capabilities, and focus on building new forms of agricultural industry development. In addition, we must strengthen government support, give play to market guidance, promote leading enterprises, strengthen cooperatives, and build new professional farmers.

Keywords: Henan; Modern Agricultural Industry System; Rural Revitalization Strategy

B. 10 The Thought and Countermeasure of Constructing a New Pattern of Agricultural Opening in Henan Province under "the Belt and Road" Initiative *Miao Jie* / 109

Abstract: In recent years, the agricultural cooperation between Henan and the countries participating in the "Belt and Road" initiative has been strengthened, and some progress has been made, but on the whole, there are still some problems in the agricultural opening to the outside world. With the progress of the "Belt and Road" initiative, Henan should seek agricultural cooperation in more areas and within a wider range, including further optimizing the trade structure of agricultural products, innovating agricultural foreign investment models, and expanding agricultural technology exchange space. In order to build a new pattern of agricultural opening to the outside world in Henan Province, We should also strengthen overall coordination, increase policy support, and adhere to the concept of sustainable development.

Keywords: "One Belt and One Road" Initiative; Agricultural Opening to the Outside World; Agriculture "Going Out"

B. 11 Research on the Construction and Development Countermeasures of Agricultural Products Entry and Exit Port in Henan *Cui Xiaonian* / 120

Abstract: Port construction is the key fulcrum of Henan's two markets in the process of deepening agricultural supply side structural reform. At the same time, it is also an important part of building an inland open economic highland and an important way to promote agricultural modernization. This paper summarizes the current situation of Henan port construction and the current situation of agricultural products' foreign trade. On this basis, we further discussed the advantages of building agricultural products port in Henan, including agricultural industry, location and inclination of national policy. The difficulties also be discussed such as fierce competition from the surrounding areas and the weak foundation of the export-oriented agriculture industry. Finally, the countermeasures and suggestions for further promoting the entry and exit ports of agricultural products in Henan are put forward.

Keywords: Port Construction; Agricultural Product Trade; Modern Agriculture

Abstract: The implementation of the rural revitalization strategy is a major time proposition and historical task, involving all aspects of the development of agriculture, rural areas and farmers. Information into the village is the development of the "Internet +" a basic project of agriculture, to speed up the construction of rural areas, promote farmers to become rich, contribute to the integration of urban and rural areas, a well-off society has played an important role. Through the analysis of the exploration and practice of Henan Hebi in the field of Agro Sciences Information Society, the paper combed the "Internet +" in Henan Province in detail, and the present situation, problems and challenges in promoting rural revitalization are presented, including raising awareness and strengthening the top level design. Speed up the development of rural e-commerce, improve the ability of farmers to use information, innovation and development of modern agricultural science and technology, such as targeted countermeasures and suggestions.

Keywords: Agro Sciences Information Society; "Internet +"; Modern Agriculture

B. 13 The Mode and Experience of Promoting the Integration and Development of the 1st Industry, the 2nd Industry and the 3rd Industry in Yanling Rural Area *An Xiaoming* / 144

Abstract: Realizing the integration and development of the rural industries, is an important content to carry out the strategy of rural revitalization. Relying on the unique resources, with the scientific planning and functional positioning for the lead, with the leading enterprises and large projects for the drive, with the innovation in science and technology and cultural and creative for the drive, with large-scale exhibition and the Internet for the platform, with the supporting policies and public facilities for the security, Yanling has promoted the depth integration of the rural industries in "flowers and trees planting +" mode in recent years. It has not only greatly enhanced the comprehensive benefits of the flowers and plants industry, but also promoted the all-round development of county economy. Practice and exploration of Yanling has the following enlightenment: integrate advantageous resources and promote the fusion with characteristic leading industry; cultivate leading enterprises and promote the fusion with the cultivation of new industry; strengthen scientific and technological innovation and promote the fusion with extending the industrial chain; create a good environment and promote the fusion with the supporting services.

Keywords: Yanling; Flowers and Threes Industry; Integration of the Rural Industries

Ⅲ Ecological Livability

B. 14 Research on the Integration of Urban and Rural Development in Henan Province in the New Era *Guo Xiaoyan* / 154

Abstract: The report at 19th CPC National Congress put forward the strategy of rural revitalization and the integration of urban and rural development for the first time, pointed out the direction of rural development in the new era, and clarified new ideas for rural development. This is a major strategic change in urban and rural development. In the 40 years of reform and opening up, as in the entire country, Henan Province has achieved remarkable achievements in economic and social development and laid a solid foundation for promoting the integration of urban and rural development in the province. However, Henan is a traditional agricultural province. The total population of the rural population is huge, the development of rural areas is lagging behind, and there are many restrictive factors in promoting the development of urban-rural integration. Therefore, it is necessary to implement a rural revitalization strategy, establish a sound urban-rural integration development system and policy system, and create a new situation for the integration of urban and rural development in Henan so that urban and rural residents can share the fruits of economic and social development.

Keywords: Rural Revitalization; Urban-rural Integration; Henan

Abstract: Under the new normal background, "Characteristic town" is a new new thing in the new development of new urbanization. It is an important grasp in deepening the structural reform of the supply side of urbanization, an important vehicle to promote the development of the urban and rural amalgamation. On the basis of the in-depth analysis of the present situation of the construction of the characteristic town. The paper points out that there are still some outstanding problems , such as the lack of characteristic industry development, the imperfect function of the towns, the indistinct role of policy guidance. At the last, Put forward the countermeasures from cultivating of special industries, strengthening of the construction of service facilities and the improvement of the relevant policy systems.

Keywords: Henan; Characteristic Town; New Urbanization

Ⅳ Rural Civilization

B. 16 The Progress and Countermeasures of Promoting Rural Civilization Construction in Henan

Bi Chaojie, Chen Mingxing / 175

Abstract: Rural civilization construction is an important part of the strategy of rural rejuvenation. In recent years, Henan has been actively innovating methods and methods, solidly advancing the construction of rural spiritual civilization, carrying forward the fine traditional culture and civilization, singing the main melody and cultivating new trends, and has achieved good results. However, in the face of the complicated situation in the social transition period, there are still some problems that cannot be ignored. To further promote the construction of rural civilization, we must focus on strengthening the ideological and moral construction of farmers, actively promote the habits and customs, strengthen grass-roots cultural construction, and constantly improve the long-term mechanism for the normal construction of rural civilization.

Keywords: Rural Civilization; Change the Customs; Normal Long-term Effect

B. 17 The Prompting Path for Rural Traditional Culture Inherited Development in Henan Province: A Case Study of Pit-housing

Qiao Yufeng / 185

Abstract: The integration development of rural tourism and culture is not only the innovative inheritance of rural culture, but also the new format and value chain reconstruction of rural tourism. It provides a new path for the strategy of Rural Revitalization. The integration development has multiple paths and patterns. It includes endogenous power and exogenous power and can be realized through the deconstruction and reconstruction of the value chain. The scenic spot of Pit-housing in Shanzhou, Sanmenxia is showed as a case for empirical study. Basing the integration development of the local rural tourism and the traditional architectural culture of Pit-housing, a systematic analyses about the path, model, power and realization, which is related to integration development, are carried out. The realistic path of integration development is also illustrated. The results obtained in this paper provide inspiration and reference for the market demand driven, government macro management and diversification integration model in development of rural tourism.

Keywords: Henan; Rural Traditional Culture; Rural Revitalization Strategy; Rural Tourism; Cultural Inheritance

Ⅴ Effective Governance

Abstract: The leading role of rural grass-roots party building in rural governance is mainly reflected in many aspects such as political direction, economic development, public service and interest integration. At present, some rural grass-roots party organizations still have problems such as weakening leading position, lack of leading ability, imperfect guiding mechanism, imperfect lead system, etc. To lead rural grassroots party building to lead the governance of the countryside, we must continue to consolidate and lead, improve leading ability, and improve leadership. Ways and working mechanisms to improve the protection mechanism.

Keywords: Rural Area; Basic Party Building; Rural Governance; Henan

B. 19 Practical Exploration and Countermeasures for Promoting Rural Revitalization in Henan Province

Chen Donghui / 205

Abstract: In recent years, Henan province has persisted in taking the "three rural" work as the top priority, increasing the strength of the strong farmers, promoting the rural economic transformation and development, strengthening the construction of rural spiritual civilization, focusing on the basic construction of rural grass-roots, promoting the construction of beautiful countryside, making a good fight against poverty in rural areas, and accumulating the development of rural areas. The experience has laid a solid foundation for the implementation of the Rural Revitalization Strategy. But we must clearly see that the development still faces the problems that need to be solved, such as "hollow", agricultural transformation and upgrading, the flow of production factors and the lag of cultural development. We must adhere to the problem orientation, find the crux of restricting the revitalization of the countryside, tamp the foundation of the economy, seize the soul of the culture, seize the key to the talent, and focus on the system, take pertinent measures to promote the increase of farmers' income and make the countryside a beautiful home with modern gas.

Keywords: Henan; Rural Revitalization; The Problem of "Three Rural"

B. 20 Path and Countermeasures of Agricultural Big Data Service in Revitalizing Rural Areas in Henan

Zhang Ying, *Zhang Wenbo* / 216

Abstract: Big data is the product of the development of the new information era with the characteristics including large capacity, different varieties, fast access speed, and high application value. It has become an important source of national resources and industrial production, also an important starting point for Henan Province to promote rural revitalization, which can be widely used in precise agricultural production, traceability of agricultural products, food safety, poverty alleviation, internet-utilized government affairs, credit system development, macroeconomics, environmental protection and other fields. The development of agricultural big data is rapid but with existing problems like lack of a platform, a preliminary application, and insufficient marketization. It is important for us to build an application service platform, improve key technologies, attach importance to the construction of talents, ensure the safety of applications, and strengthen supervision.

Keywords: Big Agricultural Data; Rural Revitalization; Internet +; Henan

Ⅵ Affluent Life

Abstract: since the eighteen Party's Congress, Henan has taken the poverty alleviation as a major political task and the first people's livelihood project. It has further promoted the precise poverty alleviation, accurately lifted the poverty and tackled poverty, and achieved good results. At present, Henan poverty alleviation has entered Gnawing hard bones crucial pulling village sprint, to thoroughly implement the general secretary Xi Jinping important strategy of poverty alleviation and development, summarize the experience in affirming the achievements, attaches great importance to the problems in the process of poverty alleviation and weak links, and effectively improve the quality and sustainability of poverty, resolutely fight poverty alleviation war, ensure that the poor people of the province with a comprehensive well-off society forward.

Keywords: Henan ; Accurate Poverty Alleviation; Poverty Alleviation and Hard Work; A Comprehensive Well-off Society

B. 22 Research on the Situation and Countermeasures of Promoting the Increase of Farmers' Income in Henan

Wang Yuanliang / 237

Abstract: Promoting farmers' income increase is an important force to implement the strategy of Rural Revitalization. From the perspective of annual, quarterly trend, region and factor structure, The overall disposable income of residents and the per capita disposable income of rural residents were judged. For a period of time, The per capita disposable income of rural residents in Henan will maintain a sustained growth trend. On this basis, the main restrictive factors that further affect the increase of farmers' income in Henan are deeply analyzed. The suggestions are put forward to build the whole industrial complex of agricultural products, strengthen the training of scientific and technical skills, deepen the rural reform and continue to increase the financial support for agriculture to increase the income of the farmers in Henan in the new period.

Keywords: Henan; Farmers' income Increase; The Rural Revitalization Strategy

B. 23 The Current Situation and Countermeasures of Promoting Farmers Return Home and Start a Business in Henan

Li Xingmin / 247

Abstract: rural rejuvenation ushered in a very good opportunity. In the new historical starting point, we should take returning home to start a business as a starting point, give full play to the population advantage, and contribute Henan strength to China into a new era. Henan Province is the place where traditional labor force is exported. In order to consolidate the achievements of the previous period and further promote the return of entrepreneurs, we must, on the basis of clear thinking, closely revolve around improving the survival rate of returned enterprises, and promote the scale of enterprises. The main line of characteristic development is to perfect the policy incentive, strengthen the collective economy, enhance the intellectual support and build the communication platform.

Keywords: Rural Revitalization; Returning Home to Start a Business; Three Production Fusion

Abstract: Currently, Improving the quality and economic benefit of agriculture is the main task of agricultural development. XinYe county of NanYang adjust the structure of agriculture and attract investment centre on the whole industry chain, to change the development mode. They have been achieved achievements in the quality and economic benefit of agriculture. And have a good reference to other traditional agricultural areas.

Keywords: Three Production Fusion; Ecological Recycling Agriculture; Improve Quality and Increase Efficiency

皮书起源

“皮书”起源于十七、十八世纪的英国，主要指官方或社会组织正式发表的重要文件或报告，多以“白皮书”命名。在中国，“皮书”这一概念被社会广泛接受，并被成功运作、发展成为一种全新的出版形态，则源于中国社会科学院社会科学文献出版社。

皮书定义

皮书是对中国与世界发展状况和热点问题进行年度监测，以专业的角度、专家的视野和实证研究方法，针对某一领域或区域现状与发展态势展开分析和预测，具备原创性、实证性、专业性、连续性、前沿性、时效性等特点的公开出版物，由一系列权威研究报告组成。

皮书作者

皮书系列的作者以中国社会科学院、著名高校、地方社会科学院的研究人员为主，多为国内一流研究机构的权威专家学者，他们的看法和观点代表了学界对中国与世界的现实和未来最高水平的解读与分析。

皮书荣誉

皮书系列已成为社会科学文献出版社的著名图书品牌和中国社会科学院的知名学术品牌。2016 年，皮书系列正式列入“十三五”国家重点出版规划项目；2013~2018 年，重点皮书列入中国社会科学院承担的国家哲学社会科学创新工程项目；2018 年，59 种院外皮书使用“中国社会科学院创新工程学术出版项目”标识。

中国皮书网

（网址：www.pishu.cn）

发布皮书研创资讯，传播皮书精彩内容
引领皮书出版潮流，打造皮书服务平台

栏目设置

关于皮书：何谓皮书、皮书分类、皮书大事记、皮书荣誉、
皮书出版第一人、皮书编辑部

最新资讯：通知公告、新闻动态、媒体聚焦、网站专题、视频直播、下载专区

皮书研创：皮书规范、皮书选题、皮书出版、皮书研究、研创团队

皮书评奖评价：指标体系、皮书评价、皮书评奖

互动专区：皮书说、社科数托邦、皮书微博、留言板

所获荣誉

2008 年、2011 年，中国皮书网均在全国新闻出版业网站荣誉评选中获得“最具商业价值网站”称号；

2012 年，获得“出版业网站百强”称号。

网库合一

2014 年，中国皮书网与皮书数据库端口合一，实现资源共享。

S 基本子库
UB DATABASE

中国社会发展数据库（下设 12 个子库）

全面整合国内外中国社会发展研究成果，汇聚独家统计数据、深度分析报告，涉及社会、人口、政治、教育、法律等 12 个领域，为了解中国社会发展动态、跟踪社会核心热点、分析社会发展趋势提供一站式资源搜索和数据分析与挖掘服务。

中国经济发展数据库（下设 12 个子库）

基于“皮书系列”中涉及中国经济发展的研究资料构建，内容涵盖宏观经济、农业经济、工业经济、产业经济等 12 个重点经济领域，为实时掌控经济运行态势、把握经济发展规律、洞察经济形势、进行经济决策提供参考和依据。

中国行业发展数据库（下设 17 个子库）

以中国国民经济行业分类为依据，覆盖金融业、旅游、医疗卫生、交通运输、能源矿产等 100 多个行业，跟踪分析国民经济相关行业市场运行状况和政策导向，汇集行业发展前沿资讯，为投资、从业及各种经济决策提供理论基础和实践指导。

中国区域发展数据库（下设 6 个子库）

对中国特定区域内的经济、社会、文化等领域现状与发展情况进行深度分析和预测，研究层级至县及县以下行政区，涉及地区、区域经济体、城市、农村等不同维度。为地方经济社会宏观态势研究、发展经验研究、案例分析提供数据服务。

中国文化传媒数据库（下设 18 个子库）

汇聚文化传媒领域专家观点、热点资讯，梳理国内外中国文化发展相关学术研究成果、一手统计数据，涵盖文化产业、新闻传播、电影娱乐、文学艺术、群众文化等 18 个重点研究领域。为文化传媒研究提供相关数据、研究报告和综合分析服务。

世界经济与国际关系数据库（下设 6 个子库）

立足“皮书系列”世界经济、国际关系相关学术资源，整合世界经济、国际政治、世界文化与科技、全球性问题、国际组织与国际法、区域研究 6 大领域研究成果，为世界经济与国际关系研究提供全方位数据分析，为决策和形势研判提供参考。

法律声明

皮书系列

2018年

智 库 成 果 出 版 与 传 播 平 台

社会科学文献出版社
SOCIAL SCIENCES ACADEMIC PRESS (CHINA)

社长致辞

蓦然回首，皮书的专业化历程已经走过了二十年。20年来从一个出版社的学术产品名称到媒体热词再到智库成果研创及传播平台，皮书以专业化为主线，进行了系列化、市场化、品牌化、数字化、国际化、平台化的运作，实现了跨越式的发展。特别是在党的十八大以后，以习近平总书记为核心的党中央高度重视新型智库建设，皮书也迎来了长足的发展，总品种达到600余种，经过专业评审机制、淘汰机制遴选，目前，每年稳定出版近400个品种。“皮书”已经成为中国新型智库建设的抓手，成为国际国内社会各界快速、便捷地了解真实中国的最佳窗口。

20年孜孜以求，“皮书”始终将自己的研究视野与经济社会发展中的前沿热点问题紧密相连。600个研究领域，3万多位分布于800余个研究机构的专家学者参与了研创写作。皮书数据库中共收录了15万篇专业报告，50余万张数据图表，合计30亿字，每年报告下载量近80万次。皮书为中国学术与社会发展实践的结合提供了一个激荡智力、传播思想的入口，皮书作者们用学术的话语、客观翔实的数据谱写出了中国故事壮丽的篇章。

20年跬步千里，“皮书”始终将自己的发展与时代赋予的使命与责任紧紧相连。每年百余场新闻发布会，10万余次中外媒体报道，中、英、俄、日、韩等12个语种共同出版。皮书所具有的凝聚力正在形成一种无形的力量，吸引着社会各界关注中国的发展，参与中国的发展，它是我们向世界传递中国声音、总结中国经验、争取中国国际话语权最主要的平台。

皮书这一系列成就的取得，得益于中国改革开放的伟大时代，离不开来自中国社会科学院、新闻出版广电总局、全国哲学社会科学规划办公室等主管部门的大力支持和帮助，也离不开皮书研创者和出版者的共同努力。他们与皮书的故事创造了皮书的历史，他们对皮书的拳拳之心将继续谱写皮书的未来！

现在，“皮书”品牌已经进入了快速成长的青壮年时期。全方位进行规范化管理，树立中国的学术出版标准；不断提升皮书的内容质量和影响力，搭建起中国智库产品和智库建设的交流服务平台和国际传播平台；发布各类皮书指数，并使之成为中国指数，让中国智库的声音响彻世界舞台，为人类的发展做出中国的贡献——这是皮书未来发展的图景。作为“皮书”这个概念的提出者，“皮书”从一般图书到系列图书和品牌图书，最终成为智库研究和社会科学应用对策研究的知识服务和成果推广平台这整个过程的操盘者，我相信，这也是每一位皮书人执着追求的目标。

“当代中国正经历着我国历史上最为广泛而深刻的社会变革，也正在进行着人类历史上最为宏大而独特的实践创新。这种前无古人的伟大实践，必将给理论创造、学术繁荣提供强大动力和广阔空间。”

在这个需要思想而且一定能够产生思想的时代，皮书的研创出版一定能创造出新的更大的辉煌！

社会科学文献出版社社长
中国社会学会秘书长

2017年11月

社会科学文献出版社简介

社会科学文献出版社（以下简称“社科文献出版社”）成立于1985年，是直属于中国社会科学院的人文社会科学学术出版机构。成立至今，社科文献出版社始终依托中国社会科学院和国内外人文社会科学界丰厚的学术出版和专家学者资源，坚持“创社科经典，出传世文献”的出版理念、“权威、前沿、原创”的产品定位以及学术成果和智库成果出版的专业化、数字化、国际化、市场化的经营道路。

社科文献出版社是中国新闻出版业转型与文化体制改革的先行者。积极探索文化体制改革的先进方向和现代企业经营决策机制，社科文献出版社先后荣获“全国文化体制改革工作先进单位”、中国出版政府奖·先进出版单位奖，中国社会科学院先进集体、全国科普工作先进集体等荣誉称号。多人次荣获“第十届韬奋出版奖”“全国新闻出版行业领军人才”“数字出版先进人物”“北京市新闻出版广电行业领军人才”等称号。

社科文献出版社是中国人文社会科学学术出版的大社名社，也是以皮书为代表的智库成果出版的专业强社。年出版图书2000余种，其中皮书400余种，出版新书字数5.5亿字，承印与发行中国社科院院属期刊72种，先后创立了皮书系列、列国志、中国史话、社科文献学术译库、社科文献学术文库、甲骨文书系等一大批既有学术影响又有市场价值的品牌，确立了在社会学、近代史、苏东问题研究等专业学科及领域出版的领先地位。图书多次荣获中国出版政府奖、“三个一百”原创图书出版工程、“五个‘一’工程奖”、“大众喜爱的50种图书”等奖项，在中央国家机关“强素质·做表率”读书活动中，入选图书品种数位居各大出版社之首。

社科文献出版社是中国学术出版规范与标准的倡议者与制定者，代表全国50多家出版社发起实施学术著作出版规范的倡议，承担学术著作规范国家标准的起草工作，率先编撰完成《皮书手册》对皮书品牌进行规范化管理，并在此基础上推出中国版芝加哥手册——《社科文献出版社学术出版手册》。

社科文献出版社是中国数字出版的引领者，拥有皮书数据库、列国志数据库、“一带一路”数据库、减贫数据库、集刊数据库等4大产品线11个数据库产品，机构用户达1300余家，海外用户百余家，荣获“数字出版转型示范单位”“新闻出版标准化先进单位”“专业数字内容资源知识服务模式试点企业标准化示范单位”等称号。

社科文献出版社是中国学术出版走出去的践行者。社科文献出版社海外图书出版与学术合作业务遍及全球40余个国家和地区，并于2016年成立俄罗斯分社，累计输出图书500余种，涉及近20个语种，累计获得国家社科基金中华学术外译项目资助76种、“丝路书香工程”项目资助60种、中国图书对外推广计划项目资助71种以及经典中国国际出版工程资助28种，被五部委联合认定为“2015-2016年度国家文化出口重点企业”。

如今，社科文献出版社完全靠自身积累拥有固定资产3.6亿元，年收入3亿元，设置了七大出版分社、六大专业部门，成立了皮书研究院和博士后科研工作站，培养了一支近400人的高素质与高效率的编辑、出版、营销和国际推广队伍，为未来成为学术出版的大社、名社、强社，成为文化体制改革与文化企业转型发展的排头兵奠定了坚实的基础。

宏观经济类

经济蓝皮书

2018 年中国经济形势分析与预测

李平 / 主编　2017 年 12 月出版　定价：89.00 元

◆　本书为总理基金项目，由著名经济学家李扬领衔，联合中国社会科学院等数十家科研机构、国家部委和高等院校的专家共同撰写，系统分析了 2017 年的中国经济形势并预测 2018 年中国经济运行情况。

城市蓝皮书

中国城市发展报告 No.11

潘家华　单菁菁 / 主编　2018 年 9 月出版　估价：99.00 元

◆　本书是由中国社会科学院城市发展与环境研究中心编著的，多角度、全方位地立体展示了中国城市的发展状况，并对中国城市的未来发展提出了许多建议。该书有强烈的时代感，对中国城市发展实践有重要的参考价值。

人口与劳动绿皮书

中国人口与劳动问题报告 No.19

张车伟 / 主编　2018 年 10 月出版　估价：99.00 元

◆　本书为中国社会科学院人口与劳动经济研究所主编的年度报告，对当前中国人口与劳动形势做了比较全面和系统的深入讨论，为研究中国人口与劳动问题提供了一个专业性的视角。

中国省域竞争力蓝皮书

中国省域经济综合竞争力发展报告（2017 ~ 2018）

李建平　李闽榕　高燕京 / 主编　2018 年 5 月出版　估价：198.00 元

◆　本书融多学科的理论为一体，深入追踪研究了省域经济发展与中国国家竞争力的内在关系，为提升中国省域经济综合竞争力提供有价值的决策依据。

金融蓝皮书

中国金融发展报告（2018）

王国刚 / 主编　2018 年 6 月出版　估价：99.00 元

◆　本书由中国社会科学院金融研究所组织编写，概括和分析了 2017 年中国金融发展和运行中的各方面情况，研讨和评论了 2017 年发生的主要金融事件，有利于读者了解掌握 2017 年中国的金融状况，把握 2018 年中国金融的走势。

区 域 经 济 类

京津冀蓝皮书

京津冀发展报告（2018）

祝合良　叶堂林　张贵祥 / 等著　2018 年 6 月出版　估价：99.00 元

◆　本书遵循问题导向与目标导向相结合、统计数据分析与大数据分析相结合、纵向分析和长期监测与结构分析和综合监测相结合等原则，对京津冀协同发展新形势与新进展进行测度与评价。

社会政法类

社会蓝皮书

2018 年中国社会形势分析与预测

李培林　陈光金　张翼 / 主编　2017 年 12 月出版　定价：89.00 元

◆　本书由中国社会科学院社会学研究所组织研究机构专家、高校学者和政府研究人员撰写，聚焦当下社会热点，对 2017 年中国社会发展的各个方面内容进行了权威解读，同时对 2018 年社会形势发展趋势进行了预测。

法治蓝皮书

中国法治发展报告 No.16（2018）

李林　田禾 / 主编　2018 年 3 月出版　定价：128.00 元

◆　本年度法治蓝皮书回顾总结了 2017 年度中国法治发展取得的成就和存在的不足，对中国政府、司法、检务透明度进行了跟踪调研，并对2018年中国法治发展形势进行了预测和展望。

教育蓝皮书

中国教育发展报告（2018）

杨东平 / 主编　2018 年 3 月出版　定价：89.00 元

◆　本书重点关注了 2017 年教育领域的热点，资料翔实，分析有据，既有专题研究，又有实践案例，从多角度对 2017 年教育改革和实践进行了分析和研究。

社会体制蓝皮书

中国社会体制改革报告 No.6（2018）

龚维斌 / 主编　2018 年 3 月出版　定价：98.00 元

◆　本书由国家行政学院社会治理研究中心和北京师范大学中国社会管理研究院共同组织编写，主要对 2017 年社会体制改革情况进行回顾和总结，对 2018 年的改革走向进行分析，提出相关政策建议。

社会心态蓝皮书

中国社会心态研究报告（2018）

王俊秀　杨宜音 / 主编　2018 年 12 月出版　估价：99.00 元

◆　本书是中国社会科学院社会学研究所社会心理研究中心“社会心态蓝皮书课题组”的年度研究成果，运用社会心理学、社会学、经济学、传播学等多种学科的方法进行了调查和研究，对于目前中国社会心态状况有较广泛和深入的揭示。

华侨华人蓝皮书

华侨华人研究报告（2018）

贾益民 / 主编　2017 年 12 月出版　估价：139.00 元

◆　本书关注华侨华人生产与生活的方方面面。华侨华人是中国建设 21 世纪海上丝绸之路的重要中介者、推动者和参与者。本书旨在全面调研华侨华人，提供最新涉侨动态、理论研究成果和政策建议。

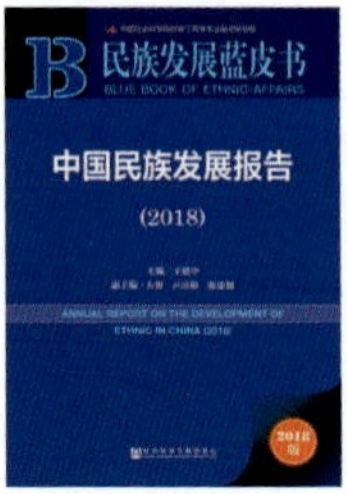

民族发展蓝皮书

中国民族发展报告（2018）

王延中 / 主编　2018 年 10 月出版　估价：188.00 元

◆　本书从民族学人类学视角，研究近年来少数民族和民族地区的发展情况，展示民族地区经济、政治、文化、社会和生态文明“五位一体”建设取得的辉煌成就和面临的困难挑战，为深刻理解中央民族工作会议精神、加快民族地区全面建成小康社会进程提供了实证材料。

产 业 经 济 类

房地产蓝皮书

中国房地产发展报告 No.15（2018）

李春华　王业强 / 主编　2018 年 5 月出版　估价：99.00 元

◆　2018 年《房地产蓝皮书》持续追踪中国房地产市场最新动态，深度剖析市场热点，展望 2018 年发展趋势，积极谋划应对策略。对 2017 年房地产市场的发展态势进行全面、综合的分析。

新能源汽车蓝皮书

中国新能源汽车产业发展报告（2018）

中国汽车技术研究中心　日产（中国）投资有限公司

东风汽车有限公司 / 编著　2018 年 8 月出版　估价：99.00 元

◆　本书对中国 2017 年新能源汽车产业发展进行了全面系统的分析，并介绍了国外的发展经验。有助于相关机构、行业和社会公众等了解中国新能源汽车产业发展的最新动态，为政府部门出台新能源汽车产业相关政策法规、企业制定相关战略规划，提供必要的借鉴和参考。

行 业 及 其 他 类

旅游绿皮书

2017 ~ 2018 年中国旅游发展分析与预测

中国社会科学院旅游研究中心 / 编　2018 年 1 月出版　定价：99.00 元

◆　本书从政策、产业、市场、社会等多个角度勾画出 2017 年中国旅游发展全貌，剖析了其中的热点和核心问题，并就未来发展作出预测。

民营医院蓝皮书

中国民营医院发展报告（2018）

薛晓林 / 主编　2018 年 11 月出版　估价：99.00 元

◆　本书在梳理国家对社会办医的各种利好政策的前提下，对我国民营医疗发展现状、我国民营医院竞争力进行了分析，并结合我国医疗体制改革对民营医院的发展趋势、发展策略、战略规划等方面进行了预估。

会展蓝皮书

中外会展业动态评估研究报告（2018）

张敏 / 主编　2018 年 12 月出版　估价：99.00 元

◆　本书回顾了2017年的会展业发展动态，结合“供给侧改革”、“互联网 +”、“绿色经济”的新形势分析了我国展会的行业现状，并介绍了国外的发展经验，有助于行业和社会了解最新的展会业动态。

中国上市公司蓝皮书

中国上市公司发展报告（2018）

张平　王宏淼 / 主编　2018 年 9 月出版　估价：99.00 元

◆　本书由中国社会科学院上市公司研究中心组织编写的，着力于全面、真实、客观反映当前中国上市公司财务状况和价值评估的综合性年度报告。本书详尽分析了 2017 年中国上市公司情况，特别是现实中暴露出的制度性、基础性问题，并对资本市场改革进行了探讨。

工业和信息化蓝皮书

人工智能发展报告（2017 ~ 2018）

尹丽波 / 主编　2018 年 6 月出版　估价：99.00 元

◆　本书国家工业信息安全发展研究中心在对 2017 年全球人工智能技术和产业进行全面跟踪研究基础上形成的研究报告。该报告内容翔实、视角独特，具有较强的产业发展前瞻性和预测性，可为相关主管部门、行业协会、企业等全面了解人工智能发展形势以及进行科学决策提供参考。

国际问题与全球治理类

世界经济黄皮书

2018 年世界经济形势分析与预测

张宇燕 / 主编　2018 年 1 月出版　定价：99.00 元

◆　本书由中国社会科学院世界经济与政治研究所的研究团队撰写，分总论、国别与地区、专题、热点、世界经济统计与预测等五个部分，对 2018 年世界经济形势进行了分析。

国际城市蓝皮书

国际城市发展报告（2018）

屠启宇 / 主编　2018 年 2 月出版　定价：89.00 元

◆　本书作者以上海社会科学院从事国际城市研究的学者团队为核心，汇集同济大学、华东师范大学、复旦大学、上海交通大学、南京大学、浙江大学相关城市研究专业学者。立足动态跟踪介绍国际城市发展时间中，最新出现的重大战略、重大理念、重大项目、重大报告和最佳案例。

非洲黄皮书

非洲发展报告 No.20（2017 ~ 2018）

张宏明 / 主编　2018 年 7 月出版　估价：99.00 元

◆　本书是由中国社会科学院西亚非洲研究所组织编撰的非洲形势年度报告，比较全面、系统地分析了 2017 年非洲政治形势和热点问题，探讨了非洲经济形势和市场走向，剖析了大国对非洲关系的新动向；此外，还介绍了国内非洲研究的新成果。

国别类

美国蓝皮书

美国研究报告（2018）

郑秉文　黄平 / 主编　2018 年 5 月出版　估价：99.00 元

◆　本书是由中国社会科学院美国研究所主持完成的研究成果，它回顾了美国 2017 年的经济、政治形势与外交战略，对美国内政外交发生的重大事件及重要政策进行了较为全面的回顾和梳理。

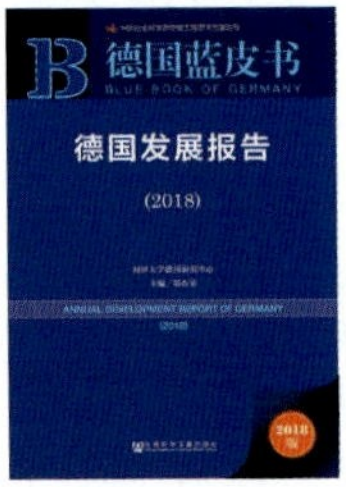

德国蓝皮书

德国发展报告（2018）

郑春荣 / 主编　2018 年 6 月出版　估价：99.00 元

◆　本报告由同济大学德国研究所组织编撰，由该领域的专家学者对德国的政治、经济、社会文化、外交等方面的形势发展情况，进行全面的阐述与分析。

俄罗斯黄皮书

俄罗斯发展报告（2018）

李永全 / 编著　2018 年 6 月出版　估价：99.00 元

◆　本书系统介绍了 2017 年俄罗斯经济政治情况，并对 2016 年该地区发生的焦点、热点问题进行了分析与回顾；在此基础上，对该地区 2018 年的发展前景进行了预测。

文化传媒类

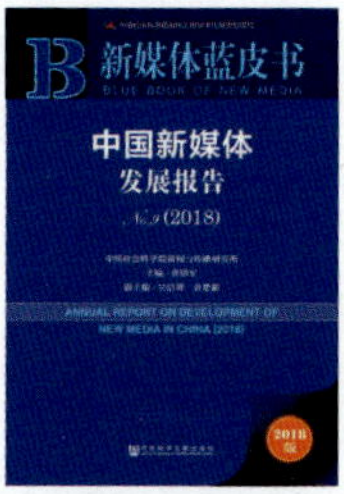

新媒体蓝皮书

中国新媒体发展报告 No.9（2018）

唐绪军 / 主编　2018 年 6 月出版　估价：99.00 元

◆　本书是由中国社会科学院新闻与传播研究所组织编写的关于新媒体发展的最新年度报告，旨在全面分析中国新媒体的发展现状，解读新媒体的发展趋势，探析新媒体的深刻影响。

移动互联网蓝皮书

中国移动互联网发展报告（2018）

余清楚 / 主编　2018 年 6 月出版　估价：99.00 元

◆　本书着眼于对 2017 年度中国移动互联网的发展情况做深入解析，对未来发展趋势进行预测，力求从不同视角、不同层面全面剖析中国移动互联网发展的现状、年度突破及热点趋势等。

文化蓝皮书

中国文化消费需求景气评价报告（2018）

王亚南 / 主编　2018 年 3 月出版　定价：99.00 元

◆　本书首创全国文化发展量化检测评价体系，也是至今全国唯一的文化民生量化检测评价体系，对于检验全国及各地 " 以人民为中心 " 的文化发展具有首创意义。

地方发展类

北京蓝皮书

北京经济发展报告（2017 ~ 2018）

杨松 / 主编　2018 年 6 月出版　估价：99.00 元

◆　本书对 2017 年北京市经济发展的整体形势进行了系统性的分析与回顾，并对 2018 年经济形势走势进行了预测与研判，聚焦北京市经济社会发展中的全局性、战略性和关键领域的重点问题，运用定量和定性分析相结合的方法，对北京市经济社会发展的现状、问题、成因进行了深入分析，提出了可操作性的对策建议。

温州蓝皮书

2018 年温州经济社会形势分析与预测

蒋儒标　王春光　金浩 / 主编　2018 年 6 月出版　估价：99.00 元

◆　本书是中共温州市委党校和中国社会科学院社会学研究所合作推出的第十一本温州蓝皮书，由来自党校、政府部门、科研机构、高校的专家、学者共同撰写的 2017 年温州区域发展形势的最新研究成果。

黑龙江蓝皮书

黑龙江社会发展报告（2018）

王爱丽 / 主编　2018 年 1 月出版　定价：89.00 元

◆　本书以千份随机抽样问卷调查和专题研究为依据，运用社会学理论框架和分析方法，从专家和学者的独特视角，对 2017 年黑龙江省关系民生的问题进行广泛的调研与分析，并对 2017 年黑龙江省诸多社会热点和焦点问题进行了有益的探索。这些研究不仅可以为政府部门更加全面深入了解省情、科学制定决策提供智力支持，同时也可以为广大读者认识、了解、关注黑龙江社会发展提供理性思考。

宏观经济类

城市蓝皮书
中国城市发展报告（No.11）
著(编)者：潘家华 单菁菁
2018年9月出版 / 估价：99.00元
PSN B-2007-091-1/1

城乡一体化蓝皮书
中国城乡一体化发展报告（2018）
著(编)者：付崇兰
2018年9月出版 / 估价：99.00元
PSN B-2011-226-1/2

城镇化蓝皮书
中国新型城镇化健康发展报告（2018）
著(编)者：张占斌
2018年8月出版 / 估价：99.00元
PSN B-2014-396-1/1

创新蓝皮书
创新型国家建设报告（2018～2019）
著(编)者：詹正茂
2018年12月出版 / 估价：99.00元
PSN B-2009-140-1/1

低碳发展蓝皮书
中国低碳发展报告（2018）
著(编)者：张希良 齐晔
2018年6月出版 / 估价：99.00元
PSN B-2011-223-1/1

低碳经济蓝皮书
中国低碳经济发展报告（2018）
著(编)者：薛进军 赵忠秀
2018年11月出版 / 估价：99.00元
PSN B-2011-194-1/1

发展和改革蓝皮书
中国经济发展和体制改革报告No.9
著(编)者：邹东涛 王再文
2018年1月出版 / 估价：99.00元
PSN B-2008-122-1/1

国家创新蓝皮书
中国创新发展报告（2017）
著(编)者：陈劲 2018年5月出版 / 估价：99.00元
PSN B-2014-370-1/1

金融蓝皮书
中国金融发展报告（2018）
著(编)者：王国刚
2018年6月出版 / 估价：99.00元
PSN B-2004-031-1/7

经济蓝皮书
2018年中国经济形势分析与预测
著(编)者：李平 2017年12月出版 / 定价：89.00元
PSN B-1996-001-1/1

经济蓝皮书春季号
2018年中国经济前景分析
著(编)者：李扬 2018年5月出版 / 估价：99.00元
PSN B-1999-008-1/1

经济蓝皮书夏季号
中国经济增长报告（2017～2018）
著(编)者：李扬 2018年9月出版 / 估价：99.00元
PSN B-2010-176-1/1

农村绿皮书
中国农村经济形势分析与预测（2017～2018）
著(编)者：魏后凯 黄秉信
2018年4月出版 / 定价：99.00元
PSN G-1998-003-1/1

人口与劳动绿皮书
中国人口与劳动问题报告No.19
著(编)者：张车伟 2018年11月出版 / 估价：99.00元
PSN G-2000-012-1/1

新型城镇化蓝皮书
新型城镇化发展报告（2017）
著(编)者：李伟 宋敏
2018年3月出版 / 定价：98.00元
PSN B-2005-038-1/1

中国省域竞争力蓝皮书
中国省域经济综合竞争力发展报告（2016～2017）
著(编)者：李建平 李闽榕
2018年2月出版 / 定价：198.00元
PSN B-2007-088-1/1

中小城市绿皮书
中国中小城市发展报告（2018）
著(编)者：中国城市经济学会中小城市经济发展委员会
中国城镇化促进会中小城市发展委员会
《中国中小城市发展报告》编纂委员会
中小城市发展战略研究院
2018年11月出版 / 估价：128.00元
PSN G-2010-161-1/1

区域经济类

东北蓝皮书
中国东北地区发展报告（2018）
著(编)者：姜晓秋　2018年11月出版 / 估价：99.00元
PSN B-2006-067-1/1

金融蓝皮书
中国金融中心发展报告（2017～2018）
著(编)者：王力 黄育华　2018年11月出版 / 估价：99.00元
PSN B-2011-186-6/7

京津冀蓝皮书
京津冀发展报告（2018）
著(编)者：祝合良 叶堂林 张贵祥
2018年6月出版 / 估价：99.00元
PSN B-2012-262-1/1

西北蓝皮书
中国西北发展报告（2018）
著(编)者：王福生 马廷旭 董秋生
2018年1月出版 / 定价：99.00元
PSN B-2012-261-1/1

西部蓝皮书
中国西部发展报告（2018）
著(编)者：璋勇 任保平　2018年8月出版 / 估价：99.00元
PSN B-2005-039-1/1

长江经济带产业蓝皮书
长江经济带产业发展报告（2018）
著(编)者：吴传清　2018年11月出版 / 估价：128.00元
PSN B-2017-666-1/1

长江经济带蓝皮书
长江经济带发展报告（2017～2018）
著(编)者：王振　2018年11月出版 / 估价：99.00元
PSN B-2016-575-1/1

长江中游城市群蓝皮书
长江中游城市群新型城镇化与产业协同发展报告（2018）
著(编)者：杨刚强　2018年11月出版 / 估价：99.00元
PSN B-2016-578-1/1

长三角蓝皮书
2017年创新融合发展的长三角
著(编)者：刘飞跃　2018年5月出版 / 估价：99.00元
PSN B-2005-038-1/1

长株潭城市群蓝皮书
长株潭城市群发展报告（2017）
著(编)者：张萍 朱有志　2018年6月出版 / 估价：99.00元
PSN B-2008-109-1/1

特色小镇蓝皮书
特色小镇智慧运营报告（2018）：顶层设计与智慧架构标准
著(编)者：陈劲　2018年1月出版 / 定价：79.00元
PSN B-2018-692-1/1

中部竞争力蓝皮书
中国中部经济社会竞争力报告（2018）
著(编)者：教育部人文社会科学重点研究基地南昌大学中国中部经济社会发展研究中心
2018年12月出版 / 估价：99.00元
PSN B-2012-276-1/1

中部蓝皮书
中国中部地区发展报告（2018）
著(编)者：宋亚平　2018年12月出版 / 估价：99.00元
PSN B-2007-089-1/1

区域蓝皮书
中国区域经济发展报告（2017～2018）
著(编)者：赵弘　2018年5月出版 / 估价：99.00元
PSN B-2004-034-1/1

中三角蓝皮书
长江中游城市群发展报告（2018）
著(编)者：秦尊文　2018年9月出版 / 估价：99.00元
PSN B-2014-417-1/1

中原蓝皮书
中原经济区发展报告（2018）
著(编)者：李英杰　2018年6月出版 / 估价：99.00元
PSN B-2011-192-1/1

珠三角流通蓝皮书
珠三角商圈发展研究报告（2018）
著(编)者：王先庆 林至颖　2018年7月出版 / 估价：99.00元
PSN B-2012-292-1/1

社会政法类

北京蓝皮书
中国社区发展报告（2017～2018）
著(编)者：于燕燕　2018年9月出版 / 估价：99.00元
PSN B-2007-083-5/8

殡葬绿皮书
中国殡葬事业发展报告（2017～2018）
著(编)者：李伯森　2018年6月出版 / 估价：158.00元
PSN G-2010-180-1/1

城市管理蓝皮书
中国城市管理报告（2017-2018）
著(编)者：刘林 刘承水　2018年5月出版 / 估价：158.00元
PSN B-2013-336-1/1

城市生活质量蓝皮书
中国城市生活质量报告（2017）
著(编)者：张连城 张平 杨春学 郎丽华
2017年12月出版 / 定价：89.00元
PSN B-2013-326-1/1

城市政府能力蓝皮书
中国城市政府公共服务能力评估报告（2018）
著(编)者：何艳玲　2018年5月出版 / 估价：99.00元
PSN B-2013-338-1/1

创业蓝皮书
中国创业发展研究报告（2017～2018）
著(编)者：黄群慧 赵卫星 钟宏武
2018年11月出版 / 估价：99.00元
PSN B-2016-577-1/1

慈善蓝皮书
中国慈善发展报告（2018）
著(编)者：杨团　2018年6月出版 / 估价：99.00元
PSN B-2009-142-1/1

党建蓝皮书
党的建设研究报告No.2（2018）
著(编)者：崔建民 陈东平　2018年6月出版 / 估价：99.00元
PSN B-2016-523-1/1

地方法治蓝皮书
中国地方法治发展报告No.3（2018）
著(编)者：李林 田禾　2018年6月出版 / 估价：118.00元
PSN B-2015-442-1/1

电子政务蓝皮书
中国电子政务发展报告（2018）
著(编)者：李季　2018年8月出版 / 估价：99.00元
PSN B-2003-022-1/1

儿童蓝皮书
中国儿童参与状况报告（2017）
著(编)者：苑立新　2017年12月出版 / 定价：89.00元
PSN B-2017-682-1/1

法治蓝皮书
中国法治发展报告No.16（2018）
著(编)者：李林 田禾　2018年3月出版 / 定价：128.00元
PSN B-2004-027-1/3

法治蓝皮书
中国法院信息化发展报告 No.2（2018）
著(编)者：李林 田禾　2018年2月出版 / 定价：118.00元
PSN B-2017-604-3/3

法治政府蓝皮书
中国法治政府发展报告（2017）
著(编)者：中国政法大学法治政府研究院
2018年3月出版 / 定价：158.00元
PSN B-2015-502-1/2

法治政府蓝皮书
中国法治政府评估报告（2018）
著(编)者：中国政法大学法治政府研究院
2018年9月出版 / 估价：168.00元
PSN B-2016-576-2/2

反腐倡廉蓝皮书
中国反腐倡廉建设报告 No.8
著(编)者：张英伟　2018年12月出版 / 估价：99.00元
PSN B-2012-259-1/1

扶贫蓝皮书
中国扶贫开发报告（2018）
著(编)者：李培林 魏后凯　2018年12月出版 / 估价：128.00元
PSN B-2016-599-1/1

妇女发展蓝皮书
中国妇女发展报告 No.6
著(编)者：王金玲　2018年9月出版 / 估价：158.00元
PSN B-2006-069-1/1

妇女教育蓝皮书
中国妇女教育发展报告 No.3
著(编)者：张李玺　2018年10月出版 / 估价：99.00元
PSN B-2008-121-1/1

妇女绿皮书
2018年：中国性别平等与妇女发展报告
著(编)者：谭琳　2018年12月出版 / 估价：99.00元
PSN G-2006-073-1/1

公共安全蓝皮书
中国城市公共安全发展报告（2017～2018）
著(编)者：黄育华 杨文明 赵建辉
2018年6月出版 / 估价：99.00元
PSN B-2017-628-1/1

公共服务蓝皮书
中国城市基本公共服务力评价（2018）
著(编)者：钟君 刘志昌 吴正杲
2018年12月出版 / 估价：99.00元
PSN B-2011-214-1/1

公民科学素质蓝皮书
中国公民科学素质报告（2017～2018）
著(编)者：李群 陈雄 马宗文
2017年12月出版 / 定价：89.00元
PSN B-2014-379-1/1

公益蓝皮书
中国公益慈善发展报告（2016）
著(编)者：朱健刚 胡小军　2018年6月出版 / 估价：99.00元
PSN B-2012-283-1/1

国际人才蓝皮书
中国国际移民报告（2018）
著(编)者：王辉耀　2018年6月出版 / 估价：99.00元
PSN B-2012-304-3/4

国际人才蓝皮书
中国留学发展报告（2018）No.7
著(编)者：王辉耀 苗绿　2018年12月出版 / 估价：99.00元
PSN B-2012-244-2/4

海洋社会蓝皮书
中国海洋社会发展报告（2017）
著(编)者：崔凤 宋宁而　2018年3月出版 / 定价：99.00元
PSN B-2015-478-1/1

行政改革蓝皮书
中国行政体制改革报告No.7（2018）
著(编)者：魏礼群　2018年6月出版 / 估价：99.00元
PSN B-2011-231-1/1

华侨华人蓝皮书
华侨华人研究报告（2017）
著(编)者：张禹东 庄国土　2017年12月出版 / 定价：148.00元
PSN B-2011-204-1/1

互联网与国家治理蓝皮书
互联网与国家治理发展报告（2017）
著(编)者：张志安　2018年1月出版 / 定价：98.00元
PSN B-2017-671-1/1

环境管理蓝皮书
中国环境管理发展报告（2017）
著(编)者：李金惠　2017年12月出版 / 定价：98.00元
PSN B-2017-678-1/1

环境竞争力绿皮书
中国省域环境竞争力发展报告（2018）
著(编)者：李建平 李闽榕 王金南
2018年11月出版 / 估价：198.00元
PSN G-2010-165-1/1

环境绿皮书
中国环境发展报告（2017～2018）
著(编)者：李波　2018年6月出版 / 估价：99.00元
PSN G-2006-048-1/1

家庭蓝皮书
中国“创建幸福家庭活动”评估报告（2018）
著(编)者：国务院发展研究中心“创建幸福家庭活动评估”课题组
2018年12月出版 / 估价：99.00元
PSN B-2015-508-1/1

健康城市蓝皮书
中国健康城市建设研究报告（2018）
著(编)者：王鸿春 盛继洪　2018年12月出版 / 估价：99.00元
PSN B-2016-564-2/2

健康中国蓝皮书
社区首诊与健康中国分析报告（2018）
著(编)者：高和荣 杨叔禹 姜杰
2018年6月出版 / 估价：99.00元
PSN B-2017-611-1/1

教师蓝皮书
中国中小学教师发展报告（2017）
著(编)者：曾晓东 鱼霞
2018年6月出版 / 估价：99.00元
PSN B-2012-289-1/1

教育扶贫蓝皮书
中国教育扶贫报告（2018）
著(编)者：司树杰 王文静 李兴洲
2018年12月出版 / 估价：99.00元
PSN B-2016-590-1/1

教育蓝皮书
中国教育发展报告（2018）
著(编)者：杨东平　2018年3月出版 / 定价：89.00元
PSN B-2006-047-1/1

金融法治建设蓝皮书
中国金融法治建设年度报告（2015～2016）
著(编)者：朱小黄　2018年6月出版 / 估价：99.00元
PSN B-2017-633-1/1

京津冀教育蓝皮书
京津冀教育发展研究报告（2017～2018）
著(编)者：方中雄　2018年6月出版 / 估价：99.00元
PSN B-2017-608-1/1

就业蓝皮书
2018年中国本科生就业报告
著(编)者：麦可思研究院　2018年6月出版 / 估价：99.00元
PSN B-2009-146-1/2

就业蓝皮书
2018年中国高职高专生就业报告
著(编)者：麦可思研究院　2018年6月出版 / 估价：99.00元
PSN B-2015-472-2/2

科学教育蓝皮书
中国科学教育发展报告（2018）
著(编)者：王康友　2018年10月出版 / 估价：99.00元
PSN B-2015-487-1/1

劳动保障蓝皮书
中国劳动保障发展报告（2018）
著(编)者：刘燕斌　2018年9月出版 / 估价：158.00元
PSN B-2014-415-1/1

老龄蓝皮书
中国老年宜居环境发展报告（2017）
著(编)者：党俊武 周燕珉　2018年6月出版 / 估价：99.00元
PSN B-2013-320-1/1

连片特困区蓝皮书
中国连片特困区发展报告（2017～2018）
著(编)者：游俊 冷志明 丁建军
2018年6月出版 / 估价：99.00元
PSN B-2013-321-1/1

流动儿童蓝皮书
中国流动儿童教育发展报告（2017）
著(编)者：杨东平　2018年6月出版 / 估价：99.00元
PSN B-2017-600-1/1

民调蓝皮书
中国民生调查报告（2018）
著(编)者：谢耘耕　2018年12月出版 / 估价：99.00元
PSN B-2014-398-1/1

民族发展蓝皮书
中国民族发展报告（2018）
著(编)者：王延中　2018年10月出版 / 估价：188.00元
PSN B-2006-070-1/1

女性生活蓝皮书
中国女性生活状况报告No.12（2018）
著(编)者：高博燕　2018年7月出版 / 估价：99.00元
PSN B-2006-071-1/1

汽车社会蓝皮书
中国汽车社会发展报告（2017～2018）
著(编)者：王俊秀 2018年6月出版 / 估价：99.00元
PSN B-2011-224-1/1

青年蓝皮书
中国青年发展报告（2018）No.3
著(编)者：廉思 2018年6月出版 / 估价：99.00元
PSN B-2013-333-1/1

青少年蓝皮书
中国未成年人互联网运用报告（2017～2018）
著(编)者：季为民 李文革 沈杰
2018年11月出版 / 估价：99.00元
PSN B-2010-156-1/1

人权蓝皮书
中国人权事业发展报告No.8（2018）
著(编)者：李君如 2018年9月出版 / 估价：99.00元
PSN B-2011-215-1/1

社会保障绿皮书
中国社会保障发展报告No.9（2018）
著(编)者：王延中 2018年6月出版 / 估价：99.00元
PSN G-2001-014-1/1

社会风险评估蓝皮书
风险评估与危机预警报告（2017～2018）
著(编)者：唐钧 2018年8月出版 / 估价：99.00元
PSN B-2012-293-1/1

社会工作蓝皮书
中国社会工作发展报告（2016~2017）
著(编)者：民政部社会工作研究中心
2018年8月出版 / 估价：99.00元
PSN B-2009-141-1/1

社会管理蓝皮书
中国社会管理创新报告No.6
著(编)者：连玉明 2018年11月出版 / 估价：99.00元
PSN B-2012-300-1/1

社会蓝皮书
2018年中国社会形势分析与预测
著(编)者：李培林 陈光金 张翼
2017年12月出版 / 定价：89.00元
PSN B-1998-002-1/1

社会体制蓝皮书
中国社会体制改革报告No.6（2018）
著(编)者：龚维斌 2018年3月出版 / 定价：98.00元
PSN B-2013-330-1/1

社会心态蓝皮书
中国社会心态研究报告（2018）
著(编)者：王俊秀 2018年12月出版 / 估价：99.00元
PSN B-2011-199-1/1

社会组织蓝皮书
中国社会组织报告（2017-2018）
著(编)者：黄晓勇 2018年6月出版 / 估价：99.00元
PSN B-2008-118-1/2

社会组织蓝皮书
中国社会组织评估发展报告（2018）
著(编)者：徐家良 2018年12月出版 / 估价：99.00元
PSN B-2013-366-2/2

生态城市绿皮书
中国生态城市建设发展报告（2018）
著(编)者：刘举科 孙伟平 胡文臻
2018年9月出版 / 估价：158.00元
PSN G-2012-269-1/1

生态文明绿皮书
中国省域生态文明建设评价报告（ECI 2018）
著(编)者：严耕 2018年12月出版 / 估价：99.00元
PSN G-2010-170-1/1

退休生活蓝皮书
中国城市居民退休生活质量指数报告（2017）
著(编)者：杨一帆 2018年6月出版 / 估价：99.00元
PSN B-2017-618-1/1

危机管理蓝皮书
中国危机管理报告（2018）
著(编)者：文学国 范正青
2018年8月出版 / 估价：99.00元
PSN B-2010-171-1/1

学会蓝皮书
2018年中国学会发展报告
著(编)者：麦可思研究院 2018年12月出版 / 估价：99.00元
PSN B-2016-597-1/1

医改蓝皮书
中国医药卫生体制改革报告（2017～2018）
著(编)者：文学国 房志武
2018年11月出版 / 估价：99.00元
PSN B-2014-432-1/1

应急管理蓝皮书
中国应急管理报告（2018）
著(编)者：宋英华 2018年9月出版 / 估价：99.00元
PSN B-2016-562-1/1

政府绩效评估蓝皮书
中国地方政府绩效评估报告 No.2
著(编)者：贠杰 2018年12月出版 / 估价：99.00元
PSN B-2017-672-1/1

政治参与蓝皮书
中国政治参与报告（2018）
著(编)者：房宁 2018年8月出版 / 估价：128.00元
PSN B-2011-200-1/1

政治文化蓝皮书
中国政治文化报告（2018）
著(编)者：邢元敏 魏大鹏 龚克
2018年8月出版 / 估价：128.00元
PSN B-2017-615-1/1

中国传统村落蓝皮书
中国传统村落保护现状报告（2018）
著(编)者：胡彬彬 李向军 王晓波
2018年12月出版 / 估价：99.00元
PSN B-2017-663-1/1

中国农村妇女发展蓝皮书
农村流动女性城市生活发展报告（2018）
著(编)者：谢丽华　2018年12月出版 / 估价：99.00元
PSN B-2014-434-1/1

宗教蓝皮书
中国宗教报告（2017）
著(编)者：邱永辉　2018年8月出版 / 估价：99.00元
PSN B-2008-117-1/1

产业经济类

保健蓝皮书
中国保健服务产业发展报告 No.2
著(编)者：中国保健协会　中共中央党校
2018年7月出版 / 估价：198.00元
PSN B-2012-272-3/3

保健蓝皮书
中国保健食品产业发展报告 No.2
著(编)者：中国保健协会
中国社会科学院食品药品产业发展与监管研究中心
2018年8月出版 / 估价：198.00元
PSN B-2012-271-2/3

保健蓝皮书
中国保健用品产业发展报告 No.2
著(编)者：中国保健协会
国务院国有资产监督管理委员会研究中心
2018年6月出版 / 估价：198.00元
PSN B-2012-270-1/3

保险蓝皮书
中国保险业竞争力报告（2018）
著(编)者：保监会　2018年12月出版 / 估价：99.00元
PSN B-2013-311-1/1

冰雪蓝皮书
中国冰上运动产业发展报告（2018）
著(编)者：孙承华 杨占武 刘戈 张鸿俊
2018年9月出版 / 估价：99.00元
PSN B-2017-648-3/3

冰雪蓝皮书
中国滑雪产业发展报告（2018）
著(编)者：孙承华 伍斌 魏庆华 张鸿俊
2018年9月出版 / 估价：99.00元
PSN B-2016-559-1/3

餐饮产业蓝皮书
中国餐饮产业发展报告（2018）
著(编)者：邢颖
2018年6月出版 / 估价：99.00元
PSN B-2009-151-1/1

茶业蓝皮书
中国茶产业发展报告（2018）
著(编)者：杨江帆 李闽榕
2018年10月出版 / 估价：99.00元
PSN B-2010-164-1/1

产业安全蓝皮书
中国文化产业安全报告（2018）
著(编)者：北京印刷学院文化产业安全研究院
2018年12月出版 / 估价：99.00元
PSN B-2014-378-12/14

产业安全蓝皮书
中国新媒体产业安全报告（2016～2017）
著(编)者：肖丽　2018年6月出版 / 估价：99.00元
PSN B-2015-500-14/14

产业安全蓝皮书
中国出版传媒产业安全报告（2017～2018）
著(编)者：北京印刷学院文化产业安全研究院
2018年6月出版 / 估价：99.00元
PSN B-2014-384-13/14

产业蓝皮书
中国产业竞争力报告（2018）No.8
著(编)者：张其仔　2018年12月出版 / 估价：168.00元
PSN B-2010-175-1/1

动力电池蓝皮书
中国新能源汽车动力电池产业发展报告（2018）
著(编)者：中国汽车技术研究中心
2018年8月出版 / 估价：99.00元
PSN B-2017-639-1/1

杜仲产业绿皮书
中国杜仲橡胶资源与产业发展报告（2017～2018）
著(编)者：杜红岩 胡文臻 俞锐
2018年6月出版 / 估价：99.00元
PSN G-2013-350-1/1

房地产蓝皮书
中国房地产发展报告No.15（2018）
著(编)者：李春华 王业强
2018年5月出版 / 估价：99.00元
PSN B-2004-028-1/1

服务外包蓝皮书
中国服务外包产业发展报告（2017～2018）
著(编)者：王晓红 刘德军
2018年6月出版 / 估价：99.00元
PSN B-2013-331-2/2

服务外包蓝皮书
中国服务外包竞争力报告（2017～2018）
著(编)者：刘春生 王力 黄育华
2018年12月出版 / 估价：99.00元
PSN B-2011-216-1/2

工业和信息化蓝皮书
世界信息技术产业发展报告（2017～2018）
著(编)者：尹丽波　2018年6月出版 / 估价：99.00元
PSN B-2015-449-2/6

工业和信息化蓝皮书
战略性新兴产业发展报告（2017～2018）
著(编)者：尹丽波　2018年6月出版 / 估价：99.00元
PSN B-2015-450-3/6

海洋经济蓝皮书
中国海洋经济发展报告（2015～2018）
著(编)者：殷克东 高金田 方胜民
2018年3月出版 / 定价：128.00元
PSN B-2018-697-1/1

康养蓝皮书
中国康养产业发展报告（2017）
著(编)者：何莽　2017年12月出版 / 定价：88.00元
PSN B-2017-685-1/1

客车蓝皮书
中国客车产业发展报告（2017～2018）
著(编)者：姚蔚　2018年10月出版 / 估价：99.00元
PSN B-2013-361-1/1

流通蓝皮书
中国商业发展报告（2018～2019）
著(编)者：王雪峰 林诗慧
2018年7月出版 / 估价：99.00元
PSN B-2009-152-1/2

能源蓝皮书
中国能源发展报告（2018）
著(编)者：崔民选 王军生 陈义和
2018年12月出版 / 估价：99.00元
PSN B-2006-049-1/1

农产品流通蓝皮书
中国农产品流通产业发展报告（2017）
著(编)者：贾敬敦 张东科 张玉玺 张鹏毅 周伟
2018年6月出版 / 估价：99.00元
PSN B-2012-288-1/1

汽车工业蓝皮书
中国汽车工业发展年度报告（2018）
著(编)者：中国汽车工业协会
中国汽车技术研究中心
丰田汽车公司
2018年5月出版 / 估价：168.00元
PSN B-2015-463-1/2

汽车工业蓝皮书
中国汽车零部件产业发展报告（2017～2018）
著(编)者：中国汽车工业协会
中国汽车工程研究院深圳市沃特玛电池有限公司
2018年9月出版 / 估价：99.00元
PSN B-2016-515-2/2

汽车蓝皮书
中国汽车产业发展报告（2018）
著(编)者：中国汽车工程学会
大众汽车集团（中国）
2018年11月出版 / 估价：99.00元
PSN B-2008-124-1/1

世界茶业蓝皮书
世界茶业发展报告（2018）
著(编)者：李闽榕 冯廷佺
2018年5月出版 / 估价：168.00元
PSN B-2017-619-1/1

世界能源蓝皮书
世界能源发展报告（2018）
著(编)者：黄晓勇　2018年6月出版 / 估价：168.00元
PSN B-2013-349-1/1

石油蓝皮书
中国石油产业发展报告（2018）
著(编)者：中国石油化工集团公司经济技术研究院
中国国际石油化工联合有限责任公司
中国社会科学院数量经济与技术经济研究所
2018年2月出版 / 定价：98.00元
PSN B-2018-690-1/1

体育蓝皮书
国家体育产业基地发展报告（2016～2017）
著(编)者：李颖川　2018年6月出版 / 估价：168.00元
PSN B-2017-609-5/5

体育蓝皮书
中国体育产业发展报告（2018）
著(编)者：阮伟 钟秉枢
2018年12月出版 / 估价：99.00元
PSN B-2010-179-1/5

文化金融蓝皮书
中国文化金融发展报告（2018）
著(编)者：杨涛 金巍
2018年6月出版 / 估价：99.00元
PSN B-2017-610-1/1

新能源汽车蓝皮书
中国新能源汽车产业发展报告（2018）
著(编)者：中国汽车技术研究中心
日产（中国）投资有限公司
东风汽车有限公司
2018年8月出版 / 估价：99.00元
PSN B-2013-347-1/1

薏仁米产业蓝皮书
中国薏仁米产业发展报告No.2（2018）
著(编)者：李发耀 石明　秦礼康
2018年8月出版 / 估价：99.00元
PSN B-2017-645-1/1

邮轮绿皮书
中国邮轮产业发展报告（2018）
著(编)者：汪泓　2018年10月出版 / 估价：99.00元
PSN G-2014-419-1/1

智能养老蓝皮书
中国智能养老产业发展报告（2018）
著(编)者：朱勇　2018年10月出版 / 估价：99.00元
PSN B-2015-488-1/1

中国节能汽车蓝皮书
中国节能汽车发展报告（2017～2018）
著(编)者：中国汽车工程研究院股份有限公司
2018年9月出版 / 估价：99.00元
PSN B-2016-565-1/1

中国陶瓷产业蓝皮书
中国陶瓷产业发展报告（2018）
著(编)者：左和平 黄速建
2018年10月出版 / 估价：99.00元
PSN B-2016-573-1/1

装备制造业蓝皮书
中国装备制造业发展报告（2018）
著(编)者：徐东华
2018年12月出版 / 估价：118.00元
PSN B-2015-505-1/1

行业及其他类

"三农"互联网金融蓝皮书
中国"三农"互联网金融发展报告（2018）
著(编)者：李勇坚 王弢
2018年8月出版 / 估价：99.00元
PSN B-2016-560-1/1

SUV蓝皮书
中国SUV市场发展报告（2017～2018）
著(编)者：靳军 2018年9月出版 / 估价：99.00元
PSN B-2016-571-1/1

冰雪蓝皮书
中国冬季奥运会发展报告（2018）
著(编)者：孙承华 伍斌 魏庆华 张鸿俊
2018年9月出版 / 估价：99.00元
PSN B-2017-647-2/3

彩票蓝皮书
中国彩票发展报告（2018）
著(编)者：益彩基金 2018年6月出版 / 估价：99.00元
PSN B-2015-462-1/1

测绘地理信息蓝皮书
测绘地理信息供给侧结构性改革研究报告（2018）
著(编)者：库热西·买合苏提
2018年12月出版 / 估价：168.00元
PSN B-2009-145-1/1

产权市场蓝皮书
中国产权市场发展报告（2017）
著(编)者：曹和平
2018年5月出版 / 估价：99.00元
PSN B-2009-147-1/1

城投蓝皮书
中国城投行业发展报告（2018）
著(编)者：华景斌
2018年11月出版 / 估价：300.00元
PSN B-2016-514-1/1

城市轨道交通蓝皮书
中国城市轨道交通运营发展报告（2017～2018）
著(编)者：崔学忠 贾文峥
2018年3月出版 / 定价：89.00元
PSN B-2018-694-1/1

大数据蓝皮书
中国大数据发展报告（No.2）
著(编)者：连玉明 2018年5月出版 / 估价：99.00元
PSN B-2017-620-1/1

大数据应用蓝皮书
中国大数据应用发展报告No.2（2018）
著(编)者：陈军君 2018年8月出版 / 估价：99.00元
PSN B-2017-644-1/1

对外投资与风险蓝皮书
中国对外直接投资与国家风险报告（2018）
著(编)者：中债资信评估有限责任公司
中国社会科学院世界经济与政治研究所
2018年6月出版 / 估价：189.00元
PSN B-2017-606-1/1

工业和信息化蓝皮书
人工智能发展报告（2017～2018）
著(编)者：尹丽波 2018年6月出版 / 估价：99.00元
PSN B-2015-448-1/6

工业和信息化蓝皮书
世界智慧城市发展报告（2017～2018）
著(编)者：尹丽波 2018年6月出版 / 估价：99.00元
PSN B-2017-624-6/6

工业和信息化蓝皮书
世界网络安全发展报告（2017～2018）
著(编)者：尹丽波 2018年6月出版 / 估价：99.00元
PSN B-2015-452-5/6

工业和信息化蓝皮书
世界信息化发展报告（2017～2018）
著(编)者：尹丽波 2018年6月出版 / 估价：99.00元
PSN B-2015-451-4/6

工业设计蓝皮书
中国工业设计发展报告（2018）
著(编)者：王晓红 于炜 张立群 2018年9月出版 / 估价：168.00元
PSN B-2014-420-1/1

公共关系蓝皮书
中国公共关系发展报告（2017）
著(编)者：柳斌杰 2018年1月出版 / 定价：89.00元
PSN B-2016-579-1/1

公共关系蓝皮书
中国公共关系发展报告（2018）
著(编)者：柳斌杰　2018年11月出版 / 估价：99.00元
PSN B-2016-579-1/1

管理蓝皮书
中国管理发展报告（2018）
著(编)者：张晓东　2018年10月出版 / 估价：99.00元
PSN B-2014-416-1/1

轨道交通蓝皮书
中国轨道交通行业发展报告（2017）
著(编)者：仲建华 李闽榕
2017年12月出版 / 定价：98.00元
PSN B-2017-674-1/1

海关发展蓝皮书
中国海关发展前沿报告（2018）
著(编)者：干春晖　2018年6月出版 / 估价：99.00元
PSN B-2017-616-1/1

互联网医疗蓝皮书
中国互联网健康医疗发展报告（2018）
著(编)者：芮晓武　2018年6月出版 / 估价：99.00元
PSN B-2016-567-1/1

黄金市场蓝皮书
中国商业银行黄金业务发展报告（2017～2018）
著(编)者：平安银行　2018年6月出版 / 估价：99.00元
PSN B-2016-524-1/1

会展蓝皮书
中外会展业动态评估研究报告（2018）
著(编)者：张敏 任中峰 聂鑫焱 牛盼强
2018年12月出版 / 估价：99.00元
PSN B-2013-327-1/1

基金会蓝皮书
中国基金会发展报告（2017~2018）
著(编)者：中国基金会发展报告课题组
2018年6月出版 / 估价：99.00元
PSN B-2013-368-1/1

基金会绿皮书
中国基金会发展独立研究报告（2018）
著(编)者：基金会中心网　中央民族大学基金会研究中心
2018年6月出版 / 估价：99.00元
PSN G-2011-213-1/1

基金会透明度蓝皮书
中国基金会透明度发展研究报告（2018）
著(编)者：基金会中心网
清华大学廉政与治理研究中心
2018年9月出版 / 估价：99.00元
PSN B-2013-339-1/1

建筑装饰蓝皮书
中国建筑装饰行业发展报告（2018）
著(编)者：葛道顺 刘晓一
2018年10月出版 / 估价：198.00元
PSN B-2016-553-1/1

金融监管蓝皮书
中国金融监管报告（2018）
著(编)者：胡滨　2018年3月出版 / 定价：98.00元
PSN B-2012-281-1/1

金融蓝皮书
中国互联网金融行业分析与评估（2018～2019）
著(编)者：黄国平 伍旭川　2018年12月出版 / 估价：99.00元
PSN B-2016-585-7/7

金融科技蓝皮书
中国金融科技发展报告（2018）
著(编)者：李扬 孙国峰　2018年10月出版 / 估价：99.00元
PSN B-2014-374-1/1

金融信息服务蓝皮书
中国金融信息服务发展报告（2018）
著(编)者：李平　2018年5月出版 / 估价：99.00元
PSN B-2017-621-1/1

金蜜蜂企业社会责任蓝皮书
金蜜蜂中国企业社会责任报告研究（2017）
著(编)者：殷格非 于志宏 管竹笋
2018年1月出版 / 定价：99.00元
PSN B-2018-693-1/1

京津冀金融蓝皮书
京津冀金融发展报告（2018）
著(编)者：王爱俭 王璟怡　2018年10月出版 / 估价：99.00元
PSN B-2016-527-1/1

科普蓝皮书
国家科普能力发展报告（2018）
著(编)者：王康友　2018年5月出版 / 估价：138.00元
PSN B-2017-632-4/4

科普蓝皮书
中国基层科普发展报告（2017～2018）
著(编)者：赵立新 陈玲　2018年9月出版 / 估价：99.00元
PSN B-2016-568-3/4

科普蓝皮书
中国科普基础设施发展报告（2017～2018）
著(编)者：任福君　2018年6月出版 / 估价：99.00元
PSN B-2010-174-1/3

科普蓝皮书
中国科普人才发展报告（2017～2018）
著(编)者：郑念 任嵘嵘　2018年7月出版 / 估价：99.00元
PSN B-2016-512-2/4

科普能力蓝皮书
中国科普能力评价报告（2018～2019）
著(编)者：李富强 李群　2018年8月出版 / 估价：99.00元
PSN B-2016-555-1/1

临空经济蓝皮书
中国临空经济发展报告（2018）
著(编)者：连玉明　2018年9月出版 / 估价：99.00元
PSN B-2014-421-1/1

旅游安全蓝皮书
中国旅游安全报告（2018）
著(编)者：郑向敏 谢朝武 2018年5月出版 / 估价：158.00元
PSN B-2012-280-1/1

旅游绿皮书
2017～2018年中国旅游发展分析与预测
著(编)者：宋瑞 2018年1月出版 / 定价：99.00元
PSN G-2002-018-1/1

煤炭蓝皮书
中国煤炭工业发展报告（2018）
著(编)者：岳福斌 2018年12月出版 / 估价：99.00元
PSN B-2008-123-1/1

民营企业社会责任蓝皮书
中国民营企业社会责任报告（2018）
著(编)者：中华全国工商业联合会
2018年12月出版 / 估价：99.00元
PSN B-2015-510-1/1

民营医院蓝皮书
中国民营医院发展报告（2017）
著(编)者：薛晓林 2017年12月出版 / 定价：89.00元
PSN B-2012-299-1/1

闽商蓝皮书
闽商发展报告（2018）
著(编)者：李闽榕 王日根 林琛
2018年12月出版 / 估价：99.00元
PSN B-2012-298-1/1

农业应对气候变化蓝皮书
中国农业气象灾害及其灾损评估报告（No.3）
著(编)者：矫梅燕 2018年6月出版 / 估价：118.00元
PSN B-2014-413-1/1

品牌蓝皮书
中国品牌战略发展报告（2018）
著(编)者：汪同三 2018年10月出版 / 估价：99.00元
PSN B-2016-580-1/1

企业扶贫蓝皮书
中国企业扶贫研究报告（2018）
著(编)者：钟宏武 2018年12月出版 / 估价：99.00元
PSN B-2016-593-1/1

企业公益蓝皮书
中国企业公益研究报告（2018）
著(编)者：钟宏武 汪杰 黄晓娟
2018年12月出版 / 估价：99.00元
PSN B-2015-501-1/1

企业国际化蓝皮书
中国企业全球化报告（2018）
著(编)者：王辉耀 苗绿 2018年11月出版 / 估价：99.00元
PSN B-2014-427-1/1

企业蓝皮书
中国企业绿色发展报告No.2（2018）
著(编)者：李红玉 朱光辉
2018年8月出版 / 估价：99.00元
PSN B-2015-481-2/2

企业社会责任蓝皮书
中资企业海外社会责任研究报告（2017～2018）
著(编)者：钟宏武 叶柳红 张蒽
2018年6月出版 / 估价：99.00元
PSN B-2017-603-2/2

企业社会责任蓝皮书
中国企业社会责任研究报告（2018）
著(编)者：黄群慧 钟宏武 张蒽 汪杰
2018年11月出版 / 估价：99.00元
PSN B-2009-149-1/2

汽车安全蓝皮书
中国汽车安全发展报告（2018）
著(编)者：中国汽车技术研究中心
2018年8月出版 / 估价：99.00元
PSN B-2014-385-1/1

汽车电子商务蓝皮书
中国汽车电子商务发展报告（2018）
著(编)者：中华全国工商业联合会汽车经销商商会
北方工业大学
北京易观智库网络科技有限公司
2018年10月出版 / 估价：158.00元
PSN B-2015-485-1/1

汽车知识产权蓝皮书
中国汽车产业知识产权发展报告（2018）
著(编)者：中国汽车工程研究院股份有限公司
中国汽车工程学会
重庆长安汽车股份有限公司
2018年12月出版 / 估价：99.00元
PSN B-2016-594-1/1

青少年体育蓝皮书
中国青少年体育发展报告（2017）
著(编)者：刘扶民 杨桦 2018年6月出版 / 估价：99.00元
PSN B-2015-482-1/1

区块链蓝皮书
中国区块链发展报告（2018）
著(编)者：李伟 2018年9月出版 / 估价：99.00元
PSN B-2017-649-1/1

群众体育蓝皮书
中国群众体育发展报告（2017）
著(编)者：刘国永 戴健 2018年5月出版 / 估价：99.00元
PSN B-2014-411-1/3

群众体育蓝皮书
中国社会体育指导员发展报告（2018）
著(编)者：刘国永 王欢 2018年6月出版 / 估价：99.00元
PSN B-2016-520-3/3

人力资源蓝皮书
中国人力资源发展报告（2018）
著(编)者：余兴安 2018年11月出版 / 估价：99.00元
PSN B-2012-287-1/1

融资租赁蓝皮书
中国融资租赁业发展报告（2017～2018）
著(编)者：李光荣 王力 2018年8月出版 / 估价：99.00元
PSN B-2015-443-1/1

商会蓝皮书
中国商会发展报告No.5（2017）
著(编)者：王钦敏　2018年7月出版 / 估价：99.00元
PSN B-2008-125-1/1

商务中心区蓝皮书
中国商务中心区发展报告No.4（2017~2018）
著(编)者：李国红 单菁菁　2018年9月出版 / 估价：99.00元
PSN B-2015-444-1/1

设计产业蓝皮书
中国创新设计发展报告（2018）
著(编)者：王晓红 张立群 于炜
2018年11月出版 / 估价：99.00元
PSN B-2016-581-2/2

社会责任管理蓝皮书
中国上市公司社会责任能力成熟度报告No.4（2018）
著(编)者：肖红军 王晓光 李伟阳
2018年12月出版 / 估价：99.00元
PSN B-2015-507-2/2

社会责任管理蓝皮书
中国企业公众透明度报告No.4（2017~2018）
著(编)者：黄速建 熊梦 王晓光 肖红军
2018年6月出版 / 估价：99.00元
PSN B-2015-440-1/2

食品药品蓝皮书
食品药品安全与监管政策研究报告（2016~2017）
著(编)者：唐民皓　2018年6月出版 / 估价：99.00元
PSN B-2009-129-1/1

输血服务蓝皮书
中国输血行业发展报告（2018）
著(编)者：孙俊　2018年12月出版 / 估价：99.00元
PSN B-2016-582-1/1

水利风景区蓝皮书
中国水利风景区发展报告（2018）
著(编)者：董建文 兰思仁
2018年10月出版 / 估价：99.00元
PSN B-2015-480-1/1

数字经济蓝皮书
全球数字经济竞争力发展报告（2017）
著(编)者：王振　2017年12月出版 / 定价：79.00元
PSN B-2017-673-1/1

私募市场蓝皮书
中国私募股权市场发展报告（2017~2018）
著(编)者：曹和平　2018年12月出版 / 估价：99.00元
PSN B-2010-162-1/1

碳排放权交易蓝皮书
中国碳排放权交易报告（2018）
著(编)者：孙永平　2018年11月出版 / 估价：99.00元
PSN B-2017-652-1/1

碳市场蓝皮书
中国碳市场报告（2018）
著(编)者：定金彪　2018年11月出版 / 估价：99.00元
PSN B-2014-430-1/1

体育蓝皮书
中国公共体育服务发展报告（2018）
著(编)者：戴健　2018年12月出版 / 估价：99.00元
PSN B-2013-367-2/5

土地市场蓝皮书
中国农村土地市场发展报告（2017~2018）
著(编)者：李光荣　2018年6月出版 / 估价：99.00元
PSN B-2016-526-1/1

土地整治蓝皮书
中国土地整治发展研究报告（No.5）
著(编)者：国土资源部土地整治中心
2018年7月出版 / 估价：99.00元
PSN B-2014-401-1/1

土地政策蓝皮书
中国土地政策研究报告（2018）
著(编)者：高延利 张建平 吴次芳
2018年1月出版 / 定价：98.00元
PSN B-2015-506-1/1

网络空间安全蓝皮书
中国网络空间安全发展报告（2018）
著(编)者：惠志斌 覃庆玲
2018年11月出版 / 估价：99.00元
PSN B-2015-466-1/1

文化志愿服务蓝皮书
中国文化志愿服务发展报告（2018）
著(编)者：张永新 良警宇　2018年11月出版 / 估价：128.00元
PSN B-2016-596-1/1

西部金融蓝皮书
中国西部金融发展报告（2017~2018）
著(编)者：李忠民　2018年8月出版 / 估价：99.00元
PSN B-2010-160-1/1

协会商会蓝皮书
中国行业协会商会发展报告（2017）
著(编)者：景朝阳 李勇　2018年6月出版 / 估价：99.00元
PSN B-2015-461-1/1

新三板蓝皮书
中国新三板市场发展报告（2018）
著(编)者：王力　2018年8月出版 / 估价：99.00元
PSN B-2016-533-1/1

信托市场蓝皮书
中国信托业市场报告（2017~2018）
著(编)者：用益金融信托研究院
2018年6月出版 / 估价：198.00元
PSN B-2014-371-1/1

信息化蓝皮书
中国信息化形势分析与预测（2017~2018）
著(编)者：周宏仁　2018年8月出版 / 估价：99.00元
PSN B-2010-168-1/1

信用蓝皮书
中国信用发展报告（2017~2018）
著(编)者：章政 田侃　2018年6月出版 / 估价：99.00元
PSN B-2013-328-1/1

休闲绿皮书
2017～2018年中国休闲发展报告
著(编)者：宋瑞　　2018年7月出版 / 估价：99.00元
PSN G-2010-158-1/1

休闲体育蓝皮书
中国休闲体育发展报告（2017～2018）
著(编)者：李相如 钟秉枢
2018年10月出版 / 估价：99.00元
PSN B-2016-516-1/1

养老金融蓝皮书
中国养老金融发展报告（2018）
著(编)者：董克用 姚余栋
2018年9月出版 / 估价：99.00元
PSN B-2016-583-1/1

遥感监测绿皮书
中国可持续发展遥感监测报告（2017）
著(编)者：顾行发 汪克强 潘教峰 李闽榕 徐东华 王琦安
2018年6月出版 / 估价：298.00元
PSN B-2017-629-1/1

药品流通蓝皮书
中国药品流通行业发展报告（2018）
著(编)者：佘鲁林 温再兴
2018年7月出版 / 估价：198.00元
PSN B-2014-429-1/1

医疗器械蓝皮书
中国医疗器械行业发展报告（2018）
著(编)者：王宝亭 耿鸿武
2018年10月出版 / 估价：99.00元
PSN B-2017-661-1/1

医院蓝皮书
中国医院竞争力报告（2017~2018）
著(编)者：庄一强　　2018年3月出版 / 定价：108.00元
PSN B-2016-528-1/1

瑜伽蓝皮书
中国瑜伽业发展报告（2017~2018）
著(编)者：张永建 徐华锋 朱泰余
2018年6月出版 / 估价：198.00元
PSN B-2017-625-1/1

债券市场蓝皮书
中国债券市场发展报告（2017～2018）
著(编)者：杨农　　2018年10月出版 / 估价：99.00元
PSN B-2016-572-1/1

志愿服务蓝皮书
中国志愿服务发展报告（2018）
著(编)者：中国志愿服务联合会
2018年11月出版 / 估价：99.00元
PSN B-2017-664-1/1

中国上市公司蓝皮书
中国上市公司发展报告（2018）
著(编)者：张鹏 张平 黄胤英
2018年9月出版 / 估价：99.00元
PSN B-2014-414-1/1

中国新三板蓝皮书
中国新三板创新与发展报告（2018）
著(编)者：刘平安 闻召林
2018年8月出版 / 估价：158.00元
PSN B-2017-638-1/1

中国汽车品牌蓝皮书
中国乘用车品牌发展报告（2017）
著(编)者：《中国汽车报》社有限公司
博世（中国）投资有限公司
中国汽车技术研究中心数据资源中心
2018年1月出版 / 定价：89.00元
PSN B-2017-679-1/1

中医文化蓝皮书
北京中医药文化传播发展报告（2018）
著(编)者：毛嘉陵　　2018年6月出版 / 估价：99.00元
PSN B-2015-468-1/2

中医文化蓝皮书
中国中医药文化传播发展报告（2018）
著(编)者：毛嘉陵　　2018年7月出版 / 估价：99.00元
PSN B-2016-584-2/2

中医药蓝皮书
北京中医药知识产权发展报告No.2
著(编)者：汪洪 屠志涛　　2018年6月出版 / 估价：168.00元
PSN B-2017-602-1/1

资本市场蓝皮书
中国场外交易市场发展报告（2016～2017）
著(编)者：高峦　　2018年6月出版 / 估价：99.00元
PSN B-2009-153-1/1

资产管理蓝皮书
中国资产管理行业发展报告（2018）
著(编)者：郑智　　2018年7月出版 / 估价：99.00元
PSN B-2014-407-2/2

资产证券化蓝皮书
中国资产证券化发展报告（2018）
著(编)者：沈炳熙 曹彤 李哲平
2018年4月出版 / 定价：98.00元
PSN B-2017-660-1/1

自贸区蓝皮书
中国自贸区发展报告（2018）
著(编)者：王力 黄育华
2018年6月出版 / 估价：99.00元
PSN B-2016-558-1/1

国际问题与全球治理类

“一带一路”跨境通道蓝皮书
“一带一路”跨境通道建设研究报（2017～2018）
著(编)者：余鑫 张秋生 2018年1月出版 / 定价：89.00元
PSN B-2016-557-1/1

“一带一路”蓝皮书
“一带一路”建设发展报告（2018）
著(编)者：李永全 2018年3月出版 / 定价：98.00元
PSN B-2016-552-1/1

“一带一路”投资安全蓝皮书
中国“一带一路”投资与安全研究报告（2018）
著(编)者：邹统钎 梁昊光 2018年4月出版 / 定价：98.00元
PSN B-2017-612-1/1

“一带一路”文化交流蓝皮书
中阿文化交流发展报告（2017）
著(编)者：王辉 2017年12月出版 / 定价：89.00元
PSN B-2017-655-1/1

G20国家创新竞争力黄皮书
二十国集团（G20）国家创新竞争力发展报告（2017～2018）
著(编)者：李建平 李闽榕 赵新力 周天勇
2018年7月出版 / 估价：168.00元
PSN Y-2011-229-1/1

阿拉伯黄皮书
阿拉伯发展报告（2016～2017）
著(编)者：罗林 2018年6月出版 / 估价：99.00元
PSN Y-2014-381-1/1

北部湾蓝皮书
泛北部湾合作发展报告（2017～2018）
著(编)者：吕余生 2018年12月出版 / 估价：99.00元
PSN B-2008-114-1/1

北极蓝皮书
北极地区发展报告（2017）
著(编)者：刘惠荣 2018年7月出版 / 估价：99.00元
PSN B-2017-634-1/1

大洋洲蓝皮书
大洋洲发展报告（2017～2018）
著(编)者：喻常森 2018年10月出版 / 估价：99.00元
PSN B-2013-341-1/1

东北亚区域合作蓝皮书
2017年“一带一路”倡议与东北亚区域合作
著(编)者：刘亚政 金美花
2018年5月出版 / 估价：99.00元
PSN B-2017-631-1/1

东盟黄皮书
东盟发展报告（2017）
著(编)者：杨静林 庄国土 2018年6月出版 / 估价：99.00元
PSN Y-2012-303-1/1

东南亚蓝皮书
东南亚地区发展报告（2017～2018）
著(编)者：王勤 2018年12月出版 / 估价：99.00元
PSN B-2012-240-1/1

非洲黄皮书
非洲发展报告No.20（2017～2018）
著(编)者：张宏明 2018年7月出版 / 估价：99.00元
PSN Y-2012-239-1/1

非传统安全蓝皮书
中国非传统安全研究报告（2017～2018）
著(编)者：潇枫 罗中枢 2018年8月出版 / 估价：99.00元
PSN B-2012-273-1/1

国际安全蓝皮书
中国国际安全研究报告（2018）
著(编)者：刘慧 2018年7月出版 / 估价：99.00元
PSN B-2016-521-1/1

国际城市蓝皮书
国际城市发展报告（2018）
著(编)者：屠启宇 2018年2月出版 / 定价：89.00元
PSN B-2012-260-1/1

国际形势黄皮书
全球政治与安全报告（2018）
著(编)者：张宇燕 2018年1月出版 / 定价：99.00元
PSN Y-2001-016-1/1

公共外交蓝皮书
中国公共外交发展报告（2018）
著(编)者：赵启正 雷蔚真 2018年6月出版 / 估价：99.00元
PSN B-2015-457-1/1

海丝蓝皮书
21世纪海上丝绸之路研究报告（2017）
著(编)者：华侨大学海上丝绸之路研究院
2017年12月出版 / 定价：89.00元
PSN B-2017-684-1/1

金砖国家黄皮书
金砖国家综合创新竞争力发展报告（2018）
著(编)者：赵新力 李闽榕 黄茂兴
2018年8月出版 / 估价：128.00元
PSN Y-2017-643-1/1

拉美黄皮书
拉丁美洲和加勒比发展报告（2017～2018）
著(编)者：袁东振 2018年6月出版 / 估价：99.00元
PSN Y-1999-007-1/1

澜湄合作蓝皮书
澜沧江-湄公河合作发展报告（2018）
著(编)者：刘稚 2018年9月出版 / 估价：99.00元
PSN B-2011-196-1/1

欧洲蓝皮书
欧洲发展报告（2017～2018）
著(编)者：黄平 周弘 程卫东
2018年6月出版 / 估价：99.00元
PSN B-1999-009-1/1

葡语国家蓝皮书
葡语国家发展报告（2016～2017）
著(编)者：王成安 张敏 刘金兰
2018年6月出版 / 估价：99.00元
PSN B-2015-503-1/2

葡语国家蓝皮书
中国与葡语国家关系发展报告·巴西（2016）
著(编)者：张曙光
2018年8月出版 / 估价：99.00元
PSN B-2016-563-2/2

气候变化绿皮书
应对气候变化报告（2018）
著(编)者：王伟光 郑国光
2018年11月出版 / 估价：99.00元
PSN G-2009-144-1/1

全球环境竞争力绿皮书
全球环境竞争力报告（2018）
著(编)者：李建平 李闽榕 王金南
2018年12月出版 / 估价：198.00元
PSN G-2013-363-1/1

全球信息社会蓝皮书
全球信息社会发展报告（2018）
著(编)者：丁波涛 唐涛 2018年10月出版 / 估价：99.00元
PSN B-2017-665-1/1

日本经济蓝皮书
日本经济与中日经贸关系研究报告（2018）
著(编)者：张季风 2018年6月出版 / 估价：99.00元
PSN B-2008-102-1/1

上海合作组织黄皮书
上海合作组织发展报告（2018）
著(编)者：李进峰 2018年6月出版 / 估价：99.00元
PSN Y-2009-130-1/1

世界创新竞争力黄皮书
世界创新竞争力发展报告（2017）
著(编)者：李建平 李闽榕 赵新力
2018年6月出版 / 估价：168.00元
PSN Y-2013-318-1/1

世界经济黄皮书
2018年世界经济形势分析与预测
著(编)者：张宇燕 2018年1月出版 / 定价：99.00元
PSN Y-1999-006-1/1

世界能源互联互通蓝皮书
世界能源清洁发展与互联互通评估报告（2017）：欧洲篇
著(编)者：国网能源研究院
2018年1月出版 / 定价：128.00元
PSN B-2018-695-1/1

丝绸之路蓝皮书
丝绸之路经济带发展报告（2018）
著(编)者：任宗哲 白宽犁 谷孟宾
2018年1月出版 / 定价：89.00元
PSN B-2014-410-1/1

新兴经济体蓝皮书
金砖国家发展报告（2018）
著(编)者：林跃勤 周文
2018年8月出版 / 估价：99.00元
PSN B-2011-195-1/1

亚太蓝皮书
亚太地区发展报告（2018）
著(编)者：李向阳 2018年5月出版 / 估价：99.00元
PSN B-2001-015-1/1

印度洋地区蓝皮书
印度洋地区发展报告（2018）
著(编)者：汪戎 2018年6月出版 / 估价：99.00元
PSN B-2013-334-1/1

印度尼西亚经济蓝皮书
印度尼西亚经济发展报告（2017）：增长与机会
著(编)者：左志刚 2017年11月出版 / 定价：89.00元
PSN B-2017-675-1/1

渝新欧蓝皮书
渝新欧沿线国家发展报告（2018）
著(编)者：杨柏 黄森
2018年6月出版 / 估价：99.00元
PSN B-2017-626-1/1

中阿蓝皮书
中国-阿拉伯国家经贸发展报告（2018）
著(编)者：张廉 段庆林 王林聪 杨巧红
2018年12月出版 / 估价：99.00元
PSN B-2016-598-1/1

中东黄皮书
中东发展报告No.20（2017～2018）
著(编)者：杨光 2018年10月出版 / 估价：99.00元
PSN Y-1998-004-1/1

中亚黄皮书
中亚国家发展报告（2018）
著(编)者：孙力
2018年3月出版 / 定价：98.00元
PSN Y-2012-238-1/1

国别类

澳大利亚蓝皮书
澳大利亚发展报告（2017-2018）
著(编)者：孙有中 韩锋　2018年12月出版 / 估价：99.00元
PSN B-2016-587-1/1

巴西黄皮书
巴西发展报告（2017）
著(编)者：刘国枝　2018年5月出版 / 估价：99.00元
PSN Y-2017-614-1/1

德国蓝皮书
德国发展报告（2018）
著(编)者：郑春荣　2018年6月出版 / 估价：99.00元
PSN B-2012-278-1/1

俄罗斯黄皮书
俄罗斯发展报告（2018）
著(编)者：李永全　2018年6月出版 / 估价：99.00元
PSN Y-2006-061-1/1

韩国蓝皮书
韩国发展报告（2017）
著(编)者：牛林杰 刘宝全　2018年6月出版 / 估价：99.00元
PSN B-2010-155-1/1

加拿大蓝皮书
加拿大发展报告（2018）
著(编)者：唐小松　2018年9月出版 / 估价：99.00元
PSN B-2014-389-1/1

美国蓝皮书
美国研究报告（2018）
著(编)者：郑秉文 黄平　2018年5月出版 / 估价：99.00元
PSN B-2011-210-1/1

缅甸蓝皮书
缅甸国情报告（2017）
著(编)者：祝湘辉
2017年11月出版 / 定价：98.00元
PSN B-2013-343-1/1

日本蓝皮书
日本研究报告（2018）
著(编)者：杨伯江　2018年4月出版 / 定价：99.00元
PSN B-2002-020-1/1

土耳其蓝皮书
土耳其发展报告（2018）
著(编)者：郭长刚 刘义　2018年9月出版 / 估价：99.00元
PSN B-2014-412-1/1

伊朗蓝皮书
伊朗发展报告（2017～2018）
著(编)者：冀开运　2018年10月 / 估价：99.00元
PSN B-2016-574-1/1

以色列蓝皮书
以色列发展报告（2018）
著(编)者：张倩红　2018年8月出版 / 估价：99.00元
PSN B-2015-483-1/1

印度蓝皮书
印度国情报告（2017）
著(编)者：吕昭义　2018年6月出版 / 估价：99.00元
PSN B-2012-241-1/1

英国蓝皮书
英国发展报告（2017～2018）
著(编)者：王展鹏　2018年12月出版 / 估价：99.00元
PSN B-2015-486-1/1

越南蓝皮书
越南国情报告（2018）
著(编)者：谢林城　2018年11月出版 / 估价：99.00元
PSN B-2006-056-1/1

泰国蓝皮书
泰国研究报告（2018）
著(编)者：庄国土 张禹东　刘文正
2018年10月出版 / 估价：99.00元
PSN B-2016-556-1/1

文化传媒类

“三农”舆情蓝皮书
中国“三农”网络舆情报告（2017～2018）
著(编)者：农业部信息中心
2018年6月出版 / 估价：99.00元
PSN B-2017-640-1/1

传媒竞争力蓝皮书
中国传媒国际竞争力研究报告（2018）
著(编)者：李本乾 刘强 王大可
2018年8月出版 / 估价：99.00元
PSN B-2013-356-1/1

传媒蓝皮书
中国传媒产业发展报告（2018）
著(编)者：崔保国
2018年5月出版 / 估价：99.00元
PSN B-2005-035-1/1

传媒投资蓝皮书
中国传媒投资发展报告（2018）
著(编)者：张向东 谭云明
2018年6月出版 / 估价：148.00元
PSN B-2015-474-1/1

非物质文化遗产蓝皮书
中国非物质文化遗产发展报告（2018）
著(编)者：陈平　2018年6月出版 / 估价：128.00元
PSN B-2015-469-1/2

非物质文化遗产蓝皮书
中国非物质文化遗产保护发展报告（2018）
著(编)者：宋俊华　2018年10月出版 / 估价：128.00元
PSN B-2016-586-2/2

广电蓝皮书
中国广播电影电视发展报告（2018）
著(编)者：国家新闻出版广电总局发展研究中心
2018年7月出版 / 估价：99.00元
PSN B-2006-072-1/1

广告主蓝皮书
中国广告主营销传播趋势报告No.9
著(编)者：黄升民 杜国清 邵华冬 等
2018年10月出版 / 估价：158.00元
PSN B-2005-041-1/1

国际传播蓝皮书
中国国际传播发展报告（2018）
著(编)者：胡正荣 李继东 姬德强
2018年12月出版 / 估价：99.00元
PSN B-2014-408-1/1

国家形象蓝皮书
中国国家形象传播报告（2017）
著(编)者：张昆　2018年6月出版 / 估价：128.00元
PSN B-2017-605-1/1

互联网治理蓝皮书
中国网络社会治理研究报告（2018）
著(编)者：罗昕 支庭荣
2018年9月出版 / 估价：118.00元
PSN B-2017-653-1/1

纪录片蓝皮书
中国纪录片发展报告（2018）
著(编)者：何苏六　2018年10月出版 / 估价：99.00元
PSN B-2011-222-1/1

科学传播蓝皮书
中国科学传播报告（2016~2017）
著(编)者：詹正茂　2018年6月出版 / 估价：99.00元
PSN B-2008-120-1/1

两岸创意经济蓝皮书
两岸创意经济研究报告（2018）
著(编)者：罗昌智 董泽平
2018年10月出版 / 估价：99.00元
PSN B-2014-437-1/1

媒介与女性蓝皮书
中国媒介与女性发展报告（2017～2018）
著(编)者：刘利群　2018年5月出版 / 估价：99.00元
PSN B-2013-345-1/1

媒体融合蓝皮书
中国媒体融合发展报告（2017～2018）
著(编)者：梅宁华 支庭荣
2017年12月出版 / 定价：98.00元
PSN B-2015-479-1/1

全球传媒蓝皮书
全球传媒发展报告（2017～2018）
著(编)者：胡正荣 李继东　2018年6月出版 / 估价：99.00元
PSN B-2012-237-1/1

少数民族非遗蓝皮书
中国少数民族非物质文化遗产发展报告（2018）
著(编)者：肖远平（彝） 柴立（满）
2018年10月出版 / 估价：118.00元
PSN B-2015-467-1/1

视听新媒体蓝皮书
中国视听新媒体发展报告（2018）
著(编)者：国家新闻出版广电总局发展研究中心
2018年7月出版 / 估价：118.00元
PSN B-2011-184-1/1

数字娱乐产业蓝皮书
中国动画产业发展报告（2018）
著(编)者：孙立军 孙平 牛兴侦
2018年10月出版 / 估价：99.00元
PSN B-2011-198-1/2

数字娱乐产业蓝皮书
中国游戏产业发展报告（2018）
著(编)者：孙立军 刘跃军　2018年10月出版 / 估价：99.00元
PSN B-2017-662-2/2

网络视听蓝皮书
中国互联网视听行业发展报告（2018）
著(编)者：陈鹏　2018年2月出版 / 定价：148.00元
PSN B-2018-688-1/1

文化创新蓝皮书
中国文化创新报告（2017·No.8）
著(编)者：傅才武　2018年6月出版 / 估价：99.00元
PSN B-2009-143-1/1

文化建设蓝皮书
中国文化发展报告（2018）
著(编)者：江畅 孙伟平 戴茂堂
2018年5月出版 / 估价：99.00元
PSN B-2014-392-1/1

文化科技蓝皮书
文化科技创新发展报告（2018）
著(编)者：于平 李凤亮　2018年10月出版 / 估价：99.00元
PSN B-2013-342-1/1

文化蓝皮书
中国公共文化服务发展报告（2017~2018）
著(编)者：刘新成 张永新 张旭
2018年12月出版 / 估价：99.00元
PSN B-2007-093-2/10

文化蓝皮书
中国少数民族文化发展报告（2017～2018）
著(编)者：武翠英 张晓明 任乌晶
2018年9月出版 / 估价：99.00元
PSN B-2013-369-9/10

文化蓝皮书
中国文化产业供需协调检测报告（2018）
著(编)者：王亚南　2018年3月出版 / 定价：99.00元
PSN B-2013-323-8/10

文化蓝皮书
中国文化消费需求景气评价报告（2018）
著(编)者：王亚南　2018年3月出版 / 定价：99.00元
PSN B-2011-236-4/10

文化蓝皮书
中国公共文化投入增长测评报告（2018）
著(编)者：王亚南　2018年3月出版 / 定价：99.00元
PSN B-2014-435-10/10

文化品牌蓝皮书
中国文化品牌发展报告（2018）
著(编)者：欧阳友权　2018年5月出版 / 估价：99.00元
PSN B-2012-277-1/1

文化遗产蓝皮书
中国文化遗产事业发展报告（2017～2018）
著(编)者：苏杨 张颖岚 卓杰 白海峰 陈晨 陈叙图
2018年8月出版 / 估价：99.00元
PSN B-2008-119-1/1

文学蓝皮书
中国文情报告（2017～2018）
著(编)者：白烨　2018年5月出版 / 估价：99.00元
PSN B-2011-221-1/1

新媒体蓝皮书
中国新媒体发展报告No.9（2018）
著(编)者：唐绪军　2018年7月出版 / 估价：99.00元
PSN B-2010-169-1/1

新媒体社会责任蓝皮书
中国新媒体社会责任研究报告（2018）
著(编)者：钟瑛　2018年12月出版 / 估价：99.00元
PSN B-2014-423-1/1

移动互联网蓝皮书
中国移动互联网发展报告（2018）
著(编)者：余清楚　2018年6月出版 / 估价：99.00元
PSN B-2012-282-1/1

影视蓝皮书
中国影视产业发展报告（2018）
著(编)者：司若 陈鹏 陈锐
2018年6月出版 / 估价：99.00元
PSN B-2016-529-1/1

舆情蓝皮书
中国社会舆情与危机管理报告（2018）
著(编)者：谢耘耕
2018年9月出版 / 估价：138.00元
PSN B-2011-235-1/1

中国大运河蓝皮书
中国大运河发展报告（2018）
著(编)者：吴欣　2018年2月出版 / 估价：128.00元
PSN B-2018-691-1/1

地方发展类-经济

澳门蓝皮书
澳门经济社会发展报告（2017～2018）
著(编)者：吴志良 郝雨凡
2018年7月出版 / 估价：99.00元
PSN B-2009-138-1/1

澳门绿皮书
澳门旅游休闲发展报告（2017～2018）
著(编)者：郝雨凡 林广志
2018年5月出版 / 估价：99.00元
PSN G-2017-617-1/1

北京蓝皮书
北京经济发展报告（2017～2018）
著(编)者：杨松　2018年6月出版 / 估价：99.00元
PSN B-2006-054-2/8

北京旅游绿皮书
北京旅游发展报告（2018）
著(编)者：北京旅游学会
2018年7月出版 / 估价：99.00元
PSN G-2012-301-1/1

北京体育蓝皮书
北京体育产业发展报告（2017～2018）
著(编)者：钟秉枢 陈杰 杨铁黎
2018年9月出版 / 估价：99.00元
PSN B-2015-475-1/1

滨海金融蓝皮书
滨海新区金融发展报告（2017）
著(编)者：王爱俭 李向前　2018年4月出版 / 估价：99.00元
PSN B-2014-424-1/1

城乡一体化蓝皮书
北京城乡一体化发展报告（2017～2018）
著(编)者：吴宝新 张宝秀 黄序
2018年5月出版 / 估价：99.00元
PSN B-2012-258-2/2

非公有制企业社会责任蓝皮书
北京非公有制企业社会责任报告（2018）
著(编)者：宋贵伦 冯培
2018年6月出版 / 估价：99.00元
PSN B-2017-613-1/1

福建旅游蓝皮书
福建省旅游产业发展现状研究（2017~2018）
著(编)者：陈敏华 黄远水　2018年12月出版 / 估价：128.00元
PSN B-2016-591-1/1

福建自贸区蓝皮书
中国(福建)自由贸易试验区发展报告(2017~2018)
著(编)者：黄茂兴　2018年6月出版 / 估价：118.00元
PSN B-2016-531-1/1

甘肃蓝皮书
甘肃经济发展分析与预测（2018）
著(编)者：安文华 罗哲　2018年1月出版 / 定价：99.00元
PSN B-2013-312-1/6

甘肃蓝皮书
甘肃商贸流通发展报告（2018）
著(编)者：张应华 王福生 王晓芳
2018年1月出版 / 定价：99.00元
PSN B-2016-522-6/6

甘肃蓝皮书
甘肃县域和农村发展报告（2018）
著(编)者：包东红 朱智文 王建兵
2018年1月出版 / 定价：99.00元
PSN B-2013-316-5/6

甘肃农业科技绿皮书
甘肃农业科技发展研究报告（2018）
著(编)者：魏胜文 乔德华 张东伟
2018年12月出版 / 估价：198.00元
PSN B-2016-592-1/1

甘肃气象保障蓝皮书
甘肃农业对气候变化的适应与风险评估报告（No.1）
著(编)者：鲍文中 周广胜
2017年12月出版 / 定价：108.00元
PSN B-2017-677-1/1

巩义蓝皮书
巩义经济社会发展报告（2018）
著(编)者：丁同民 朱军　2018年6月出版 / 估价：99.00元
PSN B-2016-532-1/1

广东外经贸蓝皮书
广东对外经济贸易发展研究报告（2017～2018）
著(编)者：陈万灵　2018年6月出版 / 估价：99.00元
PSN B-2012-286-1/1

广西北部湾经济区蓝皮书
广西北部湾经济区开放开发报告（2017～2018）
著(编)者：广西壮族自治区北部湾经济区和东盟开放合作办公室
广西社会科学院
广西北部湾发展研究院
2018年5月出版 / 估价：99.00元
PSN B-2010-181-1/1

广州蓝皮书
广州城市国际化发展报告（2018）
著(编)者：张跃国　2018年8月出版 / 估价：99.00元
PSN B-2012-246-11/14

广州蓝皮书
中国广州城市建设与管理发展报告（2018）
著(编)者：张其学 陈小钢 王宏伟　2018年8月出版 / 估价：99.00元
PSN B-2007-087-4/14

广州蓝皮书
广州创新型城市发展报告（2018）
著(编)者：尹涛　2018年6月出版 / 估价：99.00元
PSN B-2012-247-12/14

广州蓝皮书
广州经济发展报告（2018）
著(编)者：张跃国 尹涛　2018年7月出版 / 估价：99.00元
PSN B-2005-040-1/14

广州蓝皮书
2018年中国广州经济形势分析与预测
著(编)者：魏明海 谢博能 李华
2018年6月出版 / 估价：99.00元
PSN B-2011-185-9/14

广州蓝皮书
中国广州科技创新发展报告（2018）
著(编)者：于欣伟 陈爽 邓佑满　2018年8月出版 / 估价：99.00元
PSN B-2006-065-2/14

广州蓝皮书
广州农村发展报告（2018）
著(编)者：朱名宏　2018年7月出版 / 估价：99.00元
PSN B-2010-167-8/14

广州蓝皮书
广州汽车产业发展报告（2018）
著(编)者：杨再高 冯兴亚　2018年7月出版 / 估价：99.00元
PSN B-2006-066-3/14

广州蓝皮书
广州商贸业发展报告（2018）
著(编)者：张跃国 陈杰 荀振英
2018年7月出版 / 估价：99.00元
PSN B-2012-245-10/14

贵阳蓝皮书
贵阳城市创新发展报告No.3（白云篇）
著(编)者：连玉明　2018年5月出版 / 估价：99.00元
PSN B-2015-491-3/10

贵阳蓝皮书
贵阳城市创新发展报告No.3（观山湖篇）
著(编)者：连玉明　2018年5月出版 / 估价：99.00元
PSN B-2015-497-9/10

贵阳蓝皮书
贵阳城市创新发展报告No.3（花溪篇）
著(编)者：连玉明　2018年5月出版 / 估价：99.00元
PSN B-2015-490-2/10

贵阳蓝皮书
贵阳城市创新发展报告No.3（开阳篇）
著(编)者：连玉明　2018年5月出版 / 估价：99.00元
PSN B-2015-492-4/10

贵阳蓝皮书
贵阳城市创新发展报告No.3（南明篇）
著(编)者：连玉明　2018年5月出版 / 估价：99.00元
PSN B-2015-496-8/10

贵阳蓝皮书
贵阳城市创新发展报告No.3（清镇篇）
著(编)者：连玉明　2018年5月出版 / 估价：99.00元
PSN B-2015-489-1/10

贵阳蓝皮书
贵阳城市创新发展报告No.3（乌当篇）
著(编)者：连玉明　2018年5月出版 / 估价：99.00元
PSN B-2015-495-7/10

贵阳蓝皮书
贵阳城市创新发展报告No.3（息烽篇）
著(编)者：连玉明　2018年5月出版 / 估价：99.00元
PSN B-2015-493-5/10

贵阳蓝皮书
贵阳城市创新发展报告No.3（修文篇）
著(编)者：连玉明　2018年5月出版 / 估价：99.00元
PSN B-2015-494-6/10

贵阳蓝皮书
贵阳城市创新发展报告No.3（云岩篇）
著(编)者：连玉明　2018年5月出版 / 估价：99.00元
PSN B-2015-498-10/10

贵州房地产蓝皮书
贵州房地产发展报告No.5（2018）
著(编)者：武廷方　2018年7月出版 / 估价：99.00元
PSN B-2014-426-1/1

贵州蓝皮书
贵州册亨经济社会发展报告（2018）
著(编)者：黄德林　2018年6月出版 / 估价：99.00元
PSN B-2016-525-8/9

贵州蓝皮书
贵州地理标志产业发展报告（2018）
著(编)者：李发耀 黄其松　2018年8月出版 / 估价：99.00元
PSN B-2017-646-10/10

贵州蓝皮书
贵安新区发展报告（2017～2018）
著(编)者：马长青 吴大华　2018年6月出版 / 估价：99.00元
PSN B-2015-459-4/10

贵州蓝皮书
贵州国家级开放创新平台发展报告（2017～2018）
著(编)者：申晓庆 吴大华 季泓
2018年11月出版 / 估价：99.00元
PSN B-2016-518-7/10

贵州蓝皮书
贵州国有企业社会责任发展报告（2017～2018）
著(编)者：郭丽　2018年12月出版 / 估价：99.00元
PSN B-2015-511-6/10

贵州蓝皮书
贵州民航业发展报告（2017）
著(编)者：申振东 吴大华　2018年6月出版 / 估价：99.00元
PSN B-2015-471-5/10

贵州蓝皮书
贵州民营经济发展报告（2017）
著(编)者：杨静 吴大华　2018年6月出版 / 估价：99.00元
PSN B-2016-530-9/9

杭州都市圈蓝皮书
杭州都市圈发展报告（2018）
著(编)者：洪庆华 沈翔　2018年4月出版 / 定价：98.00元
PSN B-2012-302-1/1

河北经济蓝皮书
河北省经济发展报告（2018）
著(编)者：马树强 金浩 张贵　2018年6月出版 / 估价：99.00元
PSN B-2014-380-1/1

河北蓝皮书
河北经济社会发展报告（2018）
著(编)者：康振海　2018年1月出版 / 定价：99.00元
PSN B-2014-372-1/3

河北蓝皮书
京津冀协同发展报告（2018）
著(编)者：陈璐　2017年12月出版 / 定价：79.00元
PSN B-2017-601-2/3

河南经济蓝皮书
2018年河南经济形势分析与预测
著(编)者：王世炎　2018年3月出版 / 定价：89.00元
PSN B-2007-086-1/1

河南蓝皮书
河南城市发展报告（2018）
著(编)者：张占仓 王建国　2018年5月出版 / 估价：99.00元
PSN B-2009-131-3/9

河南蓝皮书
河南工业发展报告（2018）
著(编)者：张占仓　2018年5月出版 / 估价：99.00元
PSN B-2013-317-5/9

河南蓝皮书
河南金融发展报告（2018）
著(编)者：喻新安 谷建全
2018年6月出版 / 估价：99.00元
PSN B-2014-390-7/9

河南蓝皮书
河南经济发展报告（2018）
著(编)者：张占仓 完世伟
2018年6月出版 / 估价：99.00元
PSN B-2010-157-4/9

河南蓝皮书
河南能源发展报告（2018）
著(编)者：国网河南省电力公司经济技术研究院
河南省社会科学院
2018年6月出版 / 估价：99.00元
PSN B-2017-607-9/9

河南商务蓝皮书
河南商务发展报告（2018）
著(编)者：焦锦淼 穆荣国　2018年5月出版 / 估价：99.00元
PSN B-2014-399-1/1

河南双创蓝皮书
河南创新创业发展报告（2018）
著(编)者：喻新安 杨雪梅
2018年8月出版 / 估价：99.00元
PSN B-2017-641-1/1

黑龙江蓝皮书
黑龙江经济发展报告（2018）
著(编)者：朱宇　2018年1月出版 / 定价：89.00元
PSN B-2011-190-2/2

湖南城市蓝皮书
区域城市群整合
著(编)者：童中贤 韩未名 2018年12月出版 / 估价：99.00元
PSN B-2006-064-1/1

湖南蓝皮书
湖南城乡一体化发展报告（2018）
著(编)者：陈文胜 王文强 陆福兴
2018年8月出版 / 估价：99.00元
PSN B-2015-477-8/8

湖南蓝皮书
2018年湖南电子政务发展报告
著(编)者：梁志峰 2018年5月出版 / 估价：128.00元
PSN B-2014-394-6/8

湖南蓝皮书
2018年湖南经济发展报告
著(编)者：卞鹰 2018年5月出版 / 估价：128.00元
PSN B-2011-207-2/8

湖南蓝皮书
2016年湖南经济展望
著(编)者：梁志峰 2018年5月出版 / 估价：128.00元
PSN B-2011-206-1/8

湖南蓝皮书
2018年湖南县域经济社会发展报告
著(编)者：梁志峰 2018年5月出版 / 估价：128.00元
PSN B-2014-395-7/8

湖南县域绿皮书
湖南县域发展报告（No.5）
著(编)者：袁准 周小毛 黎仁寅
2018年6月出版 / 估价：99.00元
PSN G-2012-274-1/1

沪港蓝皮书
沪港发展报告（2018）
著(编)者：尤安山 2018年9月出版 / 估价：99.00元
PSN B-2013-362-1/1

吉林蓝皮书
2018年吉林经济社会形势分析与预测
著(编)者：邵汉明 2017年12月出版 / 定价：89.00元
PSN B-2013-319-1/1

吉林省城市竞争力蓝皮书
吉林省城市竞争力报告（2017~2018）
著(编)者：崔岳春 张磊
2018年3月出版 / 定价：89.00元
PSN B-2016-513-1/1

济源蓝皮书
济源经济社会发展报告（2018）
著(编)者：喻新安 2018年6月出版 / 估价：99.00元
PSN B-2014-387-1/1

江苏蓝皮书
2018年江苏经济发展分析与展望
著(编)者：王庆五 吴先满
2018年7月出版 / 估价：128.00元
PSN B-2017-635-1/3

江西蓝皮书
江西经济社会发展报告（2018）
著(编)者：陈石俊 龚建文 2018年10月出版 / 估价：128.00元
PSN B-2015-484-1/2

江西蓝皮书
江西设区市发展报告（2018）
著(编)者：姜玮 梁勇
2018年10月出版 / 估价：99.00元
PSN B-2016-517-2/2

经济特区蓝皮书
中国经济特区发展报告（2017）
著(编)者：陶一桃 2018年1月出版 / 估价：99.00元
PSN B-2009-139-1/1

辽宁蓝皮书
2018年辽宁经济社会形势分析与预测
著(编)者：梁启东 魏红江 2018年6月出版 / 估价：99.00元
PSN B-2006-053-1/1

民族经济蓝皮书
中国民族地区经济发展报告（2018）
著(编)者：李曦辉 2018年7月出版 / 估价：99.00元
PSN B-2017-630-1/1

南宁蓝皮书
南宁经济发展报告（2018）
著(编)者：胡建华 2018年9月出版 / 估价：99.00元
PSN B-2016-569-2/3

内蒙古蓝皮书
内蒙古精准扶贫研究报告（2018）
著(编)者：张志华 2018年1月出版 / 定价：89.00元
PSN B-2017-681-2/2

浦东新区蓝皮书
上海浦东经济发展报告（2018）
著(编)者：周小平 徐美芳
2018年1月出版 / 定价：89.00元
PSN B-2011-225-1/1

青海蓝皮书
2018年青海经济社会形势分析与预测
著(编)者：陈玮 2018年1月出版 / 定价：98.00元
PSN B-2012-275-1/2

青海科技绿皮书
青海科技发展报告（2017）
著(编)者：青海省科学技术信息研究所
2018年3月出版 / 定价：98.00元
PSN G-2018-701-1/1

山东蓝皮书
山东经济形势分析与预测（2018）
著(编)者：李广杰 2018年7月出版 / 估价：99.00元
PSN B-2014-404-1/5

山东蓝皮书
山东省普惠金融发展报告（2018）
著(编)者：齐鲁财富网
2018年9月出版 / 估价：99.00元
PSN B2017-676-5/5

山西蓝皮书
山西资源型经济转型发展报告（2018）
著(编)者：李志强　2018年7月出版 / 估价：99.00元
PSN B-2011-197-1/1

陕西蓝皮书
陕西经济发展报告（2018）
著(编)者：任宗哲 白宽犁 裴成荣
2018年1月出版 / 定价：89.00元
PSN B-2009-135-1/6

陕西蓝皮书
陕西精准脱贫研究报告（2018）
著(编)者：任宗哲 白宽犁 王建康
2018年4月出版 / 定价：89.00元
PSN B-2017-623-6/6

上海蓝皮书
上海经济发展报告（2018）
著(编)者：沈开艳　2018年2月出版 / 定价：89.00元
PSN B-2006-057-1/7

上海蓝皮书
上海资源环境发展报告（2018）
著(编)者：周冯琦 胡静　2018年2月出版 / 定价：89.00元
PSN B-2006-060-4/7

上海蓝皮书
上海奉贤经济发展分析与研判（2017～2018）
著(编)者：张兆安 朱平芳　2018年3月出版 / 定价：99.00元
PSN B-2018-698-8/8

上饶蓝皮书
上饶发展报告（2016～2017）
著(编)者：廖其志　2018年6月出版 / 估价：128.00元
PSN B-2014-377-1/1

深圳蓝皮书
深圳经济发展报告（2018）
著(编)者：张骁儒　2018年6月出版 / 估价：99.00元
PSN B-2008-112-3/7

四川蓝皮书
四川城镇化发展报告（2018）
著(编)者：侯水平 陈炜　2018年6月出版 / 估价：99.00元
PSN B-2015-456-7/7

四川蓝皮书
2018年四川经济形势分析与预测
著(编)者：杨钢　2018年1月出版 / 定价：158.00元
PSN B-2007-098-2/7

四川蓝皮书
四川企业社会责任研究报告（2017～2018）
著(编)者：侯水平 盛毅　2018年5月出版 / 估价：99.00元
PSN B-2014-386-4/7

四川蓝皮书
四川生态建设报告（2018）
著(编)者：李晟之　2018年5月出版 / 估价：99.00元
PSN B-2015-455-6/7

四川蓝皮书
四川特色小镇发展报告（2017）
著(编)者：吴志强　2017年11月出版 / 定价：89.00元
PSN B-2017-670-8/8

体育蓝皮书
上海体育产业发展报告（2017~2018）
著(编)者：张林 黄海燕
2018年10月出版 / 估价：99.00元
PSN B-2015-454-4/5

体育蓝皮书
长三角地区体育产业发展报（2017～2018）
著(编)者：张林　2018年6月出版 / 估价：99.00元
PSN B-2015-453-3/5

天津金融蓝皮书
天津金融发展报告（2018）
著(编)者：王爱俭 孔德昌
2018年5月出版 / 估价：99.00元
PSN B-2014-418-1/1

图们江区域合作蓝皮书
图们江区域合作发展报告（2018）
著(编)者：李铁　2018年6月出版 / 估价：99.00元
PSN B-2015-464-1/1

温州蓝皮书
2018年温州经济社会形势分析与预测
著(编)者：蒋儒标 王春光 金浩
2018年6月出版 / 估价：99.00元
PSN B-2008-105-1/1

西咸新区蓝皮书
西咸新区发展报告（2018）
著(编)者：李扬 王军
2018年6月出版 / 估价：99.00元
PSN B-2016-534-1/1

修武蓝皮书
修武经济社会发展报告（2018）
著(编)者：张占仓 袁凯声
2018年10月出版 / 估价：99.00元
PSN B-2017-651-1/1

偃师蓝皮书
偃师经济社会发展报告（2018）
著(编)者：张占仓 袁凯声 何武周
2018年7月出版 / 估价：99.00元
PSN B-2017-627-1/1

扬州蓝皮书
扬州经济社会发展报告（2018）
著(编)者：陈扬
2018年12月出版 / 估价：108.00元
PSN B-2011-191-1/1

长垣蓝皮书
长垣经济社会发展报告（2018）
著(编)者：张占仓 袁凯声 秦保建
2018年10月出版 / 估价：99.00元
PSN B-2017-654-1/1

遵义蓝皮书
遵义发展报告（2018）
著(编)者：邓彦 曾征 龚永育
2018年9月出版 / 估价：99.00元
PSN B-2014-433-1/1

地方发展类-社会

安徽蓝皮书
安徽社会发展报告（2018）
著(编)者：程桦　　2018年6月出版 / 估价：99.00元
PSN B-2013-325-1/1

安徽社会建设蓝皮书
安徽社会建设分析报告（2017～2018）
著(编)者：黄家海 蔡宪
2018年11月出版 / 估价：99.00元
PSN B-2013-322-1/1

北京蓝皮书
北京公共服务发展报告（2017～2018）
著(编)者：施昌奎　　2018年6月出版 / 估价：99.00元
PSN B-2008-103-7/8

北京蓝皮书
北京社会发展报告（2017～2018）
著(编)者：李伟东
2018年7月出版 / 估价：99.00元
PSN B-2006-055-3/8

北京蓝皮书
北京社会治理发展报告（2017～2018）
著(编)者：殷星辰　　2018年7月出版 / 估价：99.00元
PSN B-2014-391-8/8

北京律师蓝皮书
北京律师发展报告 No.4（2018）
著(编)者：王隽　　2018年12月出版 / 估价：99.00元
PSN B-2011-217-1/1

北京人才蓝皮书
北京人才发展报告（2018）
著(编)者：敏华　　2018年12月出版 / 估价：128.00元
PSN B-2011-201-1/1

北京社会心态蓝皮书
北京社会心态分析报告（2017～2018）
北京市社会心理服务促进中心
2018年10月出版 / 估价：99.00元
PSN B-2014-422-1/1

北京社会组织管理蓝皮书
北京社会组织发展与管理（2018）
著(编)者：黄江松
2018年6月出版 / 估价：99.00元
PSN B-2015-446-1/1

北京养老产业蓝皮书
北京居家养老发展报告（2018）
著(编)者：陆杰华 周明明
2018年8月出版 / 估价：99.00元
PSN B-2015-465-1/1

法治蓝皮书
四川依法治省年度报告No.4（2018）
著(编)者：李林 杨天宗 田禾
2018年3月出版 / 定价：118.00元
PSN B-2015-447-2/3

福建妇女发展蓝皮书
福建省妇女发展报告（2018）
著(编)者：刘群英　　2018年11月出版 / 估价：99.00元
PSN B-2011-220-1/1

甘肃蓝皮书
甘肃社会发展分析与预测（2018）
著(编)者：安文华 谢增虎 包晓霞
2018年1月出版 / 定价：99.00元
PSN B-2013-313-2/6

广东蓝皮书
广东全面深化改革研究报告（2018）
著(编)者：周林生 涂成林
2018年12月出版 / 估价：99.00元
PSN B-2015-504-3/3

广东蓝皮书
广东社会工作发展报告（2018）
著(编)者：罗观翠　　2018年6月出版 / 估价：99.00元
PSN B-2014-402-2/3

广州蓝皮书
广州青年发展报告（2018）
著(编)者：徐柳 张强
2018年8月出版 / 估价：99.00元
PSN B-2013-352-13/14

广州蓝皮书
广州社会保障发展报告（2018）
著(编)者：张跃国　　2018年8月出版 / 估价：99.00元
PSN B-2014-425-14/14

广州蓝皮书
2018年中国广州社会形势分析与预测
著(编)者：张强 郭志勇 何镜清
2018年6月出版 / 估价：99.00元
PSN B-2008-110-5/14

贵州蓝皮书
贵州法治发展报告（2018）
著(编)者：吴大华　　2018年5月出版 / 估价：99.00元
PSN B-2012-254-2/10

贵州蓝皮书
贵州人才发展报告（2017）
著(编)者：于杰 吴大华
2018年9月出版 / 估价：99.00元
PSN B-2014-382-3/10

贵州蓝皮书
贵州社会发展报告（2018）
著(编)者：王兴骥　　2018年6月出版 / 估价：99.00元
PSN B-2010-166-1/10

杭州蓝皮书
杭州妇女发展报告（2018）
著(编)者：魏颖
2018年10月出版 / 估价：99.00元
PSN B-2014-403-1/1

河北蓝皮书
河北法治发展报告（2018）
著(编)者：康振海　2018年6月出版 / 估价：99.00元
PSN B-2017-622-3/3

河北食品药品安全蓝皮书
河北食品药品安全研究报告（2018）
著(编)者：丁锦霞
2018年10月出版 / 估价：99.00元
PSN B-2015-473-1/1

河南蓝皮书
河南法治发展报告（2018）
著(编)者：张林海　2018年7月出版 / 估价：99.00元
PSN B-2014-376-6/9

河南蓝皮书
2018年河南社会形势分析与预测
著(编)者：牛苏林　2018年5月出版 / 估价：99.00元
PSN B-2005-043-1/9

河南民办教育蓝皮书
河南民办教育发展报告（2018）
著(编)者：胡大白　2018年9月出版 / 估价：99.00元
PSN B-2017-642-1/1

黑龙江蓝皮书
黑龙江社会发展报告（2018）
著(编)者：王爱丽　2018年1月出版 / 定价：89.00元
PSN B-2011-189-1/2

湖南蓝皮书
2018年湖南两型社会与生态文明建设报告
著(编)者：卞鹰　2018年5月出版 / 估价：128.00元
PSN B-2011-208-3/8

湖南蓝皮书
2018年湖南社会发展报告
著(编)者：卞鹰　2018年5月出版 / 估价：128.00元
PSN B-2014-393-5/8

健康城市蓝皮书
北京健康城市建设研究报告（2018）
著(编)者：王鸿春　盛继洪
2018年9月出版 / 估价：99.00元
PSN B-2015-460-1/2

江苏法治蓝皮书
江苏法治发展报告No.6（2017）
著(编)者：蔡道通　龚廷泰
2018年8月出版 / 估价：99.00元
PSN B-2012-290-1/1

江苏蓝皮书
2018年江苏社会发展分析与展望
著(编)者：王庆五　刘旺洪
2018年8月出版 / 估价：128.00元
PSN B-2017-636-2/3

民族教育蓝皮书
中国民族教育发展报告（2017·内蒙古卷）
著(编)者：陈中永
2017年12月出版 / 定价：198.00元
PSN B-2017-669-1/1

南宁蓝皮书
南宁法治发展报告（2018）
著(编)者：杨维超　2018年12月出版 / 估价：99.00元
PSN B-2015-509-1/3

南宁蓝皮书
南宁社会发展报告（2018）
著(编)者：胡建华　2018年10月出版 / 估价：99.00元
PSN B-2016-570-3/3

内蒙古蓝皮书
内蒙古反腐倡廉建设报告 No.2
著(编)者：张志华　2018年6月出版 / 估价：99.00元
PSN B-2013-365-1/1

青海蓝皮书
2018年青海人才发展报告
著(编)者：王宇燕　2018年9月出版 / 估价：99.00元
PSN B-2017-650-2/2

青海生态文明建设蓝皮书
青海生态文明建设报告（2018）
著(编)者：张西明　高华　2018年12月出版 / 估价：99.00元
PSN B-2016-595-1/1

人口与健康蓝皮书
深圳人口与健康发展报告（2018）
著(编)者：陆杰华　傅崇辉
2018年11月出版 / 估价：99.00元
PSN B-2011-228-1/1

山东蓝皮书
山东社会形势分析与预测（2018）
著(编)者：李善峰　2018年6月出版 / 估价：99.00元
PSN B-2014-405-2/5

陕西蓝皮书
陕西社会发展报告（2018）
著(编)者：任宗哲　白宽犁　牛昉
2018年1月出版 / 定价：89.00元
PSN B-2009-136-2/6

上海蓝皮书
上海法治发展报告（2018）
著(编)者：叶必丰　2018年9月出版 / 估价：99.00元
PSN B-2012-296-6/7

上海蓝皮书
上海社会发展报告（2018）
著(编)者：杨雄　周海旺
2018年2月出版 / 定价：89.00元
PSN B-2006-058-2/7

社会建设蓝皮书
2018年北京社会建设分析报告
著(编)者：宋贵伦 冯虹　2018年9月出版 / 估价：99.00元
PSN B-2010-173-1/1

深圳蓝皮书
深圳法治发展报告（2018）
著(编)者：张骁儒　2018年6月出版 / 估价：99.00元
PSN B-2015-470-6/7

深圳蓝皮书
深圳劳动关系发展报告（2018）
著(编)者：汤庭芬　2018年8月出版 / 估价：99.00元
PSN B-2007-097-2/7

深圳蓝皮书
深圳社会治理与发展报告（2018）
著(编)者：张骁儒　2018年6月出版 / 估价：99.00元
PSN B-2008-113-4/7

生态安全绿皮书
甘肃国家生态安全屏障建设发展报告（2018）
著(编)者：刘举科 喜文华
2018年10月出版 / 估价：99.00元
PSN G-2017-659-1/1

顺义社会建设蓝皮书
北京市顺义区社会建设发展报告（2018）
著(编)者：王学武　2018年9月出版 / 估价：99.00元
PSN B-2017-658-1/1

四川蓝皮书
四川法治发展报告（2018）
著(编)者：郑泰安　2018年6月出版 / 估价：99.00元
PSN B-2015-441-5/7

四川蓝皮书
四川社会发展报告（2018）
著(编)者：李羚　2018年6月出版 / 估价：99.00元
PSN B-2008-127-3/7

四川社会工作与管理蓝皮书
四川省社会工作人力资源发展报告（2017）
著(编)者：边慧敏　2017年12月出版 / 定价：89.00元
PSN B-2017-683-1/1

云南社会治理蓝皮书
云南社会治理年度报告（2017）
著(编)者：晏雄 韩全芳
2018年5月出版 / 估价：99.00元
PSN B-2017-667-1/1

地方发展类-文化

北京传媒蓝皮书
北京新闻出版广电发展报告（2017～2018）
著(编)者：王志　2018年11月出版 / 估价：99.00元
PSN B-2016-588-1/1

北京蓝皮书
北京文化发展报告（2017～2018）
著(编)者：李建盛　2018年5月出版 / 估价：99.00元
PSN B-2007-082-4/8

创意城市蓝皮书
北京文化创意产业发展报告（2018）
著(编)者：郭万超 张京成　2018年12月出版 / 估价：99.00元
PSN B-2012-263-1/7

创意城市蓝皮书
天津文化创意产业发展报告（2017～2018）
著(编)者：谢思全　2018年6月出版 / 估价：99.00元
PSN B-2016-536-7/7

创意城市蓝皮书
武汉文化创意产业发展报告（2018）
著(编)者：黄永林 陈汉桥　2018年12月出版 / 估价：99.00元
PSN B-2013-354-4/7

创意上海蓝皮书
上海文化创意产业发展报告（2017～2018）
著(编)者：王慧敏 王兴全　2018年8月出版 / 估价：99.00元
PSN B-2016-561-1/1

非物质文化遗产蓝皮书
广州市非物质文化遗产保护发展报告（2018）
著(编)者：宋俊华　2018年12月出版 / 估价：99.00元
PSN B-2016-589-1/1

甘肃蓝皮书
甘肃文化发展分析与预测（2018）
著(编)者：马廷旭 戚晓萍　2018年1月出版 / 定价：99.00元
PSN B-2013-314-3/6

甘肃蓝皮书
甘肃舆情分析与预测（2018）
著(编)者：王俊莲 张谦元　2018年1月出版 / 定价：99.00元
PSN B-2013-315-4/6

广州蓝皮书
中国广州文化发展报告（2018）
著(编)者：屈哨兵 陆志强　2018年6月出版 / 估价：99.00元
PSN B-2009-134-7/14

广州蓝皮书
广州文化创意产业发展报告（2018）
著(编)者：徐咏虹　2018年7月出版 / 估价：99.00元
PSN B-2008-111-6/14

海淀蓝皮书
海淀区文化和科技融合发展报告（2018）
著(编)者：陈名杰 孟景伟　2018年5月出版 / 估价：99.00元
PSN B-2013-329-1/1

河南蓝皮书
河南文化发展报告（2018）
著(编)者：卫绍生　2018年7月出版 / 估价：99.00元
PSN B-2008-106-2/9

湖北文化产业蓝皮书
湖北省文化产业发展报告（2018）
著(编)者：黄晓华　2018年9月出版 / 估价：99.00元
PSN B-2017-656-1/1

湖北文化蓝皮书
湖北文化发展报告（2017~2018）
著(编)者：湖北大学高等人文研究院
中华文化发展湖北省协同创新中心
2018年10月出版 / 估价：99.00元
PSN B-2016-566-1/1

江苏蓝皮书
2018年江苏文化发展分析与展望
著(编)者：王庆五 樊和平　2018年9月出版 / 估价：128.00元
PSN B-2017-637-3/3

江西文化蓝皮书
江西非物质文化遗产发展报告（2018）
著(编)者：张圣才 傅安平　2018年12月出版 / 估价：128.00元
PSN B-2015-499-1/1

洛阳蓝皮书
洛阳文化发展报告（2018）
著(编)者：刘福兴 陈启明　2018年7月出版 / 估价：99.00元
PSN B-2015-476-1/1

南京蓝皮书
南京文化发展报告（2018）
著(编)者：中共南京市委宣传部
2018年12月出版 / 估价：99.00元
PSN B-2014-439-1/1

宁波文化蓝皮书
宁波"一人一艺"全民艺术普及发展报告（2017）
著(编)者：张爱琴　2018年11月出版 / 估价：128.00元
PSN B-2017-668-1/1

山东蓝皮书
山东文化发展报告（2018）
著(编)者：涂可国　2018年5月出版 / 估价：99.00元
PSN B-2014-406-3/5

陕西蓝皮书
陕西文化发展报告（2018）
著(编)者：任宗哲 白宽犁 王长寿
2018年1月出版 / 定价：89.00元
PSN B-2009-137-3/6

上海蓝皮书
上海传媒发展报告（2018）
著(编)者：强荧 焦雨虹　2018年2月出版 / 定价：89.00元
PSN B-2012-295-5/7

上海蓝皮书
上海文学发展报告（2018）
著(编)者：陈圣来　2018年6月出版 / 估价：99.00元
PSN B-2012-297-7/7

上海蓝皮书
上海文化发展报告（2018）
著(编)者：荣跃明　2018年6月出版 / 估价：99.00元
PSN B-2006-059-3/7

深圳蓝皮书
深圳文化发展报告（2018）
著(编)者：张骁儒　2018年7月出版 / 估价：99.00元
PSN B-2016-554-7/7

四川蓝皮书
四川文化产业发展报告（2018）
著(编)者：向宝云 张立伟　2018年6月出版 / 估价：99.00元
PSN B-2006-074-1/7

郑州蓝皮书
2018年郑州文化发展报告
著(编)者：王哲　2018年9月出版 / 估价：99.00元
PSN B-2008-107-1/1

皮书起源

“皮书”起源于十七、十八世纪的英国，主要指官方或社会组织正式发表的重要文件或报告,多以“白皮书”命名。在中国,“皮书”这一概念被社会广泛接受,并被成功运作、发展成为一种全新的出版形态，则源于中国社会科学院社会科学文献出版社。

皮书定义

皮书是对中国与世界发展状况和热点问题进行年度监测，以专业的角度、专家的视野和实证研究方法，针对某一领域或区域现状与发展态势展开分析和预测，具备原创性、实证性、专业性、连续性、前沿性、时效性等特点的公开出版物，由一系列权威研究报告组成。

皮书作者

皮书系列的作者以中国社会科学院、著名高校、地方社会科学院的研究人员为主，多为国内一流研究机构的权威专家学者，他们的看法和观点代表了学界对中国与世界的现实和未来最高水平的解读与分析。

皮书荣誉

皮书系列已成为社会科学文献出版社的著名图书品牌和中国社会科学院的知名学术品牌。2016 年，皮书系列正式列入“十三五”国家重点出版规划项目；2013~2018 年，重点皮书列入中国社会科学院承担的国家哲学社会科学创新工程项目；2018 年，59 种院外皮书使用“中国社会科学院创新工程学术出版项目”标识。

中国皮书网

（网址：www.pishu.cn）

发布皮书研创资讯，传播皮书精彩内容
引领皮书出版潮流，打造皮书服务平台

栏目设置

关于皮书：何谓皮书、皮书分类、皮书大事记、皮书荣誉、
皮书出版第一人、皮书编辑部

最新资讯：通知公告、新闻动态、媒体聚焦、网站专题、视频直播、下载专区

皮书研创：皮书规范、皮书选题、皮书出版、皮书研究、研创团队

皮书评奖评价：指标体系、皮书评价、皮书评奖

互动专区：皮书说、社科数托邦、皮书微博、留言板

所获荣誉

2008 年、2011 年，中国皮书网均在全国新闻出版业网站荣誉评选中获得“最具商业价值网站”称号；

2012 年，获得“出版业网站百强”称号。

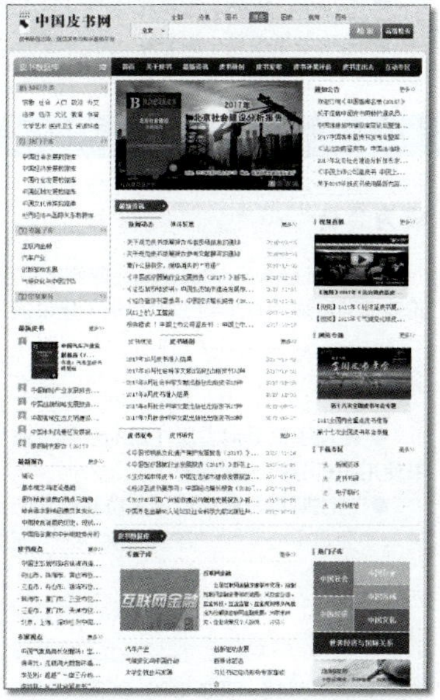

网库合一

2014 年，中国皮书网与皮书数据库端口合一，实现资源共享。

更多信息请登录

皮书数据库
http://www.pishu.com.cn

中国皮书网
http://www.pishu.cn

皮书微博
http://weibo.com/pishu

皮书微信“皮书说”

请到当当、亚马逊、京东或各地书店购买，也可办理邮购

咨询 / 邮购电话：010-59367028　59367070

邮　　箱：duzhe@ssap.cn

邮购地址：北京市西城区北三环中路甲29号院3号楼
华龙大厦13层读者服务中心

邮　　编：100029

银行户名：社会科学文献出版社

开户银行：中国工商银行北京北太平庄支行

账　　号：0200010019200365434